A LIBRARY OF
DOCTORAL
DISSERTATIONS
IN SOCIAL SCIENCES IN CHINA

中国
社会科学
博士论文
文库

当代西方参与民主研究

于海青　　著

导师　余文烈

中国社会科学出版社

图书在版编目（CIP）数据

当代西方参与民主研究/于海青著．–北京：中
国社会科学出版社，2009.7
（中国社会科学博士论文文库）
ISBN 978－7－5004－7827－0

Ⅰ．当…　Ⅱ．于…　Ⅲ．民主–研究–西方国家–现代
Ⅳ．D082

中国版本图书馆 CIP 数据核字（2009）第 087642 号

责任编辑　冯广裕
责任校对　徐幼玲
技术编辑　李　建

出版发行　中国社会科学出版社
社　　址　北京鼓楼西大街甲 158 号　　邮　编　100720
电　　话　010－84029450（邮购）
网　　址　http：//www.csspw.cn
经　　销　新华书店
印　　刷　北京新魏印刷厂　　　　　　　装　订　丰华装订厂
版　　次　2009 年 7 月第 1 版　　　　　印　次　2009 年 7 月第 1 次印刷
开　　本　880×1230　1/32
印　　张　11.75　　　　　　　　　　　插　页　2
字　　数　290 千字
定　　价　32.00 元

作者简介

于海青　1975 年生，山东青岛人，先后获得山东大学法学学士、法学硕士学位以及中国社会科学院法学博士学位。现任职于中国社会科学院马克思主义研究院国外左翼思想研究室，助理研究员，主要从事国外左翼理论与实践研究。翻译《正义的中断——"后社会主义状况的批判性反思"》、《欧洲社会主义百年史》（合译）、《福利国家的比较政治经济学》（合译）等多部，合著《当代资本主义与世界社会主义》、《20 世纪末西方新马克思主义》、《西方左翼论当代西方社会结构的演变》等多部，并在《当代世界与社会主义》、《当代世界社会主义问题》、《科学社会主义》、《红旗文稿》、《国外社会科学》等报刊杂志发表学术论文多篇。

内 容 提 要

本书探讨了参与民主理论和实践在当代西方的发展演变。作者尝试从历史、理论与实践相结合的角度，对20世纪60年代后西方"新"运动中兴起和发展起来的这种大众直接参与的民主形式进行全面解析，较为系统地概括和剖析了参与民主的理论渊源、现实发展及其具体的理论模式和实践形式，阐明了当代西方社会的参与民主发展趋向。在此基础上，本书深刻揭示了当代西方参与民主的性质特征，并从我国当前民主政治建设实际出发，提出了借鉴西方参与民主，进一步强化民主政治的人民性、参与性的发展思路。

此书得到中国社会科学院出版基金资助

总　序

在胡绳同志倡导和主持下,中国社会科学院组成编委会,从全国每年毕业并通过答辩的社会科学博士论文中遴选优秀者纳入《中国社会科学博士论文文库》,由中国社会科学出版社正式出版,这项工作已持续了12年。这12年所出版的论文,代表了这一时期中国社会科学各学科博士学位论文水平,较好地实现了本文库编辑出版的初衷。

编辑出版博士文库,既是培养社会科学各学科学术带头人的有效举措,又是一种重要的文化积累,很有意义。在到中国社会科学院之前,我就曾饶有兴趣地看过文库中的部分论文,到社科院以后,也一直关注和支持文库的出版。新旧世纪之交,原编委会主任胡绳同志仙逝,社科院希望我主持文库编委会的工作,我同意了。社会科学博士都是青年社会科学研究人员,青年是国家的未来,青年社科学者是我们社会科学的未来,我们有责任支持他们更快地成长。

每一个时代总有属于它们自己的问题,"问题就是时代的声音"(马克思语)。坚持理论联系实际,注意研究带全局性的战略问题,是我们党的优良传统。我希望包括博士在内的青年社会科学工作者继承和发扬这一优良传统,密切关注、深入研究21世纪初中国面临的重大时代问题。离开了时代性,脱离了社会潮流,社会科学研究的价值就要受到影响。我是鼓励青年人成名成家的,这是党的需要,国家的需要,人民的需要。但问题在于,什么是名呢?名,就是他的价值得到了社会的承认。如果没有得到社会、人民的承认,他的价值又表现在哪里呢?所以说,价值就在于对社会重大问题的回答和解决。一旦回答了时代性的重大问题,就必然会对社会产生巨大而深刻的影响,你也因此而实现了你的价值。在这方面年轻的博士有很大的优势:精力旺盛,思想敏捷,勤于学习,勇于创新。但青年学者要多向老一辈学者学习,博士尤其要很好地向导师学习,在导师的指导下,发挥自己的优势,研究重大问题,就有可能出好的成果,实现自己的价值。过去12年入选文库的论文,也说明了这一点。

什么是当前时代的重大问题呢?纵观当今世界,无外乎两种社会制度,一种是资本主义制度,一种是社会主义制度。所有的世界观问题、政治问题、理论问题都离不开对这两大制度的基本看法。对于社会主义,马克思主义者和资本主义世界的学者都有很多的研究和论述;对于资本主义,马克思主义者和资本主义世界的学者也有过很多研究和论述。面对这些众说纷纭的思潮和学说,我们应该如何认识?从基本倾向看,资本主义国家的学者、政治家论证的是资本主义的合理性和长期存在的"必然性";中国的马克思主义者,中国的社会科学工作者,当然要向世界、向社会讲清楚,中国坚持走自己的路一定能实现现代化,中华民族一定能通过社会主义来实现全面的振兴。中国的问题只能由中国人用自己的理论来解决,让外国人来解决中国的问题,是行不通的。也许有的同志会说,马克思主义也是外来的。但是,要知道,马克思主义只是在中国化了以后才解决中国的问题的。如果没有马克思主义的普遍原理与中国革命和建设的实际相结合而形成的毛泽东思想、邓小平理论,马克思主义同样不能解决中国的问题。教条主义是不行的,东教条不行,西教条也不行,什么教条都不行。把学问、理论当教条,本身就是反科学的。

在21世纪,人类所面对的最重大的问题仍然是两大制度问题:这两大制度的前途、命运如何?资本主义会如何变化?社会主义怎么发展?中国特色的社会主义怎么发展?中国学者无论是研究资本主义,还是研究社会主义,最终总是要落脚到解决中国的现实与未来问题。我看中国的未来就是如何保持长期的稳定和发展。只要能长期稳定,就能长期发展;只要能长期发展,中国的社会主义现代化就能实现。

什么是21世纪的重大理论问题?我看还是马克思主义的发展问题。我们的理论是为中国的发展服务的,决不是相反。解决中国问题的关键,取决于我们能否更好地坚持和发展马克思主义,特别是发展马克思主义。不能发展马克思主义也就不能坚持马克思主义。一切不发展的、僵化的东西都是坚持不住的,也不可能坚持住。坚持马克思主义,就是要随着实践,随着社会、经济各方面的发展,不断地发展马克思主义。马克思主义没有穷尽真理,也没有包揽一切答案。它所提供给我们的,更多的是认识世界、改造世界的世界观、方法论、价值观,是立场,是方法。我们必须学会运用科学的世界观来认识社会的发展,在实践中不断地丰富和发展马克思主义,只有发展马克思主义才能真正坚持马克思主义。我们年轻的社会科学博士们要以坚持和发展马克思主义为己任,在这方面多出精品力作。我们将优先出版这种成果。

2001 年 8 月 8 日于北戴河

目　　录

序

余文烈

在海青博士书稿出版之际，我作为她攻读博士学位时的导师，应约写几个字。

一

海青博士2006年完成博士论文《论当代西方参与民主》，答辩时被专家组评为优秀论文，后经修改，成为目前的书稿《当代西方参与民主研究》。

《当代西方参与民主研究》具有如下几个方面的特点与创新。

第一，系统研究了当代西方参与民主，力图揭示参与民主的实质及其发展前景。

当代西方参与民主这一主题，在国内理论界尚未见系统研究，该书系统阐述了参与民主的理论渊源，其产生的政治经济和社会历史背景，其历史发展进程及其当代表现形式（典型理论与模式），揭示其主要特征、实质与发展趋势。书稿对这一课题研究的结构框架完整，在这一领域提供了比较系统的理论资料和基础性研究。

第二，论文在如下方面展示了作者的独特理论观点，具有一定理论价值和创新意义。

（1）以独特的视角揭示当代西方参与民主的性质；

（2）探讨参与民主在西方民主政治理论和实践发展中的地位与作用，尤其是对于当代资本主义民主发展走向的影响；

（3）揭示参与民主与西方代议制民主的相互关系；

（4）从对参与民主的研究窥视西方发达资本主义国家民主政治的现状、实质及其发展走势等。

第三，探讨当代西方参与民主对推进中国特色民主政治建设的启示与借鉴。

论文分析中国特色社会主义民主政治建设的现状、特点以及中、近期发展目标，以批判的眼光分析当代西方参与民主对推进我国民主政治建设的诸多启示与借鉴，具有重要的理论意义和实践意义。

二

当代西方参与民主对中国民主政治建设的启示，书稿在"结语"中已经作了简要的论述。之所以说这方面的论述是"简要的"，因为只要把书稿所提及的"启示"稍作展开，就可以看到其丰富的内容。这里想围绕我国推进民主政治建设的"基础性工程"问题，就城市的社区建设再多谈几句。

党的十七大报告十分重视民主政治建设这个重大课题。十七大报告有两条主线，一是民生，一是民主。关于民主，报告指出："人民民主是社会主义的生命。"这是在党的重要文献中第一次将人民民主提到关系社会主义生命的高度。推进社会主义民主政治建设，应该抓两头，即从最高层次上搞好党内民主，从最底层次上搞好基层民主。十七大报告把发展基层民主当做发展社会主义民主政治的"基础性工程",对此作了专题论述,指出:"人民依法直接行使民主权利,管理基层公共事务和公益事业,实行自我管理、自我服务、自我教育、自我监督,对干部实行民主监督,是人民当家作主最有效、最广泛的途径,必须作为发展社会主义民主政治的基础性工程重点推进。要健全基层党组织领导的充满活力的基层群众自治机制,扩大基层群众自治范围,完善民主管理制度,把城乡社区建设成为管理有序、服务完善、文明祥和的社会生活共同体。"①这些论述指明了发展基层民主的重大意义、基本作用、发展领域、基本要求等重大问题,回答了为什么要发展基层民主、发展什么样的基层民主、怎样发展基层民主等重大问题。有必要重申的是,这些论述已经表明,"城乡社区建设"是发展基层民主的基本单位。

在十七大之前,从20世纪90年代中后期开始,我国大中城市在民政部规划下掀起了社区建设热潮,沈阳、北京、上海、天津、武汉等城市设立了"全国社区建设实验区",探索社区治理新模式。2005年以后,深圳市致力于把社区工作站与社区居委会相分离的新型社区治理体制:社区工作站从居委会分离出来,成为政府派出的基层办事机构,是政府职能向社区的延伸;而社区居委会则是居民自治组织,领导成员由社区居民(包括户籍居民和非户籍居民)直接选举,政府每月给予一定津贴。政府赋予居委会评议政府工作的权力,并希望在不久的将来以某种制度形式将居委会与人大和政协相衔接,进一步发挥居委会的作用,推动基层民主的发展。

一个时期以来,城市政府对于社区治理的构想和理论界的讨

---

① 胡锦涛:《高举中国特色社会主义伟大旗帜,为夺取全面建设小康社会新胜利而奋斗》,《中国共产党第十七次全国代表大会文件汇编》,人民出版社2007年版,第29页。

论热点主要是集中在建立"一级政府、三级管理",或是社区应该与街道平级还是与居委会平级之类的问题上。根据十七大报告精神,社区治理显然不能局限于这些问题,而更重要的应该关注建设一个什么样的社区,即社区建设的目标上。那么,社区建设的目标是什么呢?我们在近期的调研报告中提出了社区建设的"三位一体"的治理目标,即"建设一个公民社会,建设一个和谐社区,建设一个社会主义民主政治基础性工程基地"[①]。

——建设一个公民社会。培育和建设公民社会有利于发展社会的集体意识,弘扬传统美德,推广社会主义核心价值,同时培育公民的自主、自立、自卫、参与(公共事务管理)、尊重(他人)、关爱(老弱病小)、宽容(面对不同利益相互碰撞时的求同存异)、监察(政府的施政失当)等良好品格。与此同时,有了一个成熟的公民社会,许多社会生活中的事情可以在公民之间自行解决,国家则可以集中精力考虑重大发展战略问题,真正做到"小政府、大社会"。

——建设一个和谐社区。党的十六届六中全会作出了"构建社会主义和谐社会"的重要决定,十七大报告指出"社会和谐是中国特色社会主义的本质属性",两个文件对构建和谐社会的内容和任务作了详细阐述。社区是小社会,社会是大社区。要把建设和谐社会的内容和任务落实,关键就要落实到社区建设中。建设和谐社会的内容和任务,都与社区建设密切相关,应当把它们作为当前社区建设的基本目标。

——建设一个社会主义民主政治基础性工程基地。这就是上面所论述的十七大报告的一个重要精神。

---

① 参见余文烈执笔《从三种模式看社区治理的现状与未来》,《深圳特区报》2008年3月17日理论版(A9)。该文发表后引起巨大反响,《中国社会学网》、《中国选举与治理》、《中国机构网》、《南方网》、《零点调查协会》等网站全文转载。

那么，为什么把发展基层民主，尤其是城乡社区基层民主，当做我国推进民主政治建设的基础性工程呢？

首先应该肯定，十七大报告的这一命题包含了我国推进民主政治建设的重大战略部署。另一方面，我们从西方民主政治的发展历程和西方国家参与民主勃兴的历史背景中，也可以领略到这种战略决策的深谋远虑，也即从中感悟为什么要把发展基层民主当做我国推进民主政治建设的基础性工程。

第一，从当代西方参与民主勃兴的历史背景看，可以预见我国公民对民主政治迸发激情的时期即将来临。如同书稿所指出，当代西方参与民主的勃兴是"丰裕社会"的产物。由此可以预见，随着我国人民生活水平的提高，特别是全面建设小康社会的实现，必然有更多的民众更加关注民主政治的发展，而民主参与的最直接形式就是对所在社区和周围事务的民主管理与民主监督。

第二，从文化传统差异的视角看，国民应该补上"基层自治"这一课，而自治过程是培育民主的摇篮。在西方社会的民主进程中，美国对近代西方民主制度的发展有着独特的贡献。究其原因，其中之一是美国政治制度的形成是自下而上的过程，即从基层自治开始，形成乡镇再到郡县，而后到州、到联邦的发展过程。早在 1620 年，当载着第一批移民的"五月花"号船抵达普利茅斯并准备在那里定居的时候，这批居民就以该船号为名订立了《五月花公约》，以后许多年中在没有外界干扰的情况下开始了他们"自治"的社会生活，自己处理自己的事务，根深蒂固地树立了"自治"的意识，而民主就在自治的过程中孕育（新的形式）、发展和提升。这种始于基层的民主政治，为后来联邦的民主政治打下了坚实的基础。对此，法国作家托克维尔 1835 年在其《论美国的民主》中赞扬道："新英格兰的文明，像高地燃起的大火，除烤暖了周围地区外，还用她的光辉照亮了遥远的天边。"这种历史背景与中国的情况大不相同。① 中国经历了漫长的封建社会,国民从观念上习惯于"开明君主"统治,企盼上头派来公正的"包青天",对于自治问题,似乎还需要更多历练。而不懂得自治,就不懂得民主。因此,居民对社区和周围事务依法进行"自我管理、自我服务、自我教育、自我监督",是培育民主的发祥地。

第三,从西方民主注重"程序正义"可以得到印证,发展基层民主是一个重要的基础性工程。

首先,民主是公民的权利,而权利与义务是对等的。公民在享有民主权利的同时也需要承担诸多义务。当公民无法承担这些义务时,他同时也就放弃了民主权利。而享有和承担这些权利与义务的能力,需要在基层民主基地中逐步培育。

其次,民主是利益的妥协,享有民主应该从学会妥协开始。应当肯定,社会中的每个人都有自己的利益和偏好,这种偏好会在民主决定的过程中强烈地表达出来。那么,当各方的利益偏好发生矛盾和冲突的时候,怎样达至平衡呢?在这里,民主不是不欢而散,也不是重新找回政府组织来"主持公道"。民主要求不同的群体乃至每一个公民都不断地调整、选择和修正自己。因此说,民主是一种伟大的谦卑和妥协精神。在这里,强势一方应该懂得让弱势一方有机会自由完整地表达自己的意见;而弱势一方应该明白,既然自己的意见不占多数,就要体面地让步,把对方的观点作为全体的决定来承认,并积极参与实施,同时明白自己仍有权利等待机会改变局势。

再次,民主必须遵守规则,直到"伤害"自己。最近翻译

_____

① 根据托克维尔的观点,欧洲的大多数国家,政治生活也大都始于社会的上层,然后逐渐地而且是不完整地扩及社会的其余不同部分,唯有美国的民主政治是始于基层。

出版的《罗伯特议事规则》就是一部讲究程序正义的"民主操作手册"，在美国被视为民主的基石和宝典。民主的过程应该遵守法定的或习成的规则，在一定规则的框架下真实地表达，真诚地说服，积极地妥协，从而达成真正的共识。会议之中，观点可以针锋相对，但不会人身攻击，会议过程由宽容达到团结，以宽容化解矛盾。会议之后，无论观点有何分歧，既然已经表达痛快，大家的关系都依然正常和谐。为有如此，才能实现民主的尊严、秩序、效率和公平。①

以上这些，都是一个学习、认同和习惯的过程，并进而潜移默化地在心理定势和行为方式上发生转变。因此，发展公民直接参与的基层民主，不仅可以让民众直接参与和行使民主权利，做好自己的事情，而且可以从中体验民主的程序，领会民主与"共识"、民主与集中的关系。与此同时，通过基层民主的历练，还有利于以民主的精神实质加深对党和政府一系列方针政策的理解，更加自觉地贯彻执行。因此说，发展基层民主，是推进民主政治建设的基础性工程。②

从以上的分析可以看出，深入学习研究西方民主，读一读《当代西方参与民主研究》之类的著作，对于推进我国民主政治建设，应当是不无启益的，而且获取启益的视角也可以是多种多样的。

2009 年 7 月于深圳

---

① 参见袁天鹏《我们该怎样吵架？——〈罗伯特议事规则〉的前世今生》，http：//blog. sina. com. cn/s/blog_ 5fc81f420100dn8c. html ~ type = v5_ one&label = rela_ prevarticle

② 当然，我们这样说不是说高层机构就不需要上述的"民主训练"。我们这里讨论的是最底层次（注意不是最低）的基层民主，而其他层次的民主需要另外专题讨论。

导　　论

在人类政治文明的发展进程中，民主可能是出现频率最高却又引发争论最多的一个词语。从古雅典民主诞生迄今的 2000 多年来，人类对民主的争论不但未曾稍减，甚至还有不断延续的态势。然而，各种关于民主的争论，并非纠结在是否应该实行民主的问题上。作为与专制、极权相对的概念，民主因为与平等、自由等人类崇高理想的密切联系而备受推崇。正如民主理论家赫尔德（David Held）所言，"几乎每个人都声称自己是民主人士。全世界所有的政治制度都把自己说成是民主制度"①。显然，人们更加关注的，在于什么是民主以及应该实行什么样的民主等问题。围绕这一核心论题，不同论者从不同立场和视角出发，作出了见仁见智的阐释，从而孕育出形形色色的民主理论与实践模式。

当代西方参与民主，是西方民主理论和实践的重要组成部分。参与民主，既是指 20 世纪中期在西方新左派运动中诞生，并在其后不断发展完善的一种民主理论和模式，也是指当代西方的一种具体的民主实践形式。参与民主的兴起和发展，不仅对当代西方占据统治地位的自由主义民主模式提出了挑战，而

---

① ［英］戴维·赫尔德：《民主的模式》，燕继荣等译，中央编译出版社 1996 年版，第 1 页。

且对西方现实民主实践产生了直接或间接的影响。到底什么是参与民主？当代西方为什么会产生参与民主？参与民主包括哪些具体的理论、模式和实践形式？参与民主对当代西方民主政治理论和实践的发展有哪些积极影响？当代西方的参与民主理论和实践对中国现阶段的民主政治建设有哪些借鉴和启示？本书将着重思考和探讨这些问题，尝试从历史与现实、理论与实践的结合上，对西方参与民主的当代演变进行综合的实证研究和系统的理论分析。

一

研究当代西方参与民主，首先需要对参与民主作出明确界定。从国内外相关研究看，研究者一般是从理论和实践两个层面来认识参与民主，或者把参与民主作为当代西方兴起的一种具体的民主理论，或者将其作为当代西方的一种民主实践形式。但无论作为一种理论还是实践，从与自由主义民主以及作为其制度表现形式的代议制相对立的角度来解析参与民主，却是一个基本共识。例如，卡宁海姆（Frank Cunningham）就把参与民主作为20世纪民主发展中出现的与自由主义民主相对的一种新型民主，认为"参与民主理论与民主的多头政体理论完全相反，它也与那些将积极政治视为政府和利益集团领域的各种版本的自由主义民主理论相对立。它试图打破当代社会存在的政治冷漠，并使公民的积极参与最大化"[1]。佩里（Geraint Parry）则主张，"参与民主是寻求普通公民比在正常代议民主下，能够更充分地参与决策过程的一种民主理论。参与民主理论家试图改革代议制度，并将

---

① Frank Cunningham, *Theories of Democracy: A Critical Introduction*, London: Routledge, 2002, p. 123.

其与直接民主的特定要素结合起来"①。我国学者也指出，参与民主相对于传统的代议民主而言。传统的代议民主具有间接性，而参与民主则是一种直接民主，等等。②上述这些参与民主定义，正确指出了参与民主与自由主义民主的对立，并从某一具体角度和层面揭示了参与民主的内容和特征，但却并未对参与民主作出本质界定。

参与民主在根本上是对民主应该是什么，以及民主应该如何实现等问题作出的新解答。参与民主从民主的本质规定性出发，以大众自发的、直接的参与为核心，强调民主实质上体现为大众的直接参与，主张作为"人民统治"的民主应当通过自我管理过程中大众广泛的、积极的、直接的参与才能实现。参与民主的提出，建立在反对当代西方主流的自由主义民主基础之上。它反对自由主义民主及其代议制的民主实现形式，认为自由主义民主或代议制侵蚀个人自主和自治，否认平等和社会公正，将个人从公共领域拉回到私人领域，使政治生活官僚化和技术化，进而导致了其本身的合法性危机。因此，参与民主致力于积极的民主设计，强调激发民众潜藏的政治热情和民主理性，通过发展大众对日常生活的直接参与来完善代议民主制度，改善现实代议民主的发展状况。显然，参与民主在本质上是一种自发性的、大众直接参与的民主形式。

那么，为什么当代西方会出现与自由主义民主相对立的参与民主？正确解析参与民主产生的根源，是我们进一步考察和理解参与民主本质的关键。从社会来源看，参与民主是当代西方社会新变化在民主政治上的反映。战后尤其是 20 世纪六七十年代以

---

① Geraint Parry, "Types of Democracy", in Seymour Martin Lipset (ed.), *The Encyclopedia of Democracy*, London: Routledge, 1995, p. 1280.

② 徐鸿武主编：《民主政治大视野》，北京师范大学出版社 1998 年版，第 107页。

来，西方社会的新变化之一，就是随着新技术革命的发展以及经济结构的调整和变革，出现了以新中间阶层为代表的新的社会力量。新社会力量的物质生活相对富足，对其经济状况相对满意，但对于物质主义之外的生活质量、社会平等、自我实现以及公民自由等问题普遍不满。风起云涌的60年代抗议运动、新社会运动以及全球正义运动等当代西方新抗议运动，正是这种不满情绪的宣泄和反映。新抗议运动很大程度上是一种文化抗议运动，它们关注生态、和平、女权、全球等非阶级、非意识形态的后物质主义议题，反对官僚异化统治的压迫和束缚，主张对代议政治进行民主改造，发展大众的直接参与。在新抗议运动中衍生的社会多元主义理念，构成了当代西方参与民主的思想理念来源。虽然都承认自由、平等理想，肯定个人尊严和个人的独特认同，但"新"运动的社会多元主义与自由主义的多元主义存在重要差别。与强调个人权利和自由至高无上、只承认个人差异认同但缺乏社会群体本位的自由主义多元主义不同，"新"运动的社会多元主义，从当代社会的多元现实出发，强调现代生活世界是一个多元性、差异性和不确定性的自由领域，是由体现为个性、异质、多元、偶然的个体或群体的自主活动构成的领域。在这个领域中，各种不同的思想、价值、观点、语言都具有生存权利。社会多元主义认为自由主义多元主义只看到了个人差异，但忽略了社会弱势团体和主流优势团体的差异。赞赏个性而贬抑群性，其结果必然造成多元非主流群体的压抑和边缘化。因此，社会多元主义更加关注代际、族群、性别、宗教等生活文化领域的权力差异，大力倡扬对群体差异的权益保护。在政治方面，则以这种差异、多元作为民主建设的依据，主张发展维护少数群体利益的去阶级化的民主政治。强调自发性和大众直接参与的参与民主，实际上正是这种广泛化的多元民主理念和呼求的反映。

沿袭这一思路，我们可以对参与民主作出如下概括：参与民主是指 20 世纪 60 年代以来西方"新"运动中产生的、自发性的、大众直接参与同其密切相关的政治经济社会事务的民主形式。它反映了以新中间阶层为中心的新社会力量对战后出现的新社会矛盾和冲突发出的新抗议及提出的多元民主新诉求。参与民主是在理论和实践上对传统西方民主的改造、扩张和发展,体现了民主向社会生活各领域、各阶层广泛渗透和不断扩大的过程。从当代西方的发展进程看,参与民主既包括丰富多样的理论和模式,也体现为各种具体的直接参与的实践形式。

在明确参与民主基本含义的基础上,我们需要对与参与民主相近的几组概念进行辨析。这里主要考察参与民主与代议民主的参与性、直接民主、大众民主、激进民主、经济民主、工业民主、工厂民主(企业民主)、地方民主以及草根民主(基层民主)等的联系和区别。

要正确理解参与民主,首先需要充分认识参与民主与代议民主的参与性之间的关系。民主的参与性,是对"参与"——这一民主本身固有特征的揭示。任何一种民主都必然包含某种程度的参与:没有参与,就肯定不是民主;而只要被称为民主,则必定具有参与性。参与是民主本身所具有的一个关键性的重要特征。诚如民主理论家科恩(Carl Cohen)所言,"民主决定于参与"①。参与具有各种形式,直接参与和间接参与是其基本形式。就参与民主与代议民主而言,参与民主在本质上是一种大众直接参与的民主形式;而在代议民主条件下,公众参与主要体现为通过选举代表代其决策的间接参与,因此间接参与是代议民主参与性的主要体现。但从西方代议民主的发展历史看,代议民主并不完全排斥直接参与。新英格兰乡镇会议以及全民公决等直接参与

---

① [美]卡尔·科恩:《论民主》,聂崇信等译,商务印书馆 1988 年版,第 12 页。

形式，也是代议民主参与性的重要内容。"二战"后尤其是20世纪六七十年代以来，西方代议民主在不断扩大间接参与的深度和广度的同时，其直接参与的形式、范围、规模等也在继续发展。参与民主自下而上的推动以及代议体制对参与民主理念自上而下的吸纳，对代议民主的直接参与的发展起到了促进作用。因此，参与民主与代议民主的参与性具有密切联系。在直接参与的层面上，当代西方代议民主参与性的发展正是参与民主在体制框架内的实现。

弄清参与民主与直接民主（direct democracy）或大众民主（mass democracy）的关系，也是理解参与民主的重要方面。直接民主与大众民主，基本上是可以通用的概念，二者都是对作为"人民统治"的民主概念的诠释，主张民主的实质是实现人民的统治。但它们之间也存在些许差别。直接民主一般与间接民主相对，强调公众直接参与公共决策，直接管理自己的事务，而不通过中介和代表；大众民主则相对于精英民主而言，主要强调反对精英统治，主张人民大众的平等权、民主权。参与民主与直接民主/大众民主一脉相承。参与民主的基本思想，显然来源于以古雅典民主为实践类型、以卢梭的人民主权学说为理论范型的直接民主/大众民主。它们都强调人民主权和民主的参与性，主张扩张大众参与，赋予大众更多的直接参与权，批评代议制，反对官僚统治，等等。但二者之间也存在一个重要区别，即参与民主并非完全排斥代议制。参与民主虽然也批评和质疑代议制，但更多地是从现代社会发展的实际考虑，并不直接要求废除任何形式的代议制，尤其是不挑战基本国家制度层面的代议制度。它并不主张完全由公众亲自行使权力，而强调公众的直接参与同代议制的结合，主张公众广泛地直接参与同其密切相关的政治、经济生活。从这个角度看，与作为代议民主对立物的直接民主不同，当代西方参与民主是对代议民主的补充和改造。

参与民主与激进民主（radical democracy）都是当代西方左派提出的概念，二者有联系也有区别。所谓激进民主，从其一般用法看，有广义和狭义之分。在广义上，激进民主是指当代西方反对代议政治、主张通过各种方式和途径深化与发展民主的各种民主形式的统称。在这个意义上，参与民主涵盖在激进民主之中。诚如有西方学者指出的那样，包括协商民主在内的"主张个人在最能影响其日常生活的制度中被赋予更多权力的理论（即参与民主——引者注）"①都是激进民主。但具体而言，激进民主通常是一个相对固定的说法。激进民主思想最早出现在后马克思主义者拉克劳和墨菲（E. Laclau and C. Mouffe）的《领导权与社会主义的策略——走向激进民主政治》一书中，特指左翼重新确立的一种反资本主义的社会主义战略。作为一种社会主义战略的激进民主，不再拒斥西方自由主义民主传统的价值和成果，而主张将这一传统"激进化"，通过体制内的批判，迫使西方民主社会履行其许诺的民主理想，从而在政治自由主义的制度框架内不断扩展与深化民主。在实践中，激进民主也不再主张运用暴力革命的手段改变西方现存的自由民主制度，而是强调目标的多元主义，试图通过发展各种社会运动来实现社会的变革。②这条"激进民主"的道路，被后马克思主义者视为当代左翼政治复兴的唯一希望。显然，狭义的激进民主虽然同样主张发展大众参与，但与参与民主存在差异：前者作为当代西方左派的一种社会主义斗争策略，是把民主的改革作为变革资本主义，甚至实现向社会主义过渡的一种手段和方式；而参与民主是为了变革资本主义民主的运作模式，确立一种大众参与型的民主政治，并强

---

① Mark E. Warren, "What Should We Expect from More Democracy?: Radically Democratic Responses to Politics", *Political Theory*, Vol. 24, No. 2（May, 1996）, p. 241.

② 参见［英］恩斯特·拉克劳、查特尔·墨菲《领导权与社会主义的策略——走向激进民主政治》，尹树广等译，黑龙江人民出版社2003年版。

调这种民主模式的发展对于实现民主道德和民主价值，对于培养公民美德和公民精神的意义。因此，激进民主一定是参与民主的，但参与民主却不一定是激进的。自由主义右派能在体制内吸纳参与民主，并用参与民主来对体制进行改造，但绝不会接受作为一种社会主义战略的激进民主。

　　参与民主与经济民主、工业民主以及工厂（企业）民主等概念相互联系相互交叉。参与民主是对大众的、直接的、自下而上的民主参与的强调，其本身必然包括经济、社会等各领域的直接参与。因此，通常被视为经济领域尤其是企业之中工人直接参与管理、组织和决策的经济民主与工业民主以及工厂民主等概念，涵盖于参与民主范围之内。但如果进行严格区分，所谓经济民主（economic democracy）或工业民主（industrial democracy）与工厂（企业）民主（workplace democracy）概念相近，但并非完全相同。经济民主是着眼于整个经济制度的民主设计。它尝试打破作为现代经济主要特征的等级命令制，消除劳动者和管理层之间的阶级和权力差异，主张发展经济生活中的工人直接参与，同时呼吁在平均主义和民主发展的轨道上，重新构建整个经济制度及其运行。可以作为经济民主概念替代的，是工业民主。这一由英国工党理论家韦伯夫妇（Sidney James Webb and Beatrice Webb）率先提出的概念，代表着与经济民主相类似的从工业基层民主到宏观经济民主在内的完整制度规划。因此，强调基层直接参与的参与民主与经济民主或工业民主，并非一种涵盖关系，而是交叉关系，二者交叉于工厂企业等基层的工人直接参与。换言之，经济民主或工业民主并不是一个纯粹的参与民主话题。而工厂（企业）民主通常特指通过发展企业或工厂内部的工人民主参与管理和决策，来复兴公民参与理想，因此更多地体现了参与民主的理念，应该从属于参与民主研究范畴之列。

　　参与民主与地方民主（local democracy）存在密切联系。所谓地方民主，是一个多层面的概念，在西方学术界没有一个统一明确的定义。例如，有的学者从地方自治的角度，指出地方自治条件下地方政府具有地方民主的优点；[1] 有的学者从80年代兴起的新公共管理运动的视角，提出地方民主就是地方分权，建立一种去中央化的民主决策机制；[2] 还有的学者从城市研究出发，将地方民主作为城市治理形式的革新，作为城市治理的新的管理方法实践的结果。[3] 这些关于地方民主的解释，大都是从地方政府治理的自上而下的角度作出的界定。笔者认为，地方民主也具有社会公众自治的含义，例如公众在乡镇、社区等基层单位的直接自治参与，以及自下而上通过各种途径如地方性协商讨论、市民会议等方式，直接参与地方政府公共事务的治理，等等。这个意义的地方民主，反映了参与民主的大众直接参与的理念，因此也应属于参与民主的重要组成部分。

参与民主与草根民主或基层民主（grassroots democracy）也紧密相关。作为一个流行概念的草根民主，实质上是对大众直接民主权利的强调，这与主张大众直接参与的参与民主具有内在的统一性，基本可以互换使用。但如果严格区分的话，二者之间存在些微差异。与参与民主强调一般意义的大众直接参与权不同，草根民主的大众直接民主权，更倾向于大众的"自治"权，强调大众在公共生活中更多地掌握自己的命运，在公共决策中体现自己的价值和作用。因此，所谓草根民主，实际上是指基层单位实行的大众自我治理的民主。在我国，草根民主（基层民主）

---

① See Gerry Stoker, *The Politics of Local Government*, Hampshire: Macmillan Education, 1988.

② See A. Cochrane, *Whatever Happened to Local Government?*, Philadelphia: Open University Press, 1993.

③ See Robin Hambleton, "The New City Management", in Robin Hambleton etc. (ed.), *Globalism and Local Democracy*, Palgrave Macmillan Ltd, 2003.

主要是指在农村、城市和企业中进行的民主政治实践。它具体是指广大人民在城乡基层群众性自治组织中，依法直接行使民主选举、民主决策、民主管理和民主监督的权利，对所在基层组织的公共事务和公益事业实行民主自治。在当代中国，基层民主是最直接、最广泛的参与民主实践形式。

二

关于参与民主概念的最初起源，西方理论界并没有统一的说法。民主理论家简·曼斯布里奇（Jane Mansbridge）认为，作为正式术语的参与民主（participatory democracy）是政治学家阿诺德·考夫曼（Arnold Kaufman）于 1960 年在一篇题为《人性和参与民主》（*Human Nature and Participatory Democracy*）的文章中率先提出的。在该文中，他从对参与民主的道德教化作用的阐释出发，明确指出，"参与民主可以产生许多有益的结果，但其主要功能不是为了保护和稳定社区，而是能够发展人的思想、感情与行动的力量"①。

从理论研究的视角看，作为一种系统化的参与民主研究的起步，发轫于 20 世纪 70 年代前后。在当时的西方政治学领域，出现了一股参与问题研究的热潮。这股热潮的兴起，很大程度上是对 60 年代末西方社会政治动荡的回应。急进的学生运动及其带来的严峻社会后果，促使政治研究者们关注并深入思考当代西方的政治实践及其存在的问题，如官僚化、异化、公民政治动员以及经济发展的难题等。作为对这些危机的回应，社会学和政治理

---

① Jane Mansbridge, "Does Participation Make Better Citizens?", cited in Franck Cunningham, *Theories of Democracy*, *A Critical Introduction*, London：Routledge, 2002, p. 123.

论加强了参与问题的研究。这些研究不仅强调积极的公众政治参与问题，也关注个人在工厂、学校和家庭等具体经济、社会领域的参与角色及其作用。它们试图从相关问题的研究和阐释中，找出解决现实问题的方案。

当时的参与问题研究，可以划分为两个层次。^① 一是尝试从理论上对"参与"作出概念解释。这种解释性理论主要通过一些跨国性比较研究，对参与的"水平"和"形式"等进行量度，从而对参与的构成要素如谁参与、在什么条件下以及以何种方式参与等具体问题作出说明。这一层面的理论研究主要依据概念界定、数据统计以及对统计结果进行量化比较等研究方法。二是致力于将参与问题与民主的价值形式联系起来，寻求建立一个潜在的参与性社会。这种研究主要关注当代西方公民大规模的公共领域参与，并从理论上对其现实可行性提供一种理性支持。这一层面的研究者经常将"参与民主"制度的建立，作为其最终实现目标。

在进行理论研究的过程中，涌现出一批参与民主的倡导者。这些参与民主论者大多是左派学者，他们著书立说，出版了一系列理论著作和文章，主要包括麦克弗森（C. B. Macpherson）的《占有性个人主义理论：从霍布斯到洛克》（*The Theory of Possessive Individualism. Hobbs to Locke*）、《后自由主义民主？》（*Post-Liberal-Democracy?*）、《民主的真实世界》（*The Real World of Democracy*）、《民主理论文集》（*Democratic Theory*：*Essays in Retrieval*）以及《自由主义民主的生命和时代》（*The Life and Times of Liberal Democracy*）；佩特曼（Carole Pateman）的《参与和民主理论》（*Participation and Democratic Theory*）、《政治义务的难题：

---

① Lawrence A. Scaff, "Two Concepts of Political Participation", *The Western Political Quarterly*, Vol. 28, No. 3（Sep., 1975）, p. 447.

自由主义理论批判》（*The Problem of Political Obligation. A Critique of Liberal Theory*）；巴克拉克（Peter Bachrach）的《民主的精英主义理论》（*The Theory of Democratic Elitism*），等等。这些作品在对社会运动的参与民主理念进行理论概括，以及对自由主义民主理论进行系统分析和批判的基础上，试图从理论上证明建立一个通过公民参与来实现社会各领域管理的"参与社会"的合理性与可行性。

然而，80年代之前提出的作为现实政治实践替代的各种参与民主理念和理论，经常被认为是"不切实际的理想"[①]。这种情况的出现，从实践上看是因为不彻底的"1968年革命"的影响。新左派运动的确给当代资本主义世界带来了前所未有的政治震撼。其重要后果之一，就是直接推动了体制框架内的资本主义政治改革进程。诚如沃勒斯坦（Immanuel Wallerstein）所言，在运动发生的那些国家，大都在教育、医疗以及工作保障等方面进行了相当程度的改革，从而使相关人群的生活、工作条件有所改善。但同样不能否认的是，新左派运动并未根本改变资本主义，"相当大的不平等依然存在。异化性的雇佣劳动的异化性没有消失；相反，它在工作中的比重还有所上升"；而且，作为其主要政治理念提出的、曾经给人们带来无限憧憬和希望的参与民主理想，也"无论是在政府层面还是在工作场所，都很少出现或者没有得到扩展"[②]。可以说，整个70年代见证了新左派理想主义的参与民主主张的幻灭。

另一方面，参与民主研究本身的瓶颈，也使其无力应对其他民主理论的攻讦。这个时期的参与民主研究，主要是在努力尝试

---

① Robert C. Grady, "Workplace Democracy and Possesive Individualism", *The Journal of Politics*, Vol. 52, No. 1 (Feb. , 1990), p.146.

② ［美］伊曼纽尔·沃勒斯坦：《新的反体系运动及其战略》，载《国外理论动态》2003年第4期。

建立一种适应资本主义发展实践的新的民主理论。他们构建理论的基本途径，是通过消弥马克思主义和自由主义民主理论的对立，"把自由主义和马克思主义传统中的一些见解结合起来并加以重塑"①。在进行"理论重塑"的过程中，参与民主理论家具体阐释了参与性社会的一些基本问题，如该社会的特征及其存在所需要的基本条件等，但却忽视了一些更具实质意义的问题，如代议民主与直接民主如何结合，以及参与性的政治、经济和社会应当如何组织，等等。换言之，他们完全忽略了其民主模式如何才能实现的问题。此外，参与民主构建其民主理论的前提——"民主理性"假说，及其对自由、正义和民主程序关系的认识等，也成为这一时期的"新右派"民主理论家攻击参与民主过于"理想化"的口实。

80年代后，随着国家层面和全球范围的参与民主实践的蓬勃发展，当代西方的参与民主研究更加丰富和多样化，这主要体现在三个方面：

其一，除继续从理论上对参与民主的合理性作出论证外，更多地开始转向对参与民主的具体运行机制和实现方式的探讨。这种理论研究的转向，很大程度上是试图纠正先前理论研究缺陷的结果。这一阶段出现的具有代表性的参与民主理论和模式包括：关注工人参与企业组织、管理和决策，主张在企业中扩大工人参与权的工厂民主；强调公民对公共利益的责任，主张政治共同体成员在平等、自由、理性的基础上进行公共协商的"协商民主"；复兴了某些行会社会主义特征，主张地方性协会在社会、经济问题处理中发挥重要作用的"结社民主"以及适应网络社会和媒体社会发展，并为扩大民众参与范围提供了新的基础和发

---

① ［英］戴维·赫尔德：《民主的模式》，燕继荣等译，中央编译出版社1998年版，第341页。

展平台的"电子民主",等等。当代理论研究的"现实化",使参与民主本身更具实践操作性,从而为理论研究的深化拓展了新的空间。

其二,对当代西方国家各种参与民主形式的研究进一步细化,理论研究的触角更加深入到政治参与、经济参与和社会参与的方方面面。而且,这些研究大都与当代政治经济发展的具体环境结合起来,从而表现出鲜明的时代特色,如对后福特主义管理方式下企业内部的民主化和工人参与、全球化背景下地方民主发展、方兴未艾的非政府组织和公民社会组织以及信息革命时代的电子民主的研究等。

其三,对新社会运动、全球正义运动中民主参与问题的研究得以深入和拓展。新社会运动等当代西方的各种进步运动,不仅是参与民主理论产生和发展的直接推动力量,而且其本身就是参与民主的具体实践。在关于各种新运动的理论研究中,出现了许多参与民主的理论成果。

在国内学术界,相关民主问题的研究汗牛充栋,但对当代西方参与民主的关注相对较少,仅有的一些成果散见于探讨民主理论、民主实践形式的著作和文章中。近年来,随着社会主义民主政治建设的深入推进,尤其是乡镇、城市社区和企业等基层民主建设的快速发展,一些学者开始关注西方国家的参与民主,尤其是公民社会组织、社区建设、协商民主的实践进程,并初步探讨了这些民主实践对我国民主建设的启示和借鉴意义。但总的来看,这些研究大都处于起步阶段,多属经验层面的陈述或简单的理论评议,尚缺乏系统性、全面性。而且在已有的研究成果中,也仍然存在许多值得商榷的问题:例如,什么是参与民主?国内研究者大都没有作出明确表述。许多研究甚至将参与民主与源于卢梭的直接民主简单等同,视其为与代议民主完全对立的概念。再如,当代西方参与民主的实质是什么?有的学者将其简单化地

14

界定为人民主权论，而没有结合其产生和发展背景，进行深入系统地分析。此外，关于当代西方参与民主的发展前景，也存在着不同看法和争论。所有这些问题，都有待继续考察和探讨。

三

在20世纪西方民主的发展进程中，从精英主义到多元主义的自由主义民主一直占据主导地位，是所谓主流的或正统的民主理论和意识形态；而在60年代末西方学生运动中诞生、倡导大众直接参与的参与民主，则经常被视为一种非主流的、带有空想色彩的主张，长期面临边缘化或半边缘化处境。实际上，不能简单地把参与民主归为一种乌托邦。它的出现是当代西方社会新变化的产物，它的许多观点和主张也是对当代西方民主制度及其实践成就和缺陷进行深刻反思的结果。作为主要由西方左派倡导的民主形式，参与民主具有深厚的理论基础、丰富的思想内涵，并得到广泛现实社会运动的支持，是当代西方民主理论和实践的不容忽视的组成部分。厘清参与民主的理论和实践发展脉络、基本主张、特征实质及其发展走向，对于研究当代西方民主的发展演变，对于进一步深化当代资本主义及其发展趋势的研究具有重要意义。

研究参与民主，也是全面认识和把握当代西方民主理念的新发展的需要。民主从来都不是抽象的，人类在追求民主过程中形成的民主化发展模式和路径也必然多种多样。在当代西方，自由主义民主占据绝对优势地位，但这绝不意味着不存在其他类型的民主理念和发展模式。相反，自由主义民主以及作为其制度实现形式的代议制，在发展实践中面临着极大冲击和挑战。参与民主，就是在20世纪后半叶发展起来的一种与自由主义民主相对立的民主理念。它批评当代自由主义民主尤其是精英民主和多元民主过分关注思考程序机制问题而忽视了"人类发展"问题，重新回到了古典民主从价值和道德层面探讨民主的视阈之中，提出了与精英和多元民主的少数人统治论相悖反的主张。它认为，民主应该是实现大众的直接参与，应该积极推动个人参与影响自己生活的各项决策，并强调这种积极参与对个人自我完善和发展的意义。显然，参与民主反映了西方民主在当代的新发展。要研究当代西方民主，就不能不深入研究参与民主。只有这样，才能全面准确地把握西方民主发展的全貌。

研究参与民主，还有助于我们从一个侧面探究、解析当代西方社会的新变化。参与民主与当代西方社会的新变化联系密切。战后西方社会经济政治环境的发展变化，尤其是 60 年代以来社会结构的变化、社会矛盾和冲突的变化、社会运动形式的变化以及社会吁求的变化等等，对参与民主的产生和发展起到了直接的推动作用。参与民主，很大程度上是当代西方社会的新变化在政治上的反映。因此，当代西方社会的新变化是我们考察参与民主的切入点。如果不从这个角度考量，就不可能准确把握参与民主的思想理论，不可能深入探究参与民主的特点和实质。反过来说，参与民主出现本身也标志着当代西方社会的新变化，并在一定意义上深刻体现着这些新变化的特点与实质。通过对参与民主的研究和剖析，必将有助于充分认识当代西方社会层面的新变化，有助于准确把握新变化的实质，进而有助于更加深入地探讨西方资本主义发展变化的一般趋势。

在当代条件下，研究参与民主对正确认识资本主义民主政治的发展变化也有积极意义。在战后西方社会，在代议制民主为主导的民主制度框架内，各种形式的公民直接政治、经济和社会参与迅速发展起来。体制内民主参与的拓展，成为当代资本主义政治发展新变化的一个重要特征。尤其是在 20 世纪后 30 年，随着以代议制为核心的西方民主危机的加剧以及各种"新"运动的兴起和壮大，西方民主无论在直接参与的程度、范围以及领域等方面都有不断扩大的趋势，大众直接参与的形式也日趋丰富和多样。当代西方民主的直接参与性的增强，是多方面因素综合作用的结果，而参与民主的兴起和发展无疑是一股重要推动力量。一方面，作为产生于体制外并随着"新"运动的发展而不断扩大影响的民主形式，参与民主以其对大众权力的倡扬，对差异保护和社会平等的吁求，对作为当代西方民主制度基础的自由主义民主形成了极大冲击和挑战；另一方面，从代议制本身生存和发展的需要出发，当代资本主义的统治精英也在对参与民主的理念进行积极的吸纳与整合，在代议制内不断扩大直接参与因素，以维护其民主政治的合法性。参与民主的实践，显然推动了西方民主的发展和进步。从这个层面上说，研究参与民主无疑将对深入认识和思考当代资本主义民主政治的发展变化大有裨益。

此外，深化当代西方参与民主研究，也是为我国民主政治建设提供有益借鉴和启示，发展完善中国特色社会主义民主政治的需要。社会主义民主的本质是人民当家做主，而人民当家做主的权利在很大程度上是通过人民直接参与国家社会事务来实现的。列宁早就指出，"民主就是**全体**居民群众真正平等地、真正普遍地参与一切**国家**事务"①。在当代中国社会，由于客观条件的限制，不可能全面实现人民群众对国家社会生活的直接参与。但是，不断扩大民主的人民性、参与性，应该是社会主义民主政治建设的发展方向和主要趋势。尤其是在社会主义市场经济迅速推进，出现了社会结构复杂化以及社会利益多元化的新的历史时期，进一步强化民主的参与性，发展有序政治参与，成为摆在我国民主政治建设面前的重要任务。参与民主本质上是一种大众直接参与的民主形式，它的基本理念及其在当代西方的理论和实践

---

① 《列宁全集》第 28 卷，人民出版社 1990 年版，第 111 页。

发展中形成的许多具体模式和实践形式，对完善我国民主政治的参与性建设具有一定的学习和借鉴意义。因此，对参与民主产生和发展的进程从历史纵向上进行梳理和总结，对其主要理论观点和思想主张进行综合概括与评析，将有助于我们汲取当代西方参与民主理论提出的有价值的思想和主张，借鉴其实践发展的经验教训，从而推动中国特色的社会主义民主政治不断走向成熟与完善。

四

在吸收和借鉴国内外相关研究成果的基础上，本书尝试从历史、理论与实践相结合的角度，运用分析与比较的研究方法，对当代西方参与民主的理论和实践，产生的根源、实质与发展前景，对西方民主政治发展的影响及其对我国民主政治建设的借鉴和启示意义，进行较为系统和全面的评析。与相关研究比较，本研究的特点是：（1）从研究视角上看，不是简单地就理论而谈理论，就实践而谈实践，而是将参与民主置于当代资本主义政治、经济发展的大背景之下进行的系统研究，着力探讨参与民主在西方民主政治发展中的作用，尤其是对当代西方民主发展的影响；（2）从研究内容上看，试图将参与民主发展的历史、理论与实践有机结合起来：既对参与民主的纵向历史发展进程进行宏观描述和分析，又对其具体理论模式、实践形式作出概括和剖析；（3）从研究目标上看，一方面，在对参与民主的理论和实践发展进行综合研究的基础上，致力于揭示当代西方参与民主产生的实践和理念根源，探讨参与民主的实质、优长和缺陷及其发展走势；另一方面，本着理论研究为现实服务的原则，尝试从当代西方参与民主理论和实践中，汲取有价值的思想和资源，以为中国特色的社会主义民主建设提供借鉴和启示。本书的基本架构由导论、六个章节和结束语组成。

第一章，沿着西方民主理论的发展轨迹，追寻其发展进程中出现的大众直接参与思想。在系统总结并归纳古典民主的参与理论、20世纪上半叶的参与民主思想、西方马克思主义的相关理论以及马克思主义创始人的直接民主理论的基础上，深入分析并探讨这些民主政治理念对当代参与民主产生与发展的影响。本部分是着眼于民主理论发展的宏观视野，揭示参与民主的理论来源。

接下来的第二章和第三章，以参与民主的产生和发展为线索，综合概括并评析参与民主的当代演变。第二章关注参与民主的产生，以及20世纪六七十年代参与民主理论的形成及其主要观点主张；第三章深入探讨了参与民主的当代演变，以及80年代后出现的几种具有代表性的参与民主理论和模式。这两章主要是对作为一种理论的参与民主的考察和概述，并在研究中着重分析了与参与民主理论产生和发展有着密切关系的重要社会背景，即当代资本主义的经济、政治实践，以及从新左派运动到新社会运动等当代西方"新"运动对参与民主理论发展的影响。

随后的两章主要考察参与民主在资本主义制度内和制度外的实践。第四章具体分析参与民主在当代西方各国的主要实践形式。本书把当代西方参与民主的实践归纳为全民公决、工厂民主、公民社会组织参与、地方民主和电子民主等几种形式。参与民主的实践形式涵盖政治、经济、社会各个层面，但都具有一个共同特点，即不约而同地扩大了公众直接参与的范围和程度。第五章主要是对当代西方制度外大规模的公民参与实践的考察。在前面章节已经对新左派运动和新社会运动进行系统分析的基础上，本章重点研究20世纪90年代末以来的全球正义运动，对当代西方社会运动发展的三个阶段，即60年代运动、新社会运动和全球正义运动的相似性、连续性和发展趋势进行归纳总结，并进一步探讨了社会运动对当代西方民主尤其是参与民主发展的深刻影响。对参与民主的实践形式进行横向的梳理和概括，是为下一章的分析提供充分的事实材料，进而为分析参与民主与当代西方民主发展的关系奠定基础。

第六章，着眼于当代西方参与民主产生的实践根源和理念根源的揭示，在与自由主义民主的分析比较中，概括归纳参与民主的实质。在此基础上，深入探讨参与民主对当代西方民主的作用方式及其对于西方民主发展的影响，考察分析参与民主的积极意义和存在的问题，并对其发展前景进行思考和预测。

结语部分，本着理论研究为实践服务的考虑，在21世纪初中国社会主义政治文明建设的大背景下，探讨当代西方参与民主的基本理念和模式设计对我国社会主义民主政治建设的一些有益启示。这既是本书的出发点，也是最终落脚点。

第 一 章

当代西方参与民主的理论渊源

参与民主是一个当代术语,但参与理念却并非一个新的发现。早在古雅典时期,当作为"人民统治"的民主概念确立之时,民主的参与精神就已成为人们的道德理想和价值追求。绵延2000多年来,虽然在参与的形式、途径以及程度等问题上广有争议,但将参与作为民主政治的基本特征和属性,却是各种民主理论的普遍共识。即使那些反对大众民主、强调"多数暴政"的少数精英论者,也大都主张一种最低限度的参与形式,即人民通过投票选举少数社会精英来管理和领导国家。例如,著名的精英民主理论家熊彼特,就把是否由人民来产生并控制领导者,作为区分民主与非民主的唯一标准。当然,与这种消极地、间接地参与不同,参与民主大力倡导的是一种积极的(自发的)参与(active participation)和直接的参与(direct participation)。从厚重的政治思想史中,我们可以清晰地追寻这种积极的参与民主理念的演变线索与轨迹。当代西方参与民主正是在汲取、吸收这些思想养料的基础上产生和发展起来的。本章将分别从古典民主理论、20世纪上半期的参与理论、西方马克思主义以及马克思主义创始人的民主政治理论中,撷取相关思想和理念,并深入探讨这些理论和思想对当代西方参与民主发展的影响。

第一节　古典民主理论的遗产

当代西方参与民主的基本思想源于古典民主理论，尤其是启蒙思想家卢梭以及自由主义民主理论家约翰·密尔、托克维尔等的积极参与主张。所谓古典民主，依据西方理论界的普遍看法，是特指文艺复兴以来尤其是 17—19 世纪出现的各种阐释民主政治的性质及其功能的理论与模式。在这个时期，尽管各种民主理论观点存在差异，但却大都具有一个基本特征，即强调民主政治的道德目标，倡导公民的积极参与，主张只有积极参与政治，才能强化个人的社会责任感，完善个人的政治美德及其政治能力。这些民主吁求和参与理想，对当代西方参与民主影响深远。一定意义上甚至可以认为，当代西方参与民主是古典民主的参与思想在新的历史条件下的复兴和发展。

从理论源头上看，古典民主理论的形成，与古雅典民主政治的实践密不可分。古雅典民主政治，建立在以城市为中心形成的诸多自治国家，即城邦的政治实践之上。与现代城市不同，古雅典的城邦地窄人稀，这就为公民直接参与政治创造了不可或缺的外部条件。而外部条件很大程度上是通过内部条件的成熟发挥作用的。古雅典也拥有实现直接民主的客观动因，如原始社会的民主遗风①，工商业的发展和独立小生产经济的稳定，平民力量的壮大，贵族内部的分裂。加之当时出现了一批致力于推进雅典民主进程的杰出的民主政治家，如梭伦、厄菲尔阿特、克里斯提

---

① 恩格斯在《家庭、私有制和国家起源》一书中这样指出，"雅典人国家的产生乃是一般国家形成的一种非常典型的例子，一方面，因为它的产生非常纯粹，没有受到任何外来的和内部的暴力干涉……另一方面，因为它使一个具有很高发展形态的国家，民主共和国，直接从氏族社会中产生"（《马克思恩格斯选集》，第 4 卷，人民出版社 1995 年版，第 118 页）。

尼、伯利克里，等等。在种种因素的促动下，雅典社会从君主制发展到贵族制，从贵族制发展到民主制。

古雅典的民主制，是以直接民主为主要特征的城邦民主制。作为一种直接民主形式，这种城邦民主制具有两个显著特征：一是人民主权的确立，用亚里士多德的话来说，就是"平民群众必需具有最高权力；政事裁决于大多数人的意志，大多数人的意志就是正义"①。主权在民，一方面体现在雅典的每个公民都享有直接参与和决定城邦事务的权利。在实践中，公民的政治参与，通过直接参加最高权力机构——公民大会来实现。公民大会由年满20岁的雅典公民集体构成，每年定期举行40余次，共同决定财政税收、外交事务以及维护公共秩序等诸多重大问题。公民大会常设议事会，它既是立法机构又是行政机构，负责提出并执行议案。主权在民的另一方面，也表现为所有公民都有担任公职的权利。雅典政治面向全体公民开放，雅典公民可以不受财产和门第的限制"轮番为政"，"任何一位公民只要有所作为，他就会被推荐担任公职"②。二是积极参与政治的公民意识的形成。由于雅典民主制消灭了贵族和平民的对立，从而逐渐形成了统一的公民集体意识。在古雅典人的观念中，个人与城邦紧密联系在一起，个人自由及其价值的实现，必须通过参与城邦政治的积极实践。政治成为超越包括家庭、财富、亲友等诸社会活动的最重要而高尚的活动。亚里士多德关于"人是一个政治动物"的论断，生动描绘了这一时期公民政治意识和道德的发展。

然而，随着城邦制度的衰落，曾经作为时代象征的古雅典民

---

① ［古希腊］亚里士多德：《政治学》，吴寿彭译，商务出版社1983年版，第312页。

② 应克复等著：《西方民主史》，中国社会科学出版社1997年版，第54—55页。

主精神迅速湮没于中世纪专制统治的漫漫长夜。直到 13 世纪之后的文艺复兴以及 17、18 世纪的启蒙运动时期，闪耀着理性精神的民主主义才以新的面目重放异彩。这一时期从理论上对人民直接参与公共事务作出系统阐释和论证的最有力者首推卢梭。他在对雅典民主制度进行概括和总结基础上形成的相关直接民主思想，为当代西方参与民主理论提供了最重要和最直接的思想资源。按照卡宁海姆（Frank Cunningham）的说法，"当代参与民主理论家毫无例外地都要援引卢梭的著作，尤其是他的《社会契约论》"①。

卢梭的政治思想受 17、18 世纪流行的契约理论影响颇深，他尝试通过缔结社会契约来建立国家。卢梭不同意早期契约理论家尤其是霍布斯的看法，认为自然状态下自利的个人为了趋利弊害而让渡自己的权利给主权者，未能将个人自由与服从集体有效地结合起来。在《社会契约论》一书中，卢梭反复思考着一个重要问题，即如何在缔结契约的过程中实现个人自由与服从的有机统一，"既然每个人的力量和自由是他生存的主要手段，他又如何能致身于力量的总和，而同时既不至于妨害自己，又不至于忽略对自己所应有的关怀呢"？为此，他试图"寻找一种结合的形式，使它能以全部共同的力量来卫护和保障每个结合者的人身和财富，并且由于这一结合而使每一个与全体相联合的个人又只不过是在服从自己本人，并且仍然像以往一样地自由"。从这一考虑出发，卢梭提出了其缔结社会契约的基本思路，即人们在缔结社会契约时，每个人都把自身的一切权利全部转让给集体；由于任何一个结合者也同样这样做，他就可以从集体那里获得自己所让渡给别人的同样权利，

---

① Frank Cunningham, *Theories of Democracy. A Critical Introduction*, London and New York：Routledge, 2002, pp. 123—124.

得到自己所丧失的一切东西的等价物，"每个人既然是向全体奉献出自己，他就并没有向任何人奉献自己"①，反而获得了更大的力量来保全自己的所有；因为人民是主权者，从而不会损害全体成员和任何个别的人。

卢梭的社会契约，建立在"公意"基础之上。在卢梭看来，所谓公意是"国家全体成员的经常意志"，它既指人民整体的意志，也包括个人的意志。这样，个人服从公意，服从主权，也就是服从自己的意志，就是实现了个人的自由。当然，承认公意是个人意志的体现，并不是否认公意的整体性。公意的价值，仍然首先在于它的整体性。公意的整体性，具体体现在人民的共同利益方面。与作为个人意志之和的众意不同，公意的基础是人民的共同利益，在任何情况下公意都是从人民的共同利益出发的。关于"共同利益"，历史上有着不同解释。卢梭主张通过立法权力，即定期的人民集会来体现共同利益。在集会过程中，他也承认多数的决定作用，认为"投票的大多数是永远可以约束其他一切人的"②。但在此基础上，卢梭着重强调的，是人民参与的重要意义，认为人民只有参与表达公意，才能作为主权者。在这里，卢梭将主权与公意明确联系在一起。主权被其作为公意的表达，并且只能由人民来直接表达，而不可能被代表。

卢梭的民主观显然是一种倡导人民积极参与的直接民主观。他甚至将人民直接参与公共事务作为追求真正自由的前提条件，强调在一个真正自由的国度里，一切事情都是由公民亲手来做，公民需要直接参与政治、参与法律的制定，并通过共同制定的法

---

① ［法］卢梭：《社会契约论》，何兆武译，商务印书馆 2003 年版，第 18—20 页。

② 同上书，第 139—140 页。

律来管理其生活。在这一前提下，卢梭坚决反对代议制，认为代议制是人民腐化、国家败落的征象，意味着人民丧失了公民的公共精神和对公共事务的热心。他还以英国式的代议制为例批判道，"英国人民自以为是自由的；他们是大错特错了。他们只有在选举国会议员期间，才是自由的；议员一旦选出之后，他们就是奴隶，他们就等于零了"。值得指出的是，卢梭对直接民主的适用范围作出了明确规定，认为直接的民主政治只能在小国寡民中实现，"除非是城邦非常之小，否则，主权者今后便不可能在我们中间继续行使他自己的权利"①。

卢梭的上述观点，经常被当代西方参与民主论者引证，用以支持其参与民主理想。如引用卢梭关于"主权不能被代表"的观点，以论证当代政府应该只是代表实现人民期望的行政工具；引用卢梭关于为促进共同利益而进行民主集体决策的观点，以说明为达成一致而进行的建设性协商是优于简单投票的民主决策方式，等等。当然，对于卢梭思想中的一些理论局限，他们也并未盲目地兼收并蓄，而是加以批判和反驳。如佩特曼大加斥责卢梭仅仅依据所谓女性的依附和奴役"天性"，而将其排除于社会契约之外的性别歧视观念，认为这与卢梭的基本政治理论原则相互矛盾，是卢梭理论发展的一个畸变。②

在卢梭之后，对当代西方参与民主产生重要影响的，是自由主义民主理论的奠基人约翰·密尔。与自由主义民主的多数倡导者一样，密尔的理论也强调个人自由的至高无上，也倡导发展代议政治。例如，他认为个人自由是社会发展的条件和动力，主张在现代条件下，只有代议民主制才是"理想上最好的

---

① [法]卢梭：《社会契约论》，何兆武译，商务印书馆2003年版，第125—128页。

② Carole Pateman, *The Problem of Political Obligation: A Critique of Liberal Theroy*, Berkeley: The University of California Press, 1985, pp. 157—158.

政府形式"①，等等。但在此同时，密尔的理论展现了与其他自由主义民主论者不同的突出特点，即他热烈倡导公众的政治参与。在他看来，公众对决定自身生存条件的积极参与，是培养人类理性和道德发展的主要机制；个人能够经常性地参与表达自己的权利和利益，是防止忽视个人权利的最佳措施；人们致力于参与那些影响他们自身或整个集体的问题，会有助于产生富于想象力的解决办法和成功战略；积极参与社会和公共生活，将削弱消极服从的基础，促进社会的普遍繁荣，"从事于促进普遍繁荣的个人能力愈大，愈是富于多样性，普遍繁荣就愈达到高度，愈是广泛普及"②。密尔甚至将公众参与作为民主政府赖以存在的条件，认为民主政府的运作，要依赖于公民的责任感、政治参与的高度热情以及知识与理性的政治行为，而民主政治的发展也将有助于培养这些美德和才能。必须看到，由于阶级立场的局限，密尔在这里所说的公众并不是指全体人民，公众参与在很大程度上是摒弃了无产者的资产阶级参与概念。例如，密尔对于选举资格的限制及其著名的复式投票制，就是其阶级局限的鲜明体现。

密尔的积极参与主张，对参与民主理论的形成意义重大。正是在参考其参与论的基础上，当代参与民主提出公民只有不断参与社会和国家管理，自由和个人发展才能充分实现。也正是通过借鉴其大众参与同代议制的精英统治理论相结合的民主理论，参与民主论者得出了在代议制作为核心制度的前提下，发展工区、社区等基层直接民主的参与民主主张。而关于参与民主能够促进人类发展、强化政治效率、培养集体意识以及促进形成积极公民

---

① ［英］约翰·密尔：《代议制政府》，汪瑄译，商务印书馆 1982 年版，第 68 页。

② 同上书，第 44 页。

等论断，更是密尔思想的复制和翻版。①

此外，我们不能不提及与密尔同时代的自由主义民主理论家托克维尔的相关思想。在《论美国的民主》一书中，他关于地方分权、乡镇民主以及公民结社的描述和分析，对当代西方参与民主的发展尤其具有积极意义。托克维尔认为，中央集权政府虽然在日常行政事务上可能更有效率，政策更连贯，任务执行得更有毅力，管理细节更准确，但永远不可能产生充满活力的行动。中央集权降低了公民对公共事务的参与，进而剥夺了公民的自由。要推动公民的公共参与，实现公民自由，必须从中央向地方分权。因为，地方公民最清楚地方公共事务的需要，他们能够通过自己的行动来解决地方事务，而这种行动本身将使公民充满自信和活力。正是在这个意义上，他高度褒扬美国新英格兰地区的乡镇自治，指出乡镇"是自由人民的力量所在。乡镇组织之于自由，犹如小学之于授课。乡镇组织将自由带给人民，教导人民安享自由和学会让自由为他们服务"②；大力推崇公民积极参与地方政治协商，尤其强调公民陪审团制度对维系政治自由与实现自我治理的重要性，认为公民在参与审判过程中所形成的一些习惯，是自由制度最充实的准备。在此同时，托克维尔也对美国的公民结社给予极高评价，认为公民结社在个体与国家之间提供了一个缓冲地带，从而不仅能够保护个体免受国家强权的压迫，也

<hr>

① 关于密尔能否作为参与民主的古典奠基人之一，当代西方理论界存在争议。例如，自由主义民主的当代代表萨托利（Giovani Sartori）就坚持认为，密尔的大众参与主张实际上是以精英论为限定条件的，因此"他远不是一个参与式民主的奠基人"（参见［美］乔·萨托利《民主新论》，冯克利等译，东方出版社1993年版，第168页）。但从当代西方参与民主论者如帕特曼、麦克弗森的著述看，却普遍把密尔的相关理论作为其重要思想来源。因此，从参与民主思想研究的角度，笔者把密尔的思想也列为参与民主的理论来源之一。

② ［法］托克维尔：《论美国的民主》，董果良译，商务印书馆1988年版，第67页。

使得公民能够通过政治参与形成共识。在当代西方参与民主的理论模式中，我们似乎处处都能看到托克维尔这些思想主张的影子。

古典民主积极参与观的主要特点可以归纳为以下几个方面：其一，参与政治对个人的发展具有积极意义，不仅能使个人的社会责任感得以强化，而且能使自我人格得到发展；其二，大众之所以能够积极参与政治，源于人的理性和道德感，人们能够了解政治参与的义务和责任，并且能够在参与政治活动中表现出相当的节制、冷静以及尊重他人、重视共同利益的态度取向；其三，健全民主政府的运作，依赖于人民的积极参与以及人民的政治美德和能力，如热心公益、具备一定政治知识、理性讨论国事等等，而所有这些也是在民主参与的实践中培养和增强的。显然，古典民主理论的参与观是建立在民主理性、民主价值和民主道德基础上的一种积极参与观。这种积极的民主参与观，为当代西方参与民主提供了直接的思想素材和资源。从当代西方参与民主的发展实践看，它在很大程度上正是试图把西方民主理念从过于强调民主运作实践的狭窄认识中解放出来，将其重新拉回到古典民主的价值认知和道德规范上来。从这个意义上说，当代西方参与民主是古典民主的积极参与观在当代的复兴。

第二节　20 世纪上半叶的西方参与民主思想

在 20 世纪上半期，古典民主理论大力推崇的民主的参与价值，遭遇怀疑、批驳和修正，其原因是多方面的。从政治层面看，来自左右两翼的群众运动，尤其是在所谓公意授权下上台的法西斯集权主义统治及其带来的灾难性社会后果，对传统西方民主理论的价值共识形成了极大冲击。人们开始重新审视民主与自由的关系，不再将民主与自由相提并论，而是极力宣扬"不要保卫一切民主，而要保卫不危害个人自由与权利的民主"；在社会层面上，大规模官僚统治在这一时期开始发展蔓延。社会发展的"官僚化"倾向，使决策变得更加复杂化、专业化，从而使得一般人的决策参与几乎成为不切实际的幻想；从理论研究层面看，弗洛伊德心理学关于人的非理性假设，以及行为主义政治学对于人们参与行为和心理的经验研究，也似乎完全否证了古典民主理论的相关假设。正是在这样一种背景下，以精英主义和多元主义为代表的"修正的民主理论"（revisionist theory of democracy）产生并流行起来，逐渐成为占据当代西方主导地位的民主理论。

在一片反对、否弃声中，呼吁公众积极参与的声音寥若晨星。自由主义者杜威、阿伦特以及小资产阶级社会主义者柯尔和林赛，就是这群少数人中的代表。他们对民主参与的构想以及相关民主模式的设计，既是当代西方参与民主的理论源泉，也可以说是参与民主理论发展的早期形态。

一　约翰·杜威的民主社群和参与观

在众多的参与民主先驱中，首先要提及的是美国的实用主义大师约翰·杜威（John Dewey）。杜威是民主参与思想的积极倡导者，他主张扩大民众的直接参与权，在大众中发展直接的民主参与，并大力强调这种直接参与对培养民主精神和公共协商的教育意义。尽管很难说杜威的思想对后来 60 年代参与民主思想和理论的形成到底有什么直接影响，但他的作品尤其是探讨公众民主参与和社群建设的《公众及其问题》（*The Public and Its Problems*），却是当时新左派人士的必读作品。① 在当代形形色色的参

---

① 　Timothy V. Kaufman-Osborn, "John Dewey", in Sohnya Sayres et al. (eds), *The Sixties without Apology*, Minneapolis: University of Minnesota Press, 1984, pp. 289—290.

与民主思想和理论中，或多或少可以看到杜威的民主理想和探索留下的痕迹。而正是因为其特立独行的民主观，杜威在作为一名哲学家、教育家的同时，也被一些当代西方学者称做是"为参与民主理论的形成作出了重要贡献的理论家"①。

杜威对参与民主相关问题的思考，比作为一种正式术语提出的"参与民主"早了三四十年，但他的许多观点与后来参与民主的表述非常相似。简单地说，杜威认为"所有受到社会组织影响的人都必须参与创制和管理这些组织"②，因此其民主理想是要求在公共讨论和决策中建立一种高水平的民主参与。他认为，不分种族、性别、阶级和经济地位，所有人按其能力，都可以自愿、自由、平等地在建构群体目标和政策过程中承担一份相应的责任。这种民主方法存在于所有社会关系、教育制度、工业和商业活动之中。杜威提出了通过法院、媒体、私下交流、公众大会等进行公共讨论的主张，并构想了一些主要的参与对话渠道，如经验调查、解释、批判、叙述、伦理协商、冲突以及冲突的解决等来推动民主参与的实现。但杜威同时也指出，参与决策并不意味着事无巨细地重复抉择，"就像每个人是按照习惯活动一样，社会也主要是遵循传统习俗运转"，"我们需要的是富有弹性的、深思熟虑的惯例，而不是不断进行重新决策"③，集中决策只有在外界环境和价值观念发生变化时才是必需的。此外，参与讨论也并非在一个独立、理想化的"真空"中孤立发生，而是与政治实践以及就具体问题和冲突展开的论争有一定连

---

① William R. Caspary, *Dewey on Democracy*, Ithaca and London：Cornell University Press，2000，p. 1.

② ［美］约翰·杜威：《新旧个人主义——杜威文选》，孙有中等译，上海社会科学院出版社1997年版，第4页。

③ Cited in William R. Caspary, *Dewey on Democracy*, Ithaca and London：Cornell University Press，2000，p. 10.

续性。

在参与民主的社会环境问题上，杜威强调只有在财富被限制于合理范围时，平等参与才有实现的可能。他认为，经济精英统治政治的社会阶级结构，是构成参与和理性讨论的主要障碍。富人和大企业拥有并控制大众传媒，操纵候选人影响选举，抑制投资或促使资本外流，"我们的民主制度形式倾向于支持富豪统治"。要实现向参与民主的过渡，必须进行旨在反对不公正权力分配的政治组织和行动。多数政治问题的存在源于财富和收入、所有权以及财产控制权。因此政治生活如果不涉及经济问题，那么政治行动和思想必然是混乱、虚假的。

在杜威那里，公民参与至少在三个方面有利于社会的民主化。第一，公众讨论不仅是围绕私利的讨价还价，在整个过程中也能够发现参与者的共同利益。共同利益不只是个人利益相互协调或妥协的结果，更是通过分享和参与不断得到丰富和确认的体验形式。学校教育将帮助人们学会如何发现共同利益。第二，参与公共协商本身具有教育意义。参与公共事务愈多，就会获得愈加丰富的知识和参与技巧。参与将不仅能够发挥公众当前具备的能力，而且能够"解放"或"释放"其目前所不能预期的发展潜力。而这反过来将推动实现更加明智、理性的公共决策。如多数参与民主理论家一样，杜威也认为地方社群能够教育公民有效参与更为复杂的全国性政治讨论。同时他也指出，全国性政治讨论有助于克服地方社群狭隘地方主义的发展和蔓延。第三，民主参与的教育成效，不仅是指参与知识和技巧的提高，还包括公民伦理道德的发展或曰"个人的转型"。杜威把这种伦理道德的发展，称做是"新自我的形成"，认为"一个新的自我将形成于每一真正的探寻（意指伦理协商——引者注）行动之中"。在杜威看来，道德的发展不仅仅是实现公正、自治或理性和意志的统治，还包括道德的想象、情感以及对构建自我内涵的表达、整合及其延伸。无论是探寻行动还是道德变化，都是自愿或自然的反映，而不是胁迫的乌托邦。在这个意义上，杜威与当代协商民主论者塞拉·本哈比（Seyla Benhabib）的参与主张是一致的，即参与并不意味着"个性的退化、价值的同化或重塑"。

显然，杜威的参与观与其深厚的社群主义理念密切相关。杜威一直极力反对运用个人与社会、集体主义与个人主义对立的二分法来讨论社群问题，他强调个人与社群的紧密联系。在他的社群共同体中，每个人的自我实现是群体间不同个体相互促动、相互影响的过程。这种个体间相互促进的自我实现，并不是为了达到"美德的政治"，即以牺牲和谐为代价而实现一致的单一状态。杜威认为，相互自我实现不是要消灭反对意见，也不是要废除法律及其实施，而是通过解决矛盾和冲突以促进相互学习和发展。在自我实现的过程中，个体并没有淹没于整个社会群体之中。他主张社群中个体寻求自由、权利和尊严的独立性，倡导在个人和社会之间建立一种创造性的相互关系，认为只有当个人能够独立主动地作出判断，才能推动其他人的自我实现，进而建立起共同利益。他积极赞成社群的多样性和多元化，反对建立一个同质的社群，指出多样性的亚文化能够带来更多的资源以解决社会问题，能够更加丰富人们的生活阅历，能够不断更新观点以适应复杂的现实生活。共同的民主文化不是通过压制个体差异而是通过发展个体的亚文化来实现的。

抛开哲学观和方法论不谈，杜威的民主社群和参与观具有积极意义。尽管其相关论述未能超出资产阶级民主自由的界限，但杜威所维护的毕竟是占人口多数的中下层群众的民主参与权。与其所处时代中占主导地位的限制一般人参政的有限参与论相比，他提出的反对少数人的特权和垄断，以及倡导提高和培养公民民主素质等主张的进步意义不言而喻。正如有学者指出的那样，二者间的这种分歧，"不只体现为理想和现实或者公民素质和制度程序的区别，而且也体现为对人的根本生存价值的不同理解"①。与此同时，我们也不能忽视杜威相关理论阐释中的自由主义分析方法。就连杜威也坚定的认为，自己既是一个参与民主论者，也是一个自由主义者。但需指出的是，杜威的自由主义不同于传统的自由主义（他称之为旧自由主义）。在杜威看来，人并非天生独立、自由的个体，个体的尊严、权利和价值也不是自然天赋的，而是在民主社群中不断争取的结果。因此，有学者也认为，与其说杜威是一个参与民主论者，不如说其"更类似于一个追求自由和机会多样性的现代多元自由主义者，或是支持言论等基本权利保护的公民自由论者"②。

二　G. D. H. 柯尔的"职能民主制"

职能民主制（functional democracy），是 20 世纪头二十年里主要由英国的行会社会主义者柯尔（George Douglas Howard Cole）倡导的一种民主形式。这种民主形式强调各种协会、组织等社会团体在履行社会职能方面的重要作用，主张通过具有不同职能的团体取代"无所不能"的议会，来实现"真正的民主政治"。职能民主以人人都能参加的职能团体作为民主制度的基础，强调团体的每一个成员都能够对团体有充分的了解，并能积极参与决定自己所在团体的事务。这实际上也是一种参与民主的形式。20 世纪 80 年代之后出现的结社民主，很大程度上就是以对行会社会主义的职能民主的考察和分析为理

---

① 徐贲：《民主社群和公民教育：五十年后说杜威》，载《开放时代》2002 年第 4 期。

② Cited in William R. Caspary, *Dewey on Democracy*, Ithaca and London：Cornell University Press，2000，p. 15.

论前提。①

"职能"原理,并不是柯尔的首创。早在柏拉图时代起,它就是伦理学中用以衡量个人行为的一个重要指导原理。其基本内涵在于,个人作为社会的一员,都具有一定的职能。而且,这个职能不是寻求自己的利益或自我发展,而是要对整个社会集体有所贡献。柯尔借用了伦理学的"职能"概念,但为了与其行会社会主义崇尚个人主义的理念相契合,却又否定了"职能"的伦理学含义,并将其赋予各种不同的社会团体。其根本理由是认为,个人在性质上是普遍而非特殊的,作为普遍意义的个人不能用"职能"来表达。个人若要成为"职能的",就必须"限制他自己",即其行为、目的或愿望必须在不同的社会团体中实现。人们为了达到满足共同需要的目的,创造和参加各种团体。而这种或那种共同需要及其结合,成为团体的职能的基础。因此,"职能的原理最终只适用于团体或制度而不适用于个人"。在柯尔看来,社会价值及其充分发展,正是依靠"各种团体的成功的合作和结合",而"这种结合的可能性将依赖于各个团体履行它的社会职能"②。

柯尔的职能民主,建立在对职能代表(functional representation)的认识之上。柯尔继承了卢梭的某些思想,认为每个人都是独立自主、无法替代的,一个人既不能代表别人,也不能被别人所代表。而代议制却正是以一个人能够代表另一个人或许多人为理论前提。在柯尔看来,这根本就是一种不充分的政治机制,

---

① 例如,结社民主的代表人物保罗·赫斯特认为,他的代表作《结社民主:经济和社会治理的新形式》,是柯尔的《再论行会社会主义》(*Gulid Socialism Re-stated*, 1920)的现代版本。See Paul Hirst, *Associative Democracy*: *New Forms of Economic and Social Governance*, Cambridge: Polity Press, 1994, p.203.

② [英] G. D. H. 柯尔:《社会学说》,李平沤译,商务印书馆1959年版,第33页。

不仅不能充分代表选举人的意愿，而且以人民的名义所展开的议会活动使得选举人在被代表后成为一个零，丧失了基本的个人自由和权利。代议制充其量只是公民在投票时参政，一旦投票完毕就要让代表来统治，人民因而被剥夺了参政的机会。柯尔尝试通过"给每一种职能寻求一种团体和代表的方法，给每一种团体和代表团体寻求一种职能"①，来解决代议制的这种缺陷。他认为，职能代表之所以能够克服代议制的矛盾，是因为权力主要是按照团体的职能来进行分配。这样，与议会中要"胜任一切事情以及在每个目的上代表每个人"的议员不同，团体中的代表就具有了明确的任务指向。而且，由于代表是由长期存在的职能团体所产生，各种职能团体在代表任职期间可以不断提出批评意见，从而可以解决代议制下对议员的约束力缺乏等问题。此外，就公民个人而言，他可以同时作为不同团体的成员。例如，一个人既可以是一个工厂的成员，也可以是某一俱乐部的成员，还可以是某一政党的成员。按照柯尔的说法，一个人对多少职能发生兴趣，就可以参加多少团体。柯尔认为，只有这样的职能民主制，才能充分体现民主的精神。

需要指出的是，柯尔的职能民主思想受当时风行的政治多元论或曰多元国家论影响颇深。② 在阐释其所谓新社会组织蓝图的《再论行会社会主义》一书中，可以清楚地看到这种理论的影响。③ 在该书中，柯尔支持国家的多元化，主张国家不过是众多

---

① ［英］G. D. H. 柯尔：《社会学说》，李平沤译，商务印书馆1959年版，第70页。

② 多元主义兴盛于20世纪后半叶，以罗伯特·达尔（Robert Dahl）为理论的总其成者。但早在20世纪初，多元论就在欧美学术界产生重要影响。当时的代表人物是法国的狄骥（Léon Duguit）以及英国的菲吉斯（J. N. Figgis）和拉斯基（H. J. Laski）等。该理论主要相对一元国家论而言，主张民主不只是通过国家这个唯一的权力中心而存在，而是由社会中的许多团体来分享。

③ See G. D. H. Cole, *Guild Socialism Re-Stated*, London：Leonard Parsons, 1920.

社会团体（行会）中的一个。他坚持认为，社会并非一个统一的实体，而是由许多拥有特殊职能的具体协会和制度构成的复杂组织。社会的复杂性，决定了政治和经济权力应当是分化的，包括国家在内的任何社会团体都不能垄断而应分享权力。但是，实际存在的许多国家中，国家滥用权力的现象非常普遍，这就导致了国家的权力过大、管事过多，进而侵犯了个人的利益。因此，柯尔支持在实践中缩减中央国家的权力，并增加其他各种团体的社会治理范围。他试图通过这种方式来解决国家与市民社会分裂的状况，认为如果国家成为一个多中心的多元政权，那么市民社会就能从被竞争性个人意志控制的私人领域，转变为许多半公共团体之间进行社会合作的联盟结构。而在这种结构中，国家只能作为一个普通社会团体存在。它的职能仅仅在于掌握外交、国防、治安和消防等，它只能作为其他团体的仲裁者，而不具有命令它们的权力。

不难看出，职能民主是大众直接参与和多元民主思想某种程度上的结合。与后来的参与民主理论不同，职能民主是代议制的坚决反对者，它主张完全摒弃代议制而以职能代表取而代之。职能民主与晚近的多元理论也有很大区别。虽然同是主张多个社会团体共同分享国家权力，但柯尔坚决抵制国家对团体行为的指导和调控，并将个人地位置于团体之上，强调团体的职能以成员的利益和幸福为其最后目的，在这一基础上产生的职能民主就不可避免地带有极端个人主义和无政府主义色彩。此外，柯尔赖以反对代议制民主的主要根据是其代表形式的不充分，认为只要代表形式发生改变，就可以使实际利益得到真正代表，从而解决代表和被代表者之间存在的隔阂问题。这种认识也过于简单化了，因为代议制民主的根本矛盾并不是代表形式真实或虚假的问题，其深层危机在于决策过程和决策规模方面。同时，在柯尔的职能民主中，并没有解决如何平衡各种自治的职能团体以及如何协调各种团体的不同职能等具体问题。正是因为理论中存在着这些根本性缺陷，随着 20 世纪 20 年代后行会社会主义的衰落，作为一种纯理论主张的职能民主被封存在历史的记忆中。但是，我们并不能因此完全否定柯尔理论预见的价值。在 20 世纪现代资本主义国家的民主发展中，一种实践上的"职能代表制"得到了广泛发展，其重要表现就是代表工业、商业、农业以及其他职业利益团体的各种协会在决策的协商过程中确立了重要地位。

三　A. D. 林赛的"理想主义"参与民主

英国工党的早期理论家林赛（A. D. Lindsay），也是 20 世纪初期倡导参与民主的一个重要代表。

林赛的参与民主设计，建立在对现代民主国家的批判性分析之上。[①]　在林赛那里，现实世界被分裂为物质主义和理想主义两种相互竞争的个人主义形式。所谓物质主义，是指一种世俗的、原子论的个人主义，它致力于通过自利和操纵他人、他物的方式来寻求权利和物质满足。在理论上，这种观点以霍布斯的权威主义思想为代表，后经边沁的功利主义和马克思唯物主义的"经济人"哲学实现理论过渡。在实践中，随着科学技术的发展，这种物质个人主义在工业革命中达到顶峰。对林赛而言，以全球工业化扩展为代表的科技进步"是一场没有相应道德和精神革命的物质革命"[②]。工业革命创造了一个无情的、军队式的社会，人民大众在庞大的组织以及等级化经理人的统治下，过着平凡、机械的生活。这种社会体系本质上是不稳固的。它之所以不稳固，不是由于经济的原因，因为早在 20 世纪伊始工业革命的

---

①　相关观点主要参见 A. D. Lindsay, *The Modern Democratic State*, New York：Oxford University Press, 1962.

②　Harry A. Holloway, "A. D. Lindsay and the Problems of Mass Democracy", *The Western Political Quarterly*, Vol. 16, No. 4（Dec. , 1963）, p. 800.

38

"严酷阶段"已经过去了。其更深刻的根源在于对"自我扩张",即自私自利的贪婪追求。在林赛看来,这种以自我为中心的个人主义的盛行,只能导致两种极端形式社会控制的出现,即自由放任的无政府主义或完全的计划和控制。这些社会控制形式是对以公共精神为核心理念的民主的极大威胁。因此林赛认为,为了使现代工业社会能够重新控制这些奴役和毁灭人性的力量,就必须复兴"理想主义"的个人主义以及早期清教徒结社的民主制度。①

林赛的所谓理想主义个人主义,植根于自由以及人类发展潜力的理想,关注所有人的尊严及其价值的实现。他主张在这种理想主义的基础上,在现代工业国家中建立起民主的社会主义社会。林赛的社会主义,既不是要进行阶级斗争,也不是取消私有制,而是要改变作为资本主义基础的所谓物质主义动机,并寻求建立一个人们为了共同利益而进行工作、且能实现个人发展潜力的理想社会。林赛指出,这种新社会在政治制度上将以个人的良知为"绝对权威"。当然,这并不是说个人可以随心所欲,而是表明政治秩序承认个人的价值与尊严,并鼓励个人积极参与公共生活。这样,对个人而言,他既是一个独立自由的民主公民,同时也要承担起参与的责任,并根据共同利益而不是个人私利形成自己的判断。为了进一步说明在大型现代社会中,个人如何参与

---

① 林赛对 16 世纪英国反国教的清教徒结社极为推崇。所谓清教徒结社(Puritan congeregation),是指当时的清教徒以教会为中心在信众中组织的小型民主结社。他们以民主的形式管理教会,坚持"一切信众精神上的自主"(the spiritual priesthood of all believers)以及"全体同意"(unamimous consent)等原则,即教会中一切重要决定都需获得全体会众的同意才能施行。有人认为林赛的民主主张,就是要在现代社会中复兴清教徒的民主结社,所以将其称为"民主的清教主义预言家"。See Ernest Barker, "A Philosopher of Democracy", *Spectator*, 170 (February 26, 1943), p. 200. Cited in Harry A. Holloway, "A. D. Lindsay and the Problems of Mass Democracy", *The Western Political Quarterly*, Vol. 16, No. 4 (Dec., 1963), p. 798.

并同意国家行为，林赛还借用了卢梭和鲍桑葵①的"公意"概念，指出现代民主国家是由将领袖和普通公民联系在一起的一种公意"精神"统治的。公意一方面源于由同一民族经历发展而成的传统价值共识，这种共识能够限制领袖行为并提供一种国家的发展方向。另一方面，公共讨论也有益于公意的形成，因为它表达了公众的所想和所需。而一个"协商的"国家将通过协调、讨论与合作等方式，实现社会的和谐发展。

显然，林赛的社会主义具有根本性缺陷，因为它不是建立在唯物主义的基础之上，而是以人性论的理想主义为前提。诚如拉斯基（H. J. Laski）所言，他根本"没有直面作为中心议题的所有权问题，以及由所有权关系引发的权力问题"②。在这种所谓社会主义基础上提出参与设想，无异于空中楼阁。当然，不能完全否认林赛关于人的道德力量及其工业主义批判的意义，但在现代工业社会发展已成不争事实的情况下，这种理想主义到底以何种方式以及在多大程度上能够实现，还是令人怀疑的。在实践中，林赛曾寄希望于战后的英国工党政府，认为民主社会主义的发展确实克服了工业主义的一些问题，并部分解决了将工业引入社会控制下的权力问题。但林赛也承认，他所设想的真正参与者社会并没有出现，以"公意"作为核心理念的民主仍然还只是一个"神话"。

四　汉娜·阿伦特的"参议会制度"模式

作为 20 世纪最杰出的政治思想家之一，汉娜·阿伦特

---

① 鲍桑葵（Bernard Bosanquet, 1848—1923），是 19 世纪末 20 世纪初期英国新黑格尔主义和新自由主义的代表人物。

② H. J. Laski, "Moder Democracy", *Manchester Guardian*, March 3, 1943, p. 3. Cited in Harry A. Holloway, "A. D. Lindsay and the Problems of Mass Democracy", *The Western Political Quarterly*, Vol. 16, No. 4（Dec., 1963）, p. 802.

（Hannah Arendt）因强烈反对代议制政治，倡导发展大众直接民主，而成为 20 世纪中叶参与民主思想的最重要的倡导者。

阿伦特的参与民主阐释，以对公共领域、私人领域的解析和对公共行动的考察为前提。她认为，人类生活基本上可以划分为公共领域和私人领域。私人领域主要涉及私有财产和私人生活空间，它是维持个人生命、保持个人隐私的可靠场所；公共领域则是个人展现自己的地方，而"展现"对我们来说"构成了存在"①，在这里展现的任何东西都可以为人所见、所闻，具有可能最广泛的公共性。公共领域是一个永恒性的领域，它表明了在世界中人们能够相聚、相连而又相互分离。因此只有在公共领域中，人们的生活经验才可以分享，行为才可能接受评价，从而人们才能积极展现自己的个性，实现自己的最高本质。为此，阿伦特大力推崇公共领域生活，倡导公共行动。她强调，行动是人创造奇迹的一项本能，是新人的出现和新事务的开始，是能够从自然的毁灭中拯救出来的伟大力量。因此，她大力呼吁公共参与，主张人们从封闭的私人领域中走出来，去积极参与公共领域，提出政治参与不是民主社会中公民的消极负担，而是人们创造历史的积极权利。

正是因为重视公共领域生活以及政治参与，阿伦特不仅强烈反对那些压制大众政治参与的各种威权的、专制独裁的和极权的政体，而且对限制大众参与的现代西方代议制民主制度也持坚决批评态度。在她看来，代议制虽然不似专制制度那样集政权于一身，但也没有赋予公民以太多的参与权。代议制是一种缺席委托的形式，是一种非政治化，它用政府的统一代替自由、平等的参与者的多样性，使人处于孤立之中并使人丧失行动的能力。在代

---

① ［美］汉娜·阿伦特：《人的条件》，竺乾威等译，上海人民出版社 1999 年版，第 38 页。

议制下，大众的参与都演化成了对职业政治家和政党的委托，并最终形成了代议制政府和官僚体制（即科层制）。就西方的代议制政府而言，它还受到政党体制弊病的严重影响，即官僚机构化和两党化的倾向，它们除了作为党派机器以外，不代表任何人。正如仁慈的专制和独裁中的寡头统治是民族国家的最初阶段一样，阿伦特把官僚制看做民族国家统治的最后阶段。她批评说："从科层制中知道，无人统治不一定是不统治；在某些情况下，它或许会成为一种最残酷、最暴虐的统治。"① 针对现代民族国家代议制的弊端，阿伦特主张用一种参与式的民主制度取而代之。她把这种制度称为参议会制度（council system）。它的建构方式是由下而上、人人参与讨论的一种金字塔组织。在每一层级的参议会聚会中，人们通过开放、自由、充分的讨论，自然而然地形成政治意见的领袖。然后，再由这些人代表其他人进入上一个参议层级，并表达众人的意见，如此一直上推到最高层。显然，这些代表的产生与权威并不是来自上级的指定，而是来自于人们之间的信任。

阿伦特的参与民主理想，既有美国大革命时期建国之父们创造的参议会模式的影子，又在一定程度上承袭了以卢梭为代表的直接民主的发展传统。她从当代西方的民主实践出发，深刻揭示了代议制存在的弊端，激烈抨击官僚统治的弊病，并在此基础上构建起一种具体的参与模式，对当代西方参与民主的形成具有启发意义。阿伦特思想理论的重要价值，尤其体现在她对公共领域的推崇，对政治参与的强调，对"脱离政治"的自由的抨击。在日益被消费主义和市场弱化的当代西方政治社会中，由于重新确立了民主政治的权威，从而对当代西方民主政治的重建具有积

---

① ［美］汉娜·阿伦特：《人的条件》，竺乾威等译，上海人民出版社 1999 年版，第 31 页。

极影响。

20 世纪上半期出现的这些参与民主思想萌芽，是自由主义的参与理念同小资产阶级社会改良主义参与设想的结合。尽管二者在具体理论观点、实现目标等方面存在差异，但其基本出发点都是建立在由大革命所确立的自由、平等的民主价值观基础之上，反对少数精英的特权和统治，主张普通民众的广泛直接参与对实现其政治理想的意义。它们在很大程度上继承并延续了古典民主理论的民主道德价值和参与理想，同时也为当代西方参与民主理论提供了丰富的理论和思想资源，从而成为沟通二者间关系的重要桥梁和纽带。

第三节　西方马克思主义与参与民主

西方马克思主义与当代西方参与民主的产生和发展存在重要联系。作为兴起于两次世界大战之间的一种理论思潮，西方马克思主义对新左派运动的参与民主理念的形成产生了极大影响。它的相关理论，为参与民主思想的形成提供了最直接的理论武器。从当时青年学生的激进参与民主吁求中，处处可以看到西方马克思主义的思想烙印。

经历了激进的反资本主义斗争及其失败之后，西方马克思主义也在根据当代社会实践不断反思和修正自己的理论。20 世纪 70 年代后的西方马克思主义发展，出现了与早期理论不同的多向度变化。与参与民主理论和实践发展直接相关的，是由第二代法兰克福学派代表哈贝马斯开创的"语言学转折"，即社会批判理论从意识哲学转向语言哲学带来的理论转向。通过这一理论转向，不仅使西方马克思主义尤其是法兰克福学派的研究主题、话语体系发生了根本性变革，而且在交往理性和"话语伦理"基础上建立起商谈政治的理论架构，构建了当代参与民主的理论基石。

90 年代以来，理论语境和社会实践背景的变化，孕育了法兰克福学派第三代承认理论的崛起。承认理论将批判理论的社会批判传统与当代后现代主义文化思潮相结合，解读西方后现代化阶段的社会冲突与危机，批判各种形式的社会不公正，要求通过实现多个层面的相互承认，在规范与经验的基础上重塑社会正义理论。在围绕承认理论的争论中形成的规范正义理论，尤其是参与平等的规范框架，为西方参与民主的当代发展提供了新的哲学依据。

一　西方马克思主义理论与新左派运动的参与民主

在 20 世纪 60 年代的西方社会运动中，以青年学生为主体的新左派提出的参与民主主张，其理论基础可以追溯至西方马克思主义的社会批判理论。初期的社会批判理论，尤其是当代资本主义理论、社会历史理论以及自治思想，是新左派参与民主思想的理论源泉。

异化资本主义的批判论。新左派的参与民主，立足于对当代资本主义的批判性认识。新左派之所以要建立一个参与民主的社会，是因为他们认为当代资本主义的异化统治压抑了人的自由和个性，因而需要彻底改造，以大众直接参与的参与社会取而代之。而批判异化的资本主义，正是战后西方马克思主义的一个重要理论主题。西方马克思主义各流派的批判理论，大都建立在一个基本共识之上：当代资本主义的发展变化如生产力发展、科技进步、福利政策推行以及人民生活水平提高等，不但没有消除异化，反而深化、扩大了异化；不但使原来业已存在的异化得到新的发展，而且产生了许多新的异化形式。正是以这一认识为基础，西方马克思主义对当代异化资本主义的社会、制度、人性、文化以及日常生活结构等进行了全方位的分析和批判。其中对新左派的参与民主发展影响最大的，是马尔库塞的相关理论。

在 60 年代，马尔库塞曾被媒体尊奉为新左派的精神领袖、新左派的预言家或新左派之父。马尔库塞之所以得到如此高的评价，除了因为他是"初期法兰克福学派之中唯一热情支持60年代政治激进主义的成员外"①，很大意义上是因为他的社会批判理论尤其是单面社会理论对青年学生影响巨大。马尔库塞认为，借助科学技术的发展，当代资本主义的控制形式已经发生了明显变化，从传统的强制控制，逐渐转向通过大众媒体、广告、工业管理以及非批判性思想模式对人的心理进行操纵和控制。异化的社会控制形式的发展，创造了一个"单面人"和"没有反对意见的社会"：人们虽然过上了舒适、优越的物质生活，但精神生活却极端贫乏、空虚，人们内心的批判性、超越性思想受到了极大限制，"不自觉地和自觉地接受和屈从于制度的控制和操纵"②，从而退化成了受物质欲望奴役的工具化的"单面人"；而资本主义也有效地抑制了社会中的反对派和反对意见，整个社会否定性和批判性的思维原则丧失，当代资本主义变成一个新型的极权主义社会。在这一认识基础上，马尔库塞提出了著名的"大拒绝论"。所谓大拒绝，是一个复杂的多向度术语，既是指个人对现存统治和压迫制度的反抗，也表明致力于创造另一个世界、另一种生活以及替代的文化形式和方式的前景，甚至也包括反对占统治地位的思维和行为模式的设想。换言之，马尔库塞主张革命力量联合起来对发达资本主义社会"大拒绝"、"绝对否定"。60年代青年学生的激进造反行动，及其试图在同现存社会的一切彻底决裂的基础上建立参与民主社会的思想和实践，受马尔库塞批判理论的影响颇深。

绝对自由论。对青年学生的思想方式产生重要影响的，还有

---

① Douglas Kellner, *The New Left and the* 1960s. *Herbert Marcuse*, Collected Papers, Volume Three, London and New York: Routledge, 2005, p. 12.

② ［德］马尔库塞等：《工业社会与新左派》，任立编译，商务印书馆 1982 年版，第 4 页。

萨特的"存在主义马克思主义"的绝对自由论。强调人的自由是近代以来西方哲学思想的一个重要特征，作为一名哲学家的萨特也不例外。但是，与把自由作为人的本质属性的多数哲学家不同，萨特主张自由并非属于人的本质的一种属性，而是属于人的存在，人的自由同人的存在是分不开的。而由于"存在先于本质"，因此人的自由也是先于本质的。所谓人的自由，在萨特那里是指能够按照自己的意愿真实地作出自由的选择。这种自由选择，不受任何事物的制约和决定，也不受历史必然性的约束，是主观任意的、绝对的。在自由选择的过程中，人赋予对象以意义，同时也表现和造就了他自身。因此，人的本质是由人自由选择的，人的自由正是使本质成为可能的东西。

显然，萨特在这里倡导的是一种绝对自由论。这一论调，一方面割裂了自由与本质之间的双向联系，认为本质是自由选择的结果，而没有看到人的任何选择都反映了它的本质的意义；另一方面也完全否定了客观规律和客观必然性的作用，过于扩大人的主观性，从而必然是一种彻底个人主义的抽象自由。但是，对于60年代西方社会中那些彷徨不安、空虚苦闷的青年学生和知识分子而言，萨特的这套乌托邦理论却为其挣脱资本主义的控制牢笼、实现个人自由和价值提供了合理借口。因此，他们纷纷擎起存在主义的大旗，尝试在反抗资本主义的激进行动中争取自己的绝对自由。在他们的参与民主设想中，对人的独立性的强调，对人的自身发展潜力的倡扬，清楚地表达了对这种绝对自由的追求。

改造资本主义的自治论。虽然西方马克思主义的工人自治论很大意义上是围绕未来社会主义工厂组织和管理进行的一种设计，但其关于工人与企业关系的种种论述，也对新左派的参与民主尤其是在经济领域发展参与民主的思想具有积极影响。例如，早期西方马克思主义者葛兰西和科尔施提出的作为未来"无产阶级国家的模型"的工厂委员会论，强调工人对生产进行直接的控制和管理，主张工人成为生产过程和自己生活的主人；法国的西方马克思主义者马勒，在其"新工人阶级"论中，也深刻指出要改变工人在生产和企业中的地位，就必须从根本上改造工厂，促使工人广泛参与对生产的管理，建立工人自治；存在主义的马克思主义者列斐伏尔提出的"工人自治社会主义"，强调实行工人自治对于不断壮大经济社会力量，进而打破国家对经济社会异化统治的意义等等，为新左派民主参与和民主调控等经济领域参与思想的形成提供了直接的思想资源。

二　法兰克福学派第二代的理论重构与参与民主

对当代西方参与民主理论的整体建构产生直接影响的，还包括法兰克福学派第二代的相关理论，尤其是作为第二代主将的哈贝马斯，基于历史唯物主义的反思提出交往行动理论，倡导立足于主体间性的商谈政治，构建了当代西方参与民主的理论基础。

哈贝马斯的交往行动理论，以对历史唯物主义的反思为前提。早在 20 世纪 70 年代，哈贝马斯在批评传统历史唯物主义理论"经济理性"倾向的过程中，已经开始尝试创立一种新的历史唯物主义理论，以构建认识当代资本主义的新的方法论框架。他的历史唯物主义重建，从批判和颠覆"历史唯物主义的三项基本假定"，即经济基础与上层建筑的划分、生产力与生产关系的辩证法以及生产方式发展序列入手，提出经济成为基础只是资本主义早期发展的一种现象，"当市场与它的操纵功能一道被假设为具有使阶级关系稳定化的功能的时候，生产关系才作为这样一种东西出现并采取了某种经济形式"。而在进入后工业社会后，"进化优势将从经济领域转移到教育和科学系统"之中。①

---

① 〔德〕尤尔根·哈贝马斯：《历史唯物主义的重建》，郭官义译，社会科学文献出版社 2000 年版，第 148 页。

因此，以往被马克思看做是上层建筑的一些因素，如国家、交往等不但没有随着经济基础的变化而变化，相反对经济基础起着决定作用。从这一认识出发，哈贝马斯认为，由于晚期资本主义通过国家等上层建筑缓和了阶级冲突，阶级斗争在现代社会已经隐而不见了；相反，阶级的冲突日益转向了一种新的"形成于文化再生产，社会统一和社会化领域"的文化冲突形式。在晚期资本主义社会，这种以生活差异和政治观点差异等形式存在的文化冲突不断加剧。面对新的冲突形式，需要新的解决方式，而只有"通过以语言为协调的交往的媒介，通过不受限制的交往"去改革社会文化并使之合理化，才能达到解决冲突的目的。这样，哈贝马斯就提出了在语言交往基础上建立一个交往理论体系的问题。

"交往行动"理论，是在一个充满歧见甚至矛盾的社会中，在存在多种不同价值规范和利益要求的条件下如何形成共识的理论。所谓交往行动，是指"个人之间具有（口头上或外部行动方面）的关系，至少是两个以上的具有语言能力和行动能力的主体的内部活动。行动者试图按照行动状况，以便自己的行动计划和行动得到意见一致的安排"①。其中，相互理解是交往行动的核心，而语言在这一过程中具有特别重要的地位。交往以语言为媒介，而语言又为理解服务。交往行动就是行动者使用语言或非语言符号作为理解其相互状态和各自行动计划的工具，以期在行动上达成一致。

简而言之，哈贝马斯的交往行动，实际上就是人与人之间的相互对话、交流和商谈活动。体现于交往行动中的交往理性，则具体表现为一种主体间性，即一种主体与主体间的关系。在交往

---

① ［德］尤尔根·哈贝马斯：《交往行动理论》第 1 卷，曹卫东译，重庆出版社 1994 年版，第 121 页。

行动中，所有人平等地参与对话，自由地表明自己的观点，在不受任何强制力的情况下相互协商。为了实现主体间的相互理解、彼此信任，以至于在平等自由的对话中达成共识，哈贝马斯要求商谈行为必须符合"三大有效性要求——真实性、正确性、真诚性"。在商谈中，任何主题都可以讨论，任何观点都可以不受限制地交流，任何人都有机会自由平等地参与；参与者要仔细倾听、理性思考他人提出的观点和理由；最好的观点胜出；任何相互合作以追求真理以外的动机均被排除；商谈尊重的是理性的权威而非权力或者金钱的力量。因此，在商谈中达成共识的过程，就是一种民主的过程，一种商谈政治的过程。这种商谈政治充分体现了人们的广泛参与、实现了话语共识，从而成为民主的合法性基础。

这种基于主体间性的商谈政治，为参与民主的当代发展构建了理论基础。正是在商谈理论的基础上，哈贝马斯建立起话语民主（discursive democracy）的理论框架。① 作为当代西方协商民主理论的重要组成部分，这种话语民主理论也成为参与民主的一种成熟的理论范型，对参与民主的当代发展起到了直接推动作用。

三　围绕承认理论的争论与参与平等

随着后现代哲学思潮的兴起以及全球化发展带来的新社会矛盾和冲突的出现，给西方马克思主义的社会批判理论提出了更多的理论挑战。承认理论的兴起就是这种挑战的一个重要结果。

客观地说，承认理论的出现并非始于法兰克福学派第三代的社会批判理论。20 世纪 70 年代末以来，一些主流政治哲学家，

---

① 本书第三章在探讨协商理论时，将对哈贝马斯的话语民主模式进行详细分析。

如 C. 泰勒、W. 金里卡等都曾提出过他们的承认政治理论。90
年代后，随着全球化负效应的凸显，妇女、少数族裔、同性恋者
等边缘人群及弱势群体的社会排斥和平等承认问题日益受到批判
理论的关注。1992 年，哈贝马斯的学生 A. 霍耐特（Alex Hon-
neth）出版了《为承认而斗争》一书。以此为标志，法兰克福学
派第三代正式介入承认理论的研究。此后，第三代内部围绕承认
理论进行了一场持续十多年的激烈争论。这场争论，大大发展并
超越了法兰克福学派传统的社会批判理论，对全球化背景下西方
社会和国际社会矛盾作出了全新的解读，标志着以 A. 霍耐特和
N. 弗雷泽（N. Fraser）为主要代表的批判理论第三代的全面
崛起。

所谓承认（recognition），是一个政治哲学和道德哲学概念，
其基本含义是指个体与个体之间、个体与共同体之间、不同的共
同体之间在平等基础上的相互认可、认同或确认。有学者把批判
理论第三代围绕承认问题的争论划分为四个阶段[1]：第一阶段的
争论以是否存在再分配与承认的矛盾为中心。针对霍耐特突出强
调承认作为中心理论范畴的主张，弗雷泽指出了承认和再分配的
分裂状态，认为基于民族、族裔、种族、性别和性行为的差异承
认的文化诉求不断增加，从而牺牲了经济再分配的诉求，强调正
义理论要求二者的统一，建立一种同时容纳再分配和承认两种诉
求的替代框架。第二阶段的争论在把再分配和承认的对立作为既
定前提的条件下，着重讨论了如何把再分配和承认这两种社会正
义范式在理论和实践中结合起来。尽管霍耐特和弗雷泽对再分配
和承认的结合方式认识有所不同，但二人都认为，"承认"已经
成为我们时代的一个关键词，差异族群争取平等身份的文化斗争

---

① 周穗明：《今日西方批判理论》丛书，上海人民出版社 2009 年版，第 7—10
页。

在当代已不可忽视；新自由主义全球化下经济不平等在增长，分配正义问题同样不可漠视。第三阶段争论的焦点是，再分配和承认是否已经穷尽了正义的所有维度，正义的含义是否应当扩展到政治维度。在争论过程中，批判理论家们形成了政治维度是必要的这一共识，尤其是弗雷泽采纳了批评者的观点，引入正义独特的政治维度，从而形成了一个包括了再分配、承认和"代表权"的三维的理论框架。第四阶段的争论，重点讨论的是弗雷泽理论的哲学基础，特别是其规范基础和社会本体论。

通过理论争论，实现了社会批判理论的当代转型，建立了新的规范的正义理论。批判理论第三代的正义理论有不同的规范框架和规范解释，其中弗雷泽提出的"参与平等"的正义理论对参与民主的当代发展尤其具有重要意义。

弗雷泽的正义理论框架由经济、文化和政治三个层面构成，其中"参与平等"是整个理论框架的规范性标准。在弗雷泽那里，所谓参与平等，是指"正义要求允许所有社会（成年）成员作为平等一员彼此相互作用的社会安排"。K. 奥尔森（Kevin Olson）提供的图表（参见表1.1），有助于我们理解参与平等的内涵。根据这一图表，在正义领域的经济层面，参与平等是其客观条件；在正义领域的文化层面，参与平等是其主体间性条件；在正义领域的政治层面，参与平等是其程序条件。在经济层面违反参与平等原则，造成了分配不公的不正义；在文化层面违反参与平等原则，造成了错误承认的不正义；在政治层面违反参与平等原则，造成了政治上的边缘化。换言之，分配不公违反了参与平等的"客观条件"，要求经济再分配；错误承认违反了参与平等的"主体间性条件"，要求主体间平等的尊重即承认；边缘化违反了参与平等的"程序条件"，要求合法的公民权和包容。分配不公、错误承认和边缘化可以视为三种参与平等的障碍。

表 1.1   参与平等的维度

正义的领域	参与平等的条件	社会差异的形式	不正义的形式	解决方案
经　济	客观条件	阶　级	分配不公	再分配
文　化	主体间性条件	地　位	错误承认	承　认
政　治	程序条件	公民权	边缘化	包　容

资料来源：转引自［美］凯文·奥尔森编《伤害＋侮辱——争论中的再分配、承认和代表权》，高静宇译，上海人民出版社 2009 年版，第 251 页。

　　该理论框架的基本思想可以归纳为：我们应该称为不正义的恰恰是那些否定某些社会成员平等地与其他成员一起参与社会生活的社会结构。从"客观"条件看，分配不公表明参与平等受到经济结构的阻碍；从"主体间"条件看，错误承认表明参与平等受到了制度化的文化价值模式的阻碍；从"程序"条件看，边缘化或错误代表权表明参与平等受到了政治结构的阻碍。

　　从当前西方的政治实践看，随着有色人种、女性、少数族群、生态主义者、同性恋者等等新形式社会抗议运动的此起彼伏，这些遭受新的"社会排斥"的边缘人群、弱势群体的平等参与成为参与民主理论关注的焦点。传统左派在这一问题上的思考过于强调多元文化主义和多元政治，片面追求激进多元主义的差异政治，而忽视了经济平等和再分配政治。弗雷泽的"参与平等"的正义理论，反对在再分配政治和承认政治之间作出非此即彼的抉择，将对社会平等的承诺与对差异政治的支持结合起来，为这些新弱势群体的参与平等提供了经济、文化和政治层面的规范性标准，为矫正各个层面、各种形式的不公正提供了一个清晰的、有说服力的规范性框架，从而为全球化条件下面临新矛盾和新冲突的参与民主理论提供了新的哲学依据。

第四节　马克思主义创始人的民主
政治理论及其影响

当代西方参与民主，与马克思主义的民主政治理论也有极深的渊源。二者存在理论上的连续性，马克思主义的一些基本理论也为参与民主的理论建基提供了方法论基础。但是，参与民主也对马克思主义民主理论的现实可行性提出了诸多质疑。诚如赫尔德所言，参与民主理论产生的一个主要原因是对"马克思主义政治理论遗产不满的结果"①。换言之，当代西方参与民主理论在发展过程中"批判地继承"了马克思主义的民主政治理论。正是在这一意义上，我们把马克思主义创始人的民主政治思想作为当代西方参与民主的一个重要理论来源。

一　马克思、恩格斯的直接民主理论与模式

在马克思主义创始人的民主政治理论中，贯穿始终的基本目标，是为人类的解放寻找一个合理的政治运作模式。马克思、恩格斯为社会主义和共产主义社会设想的最终民主模式，与传统的自由主义民主模式完全不同。按照赫尔德的说法，马克思和恩格斯的理想民主是一种"直接民主"的模式。这种直接民主模式以"政治的终结"，即市民社会的解放、阶级和物质匮乏的消失以及资产阶级政治权威的结束和新的管理形式的出现为前提条件。② 马克思、恩格斯"政治终结中的直接民主"，在坚持国家与社会二分法的前提下，把被颠倒的国家与社会关系重新颠倒过

---

① ［英］戴维·赫尔德：《民主的模式》，燕继荣等译，中央编译出版社 1998 年版，第 333 页。

② 同上书，第 155—184 页。

来，构建起整个民主思想的哲学基础，进而得出了真正民主必然是人民民主的政治结论；从这一重要理论发现出发，引申和发展出"经济基础决定上层建筑"这一历史唯物主义的基本原理，并在此基础上建立起一种全新的历史观——唯物史观，以唯物史观为武器对资产阶级民主进行批判性分析；根据革命斗争的实践经验，他们赋予人民民主以直接民主的具体组织结构和运作方式。

（一）民主的哲学基础：社会决定国家

从古希腊民主以来各种民主理论的局限性，从哲学基础上看，是由国家决定社会的唯心史观造成的。在马克思主义产生之前，这种唯心主义的历史观在政治学发展中占据绝对支配地位。从这种历史观出发所创造的种种理论，必然充满着强烈的"国家崇拜"色彩，如把国家作为历史发展的轴心，强调国家的丰功伟绩，甚至将国家美化为超阶级的社会共同体或上帝意志的产物等。马克思坚决反对国家决定社会的唯心史观以及由此产生的"对国家的迷信"，他尝试作出一个完全悖反的证明：不是政治国家决定市民社会，而是由市民社会决定政治国家。他对这一问题的系统阐释，正是以分析和批判黑格尔法哲学中有关市民社会和政治国家的观点为出发点。

在《法哲学原理》一书中，黑格尔根据近代开始形成的国家与社会二元化的状况，从哲学的高度总结了国家和市民社会的不同规定性。他从绝对理念发展的不同阶段出发，将国家神秘化，把国家看成是凌驾于一切"个别"和"特殊"之上的伦理的整体，认为国家是绝对精神发展的普遍领域，是普遍性和普遍利益的表现；而市民社会则被看做是绝对精神发展的特殊领域，是作为理念的国家"所具有的想象的内部活动"①。在

---

① 《马克思恩格斯全集》第 1 卷，人民出版社 1956 年版，第 250 页。

这里，黑格尔看到了国家与市民社会的分离，但却囿于其唯心主义立场，没有从历史和现实的过程中去把握和分析二者之间的关系，反而是将这种分离作为一种"理念"发展的结果，因此黑格尔得出了国家决定市民社会的错误结论。马克思辩证评价了黑格尔的这一思想，指出："黑格尔把市民社会和政治社会的分离看做一种**矛盾**，这是他较深刻的地方。但错误的是：他满足于**只从表面上**解决这种矛盾，并把这种表面当做事情的本质。"①

从这样一种认识出发，马克思全面颠覆了黑格尔关于国家与市民社会关系的认识，强调国家并不是社会的主宰物，也不是所谓普遍利益的代表者，其普遍性是虚幻的、抽象的和异化的产物。市民社会与国家的分离，也不是什么"理念"的发展，而是一种历史的必然性，是社会历史发展的产物和结果。"实际上，家庭和市民社会是国家的前提，它们才是真正的活动者"，"政治国家没有家庭的天然基础和市民社会的人为基础就不可能存在。它们是国家的……［必要条件］"②。这样，马克思就把黑格尔的历史观颠倒了过来，正如恩格斯后来在总结马克思这一发现时指出的那样，"决不是国家制约和决定市民社会，而是市民社会制约和决定国家"③。

"市民社会决定国家"这一历史观的确立，对马克思主义创始人的民主政治思想的发展至少有两个重要价值。其一，是阐明了民主的目的就是要实现国家与社会的统一。根据社会决定国家的历史观，国家绝非外部强加于社会的一种力量，而是社会发展到一定历史阶段的产物。在阶级社会中，国家与社会

---

① 《马克思恩格斯全集》第1卷，人民出版社1956年版，第338页。

② 同上书，第250—251，252页。

③ 《马克思恩格斯选集》第4卷，人民出版社1995年版，第196页。

是根本对立的。这种对立一方面表现在国家作为统治阶级利益的代表，另一方面也表现在社会不能有效地制约国家。在阶级存在的条件下，二者之间的矛盾不可能得到根本解决。只有当阶级消失，当"真正的民主制"实现时，异化的政治国家才能不再居于社会之上，进而促使国家将所有政治权力移交给市民社会，完成国家与市民社会的统一进程，而国家也将在这种统一中开始消亡。因此，民主化的发展，就是国家与社会的统一，就是国家的逐渐消亡。其二，是得出了实行人民民主的政治结论。旧的民主传统主张国家决定社会，其逻辑结果必然是将国家作为社会利益的代表和主宰。而从社会决定国家这一前提出发，则必然要求社会作为国家的主人。社会主宰国家的一个重要表现，就是社会全面广泛地参与国家政治和社会生活管理。在市民社会中，人民大众是社会的主体。这样，社会决定国家，就可以被置换为人民大众直接参与国家生活，控制和制约国家权力及其活动。而人民直接管理国家，则必然是一种人民民主和人民主权的体现。正如马克思所说的那样，"民主制独有的特点，就是**国家制度**无论如何只是人民存在的**环节**"，"……不是国家制度创造人民，而是人民创造国家制度"①。由社会决定国家的历史观派生出的这两个重要观点，贯穿于马克思主义创始人的民主政治思想的始终，并成为与其他民主政治理论相区别的一个显著标志。

（二）民主的理论前提：唯物史观基础上的资产阶级民主批判

唯物主义历史理论，是整个马克思主义理论大厦的基石。马克思主义创始人对相关民主问题的认识和分析，就是建立在这一理论基石的基础之上。

---

① 《马克思恩格斯全集》第 1 卷，人民出版社 1956 年版，第 281 页。

唯物史观的一个基本出发点，是认为"人的本质不是单个人所固有的抽象物，在其现实性上，它是一切社会关系的总和"①。在马克思看来，这种社会关系首先是指一种来自于生产实践的生产关系。因为人首先是一种物质的存在。一切人类历史的第一个前提也即一切历史的第一个前提，是人们为了能够创造历史，必须能够生活。在恶劣的自然环境中，人们为了战胜自然，必须联合起来进行生产活动，并在联合生产的过程中结成一定的生产关系。这种生产关系，决定着不同人际群际之间社会关系的本质。在阶级社会中，生产关系具体表现为剥削者与被剥削者之间的关系，这就决定了其基本社会关系必然是剥削者和被剥削者之间的关系。而由于剥削者与被剥削者的根本利益是相互矛盾和冲突的，因此这种社会关系也必然体现为持续不断的冲突和斗争。在实践中，这种冲突和斗争以激烈的阶级冲突和斗争的形式表现出来。阶级斗争发展的结果，是最终导致了现代国家的出现，"国家是承认：这个社会陷入了不可解决的自我矛盾，分裂为不可调和的对立面而又无力摆脱这些对立面。而为了使这些对立面，这些经济利益互相冲突的阶级，不致在无谓的斗争中把自己和社会消灭，就需要有一种表面上凌驾于社会之上的力量……就是国家"②。在这里，马克思之所以说国家是"表面上"凌驾于社会的力量，是因为所谓的国家意志是有偏向的，即国家并不是全社会利益的真正代表，它代表和保护的往往是少部分统治阶级的意志和利益。正是在这一意义上，马克思主义创始人也把国家视为一种"虚幻的共同体的形式"③。

在现代资本主义社会，生产关系仍然是一种剥削与被剥削关

① 《马克思恩格斯选集》第 1 卷，人民出版社 1995 年版，第 60 页。
② 《马克思恩格斯选集》第 4 卷，人民出版社 1995 年版，第 170 页。
③ 《马克思恩格斯选集》第 1 卷，人民出版社 1995 年版，第 84 页。

系，这就决定了该社会的基本社会关系具体表现为生产关系中两大对立阶级，即资本拥有者和劳动力出卖者之间的关系。而二者之间对立和斗争的本质，又决定了资本主义国家只能是资产阶级意志和利益的代表。正如马克思和恩格斯指出的，资产阶级"在现代的代议制国家里夺得了独占的政治统治。现代的国家政权不过是管理整个资产阶级的共同事务的委员会罢了"①。当然，资产阶级的国家代理人并不是简单地按照统治阶级的利益协调政治生活，为了维护其统治的合法性，在一些情况下，它也必须从整个社会发展的角度来考虑其政策及其实施。但是国家存在的最终依据，决定了资产阶级国家绝非所谓普遍利益的保护者和仲裁者。尤其当面临激烈的阶级对抗和冲突时，它的这一特质表现得更为明显。因此，资产阶级国家对整个社会在任何意义上所做的利益协调和平衡都是有限的，它很大程度上被资产阶级的利益束缚着。

在这种"虚幻的共同体的形式"中，绝不可能实现"真正的民主"。作为一种国家制度的民主，必然深陷于经济关系中，为捍卫生产资料私有制服务；与特定利益结合在一起，体现在生产关系中占统治地位的资产阶级的利益。这种民主只能是资产阶级的民主，而绝不可能是占社会绝大多数的人民大众的民主。马克思主义创始人对此有着深刻理解。例如，恩格斯认为："资产阶级共和国就是资本主义生意人的共和国；在那里，政治同其他任何事情一样，只不过是一种买卖。"② 在谈到资本主义国家的选举时，他们还精辟地指出，资本主义的"选举是一种政治形式……选举的性质并不取决于这个名称，而是取决于经济基础"③。在这里，马克思主义创始人深刻揭露了资产阶级民主的

---

① 《马克思恩格斯选集》第 1 卷，人民出版社 1995 年版，第 274 页。
② 《马克思恩格斯选集》第 4 卷，人民出版社 1995 年版，第 717 页。
③ 《马克思恩格斯选集》第 3 卷，人民出版社 1995 年版，第 289 页。

虚伪性，精辟地指出了它在平等外衣下的阶级实质。

当然，对于资产阶级民主，马克思主义创始人的认识是辩证的。在充分看到其阶级性、虚幻性的同时，他们也对其历史进步性给予了积极肯定。早在《论犹太人问题》中，马克思在指出政治解放还不是人类解放的同时就曾说："**政治**解放当然是一大进步……但**在**迄今为止的世界制度的**范围内**，它是人类解放的最后形式。"① 而在对待普选权的态度上，他们虽然反对把普选权看做是能够使资本主义政治制度发生根本变化的灵丹妙药，但也并未否认普选权的重要作用。马克思还进一步指出了普选权在不同国家、不同历史时期的不同作用。例如他认为，在英国，普选权就是工人阶级的政治统治，因为在那里无产阶级已经占了人口的绝大多数；在法国，普选权是工人阶级的学校；而在德国，封建势力很强大，所以普选权对无产阶级来说不是武器，而是陷阱，等等。

（三）民主的模式：以社会参与为基础的直接民主

马克思主义创始人的民主观，是一种社会参与观，认为民主制就是社会参与国家的组织形式，主张社会的一切公民都有权直接参与国家事务。早在写作《黑格尔法哲学批判》时，马克思主义创始人对此就有着深刻体认。针对黑格尔反对一切人直接参与一般国家事务的讨论和决定，主张民主因素只有作为形式上的因素才能灌输到国家机体中去的观点，马克思予以驳斥，强调"民主因素应当成为在**整个**国家机体中创立自己的合理形式的现实因素"。在此基础上，他对公民的政治参与给予了高度评价，认为"**市民社会**力图变为**政治**社会，或者市民社会力图使**政治**社会变为**现实社会**，这是表明市民社会力图尽可能**普遍地参与立法权**"。在该书中，他还进一步指出了选举制对社会参与的重要

---

① 《马克思恩格斯全集》第 1 卷，人民出版社 1956 年版，第 429 页。

意义，提出选举是社会参与立法权的一个重要途径，"**选举是市民社会**对政治国家的**直接的、不是单纯想像的而是实际存在的关系**"，"由于有了**无限制的选举权**和**被选举权**，市民社会第一次**真正**上升到脱离自我的抽象，上升到作为自己的真正的、普遍的、本质的存在的**政治存在**"①。

马克思主义创始人关于社会全面参与国家事务的思想贯穿于其民主政治理论的始终。后来，在对革命斗争的实践经验尤其是巴黎公社经验的总结过程中，马克思主义创始人从公社政治制度的具体运作中，更是看到了实现一种同资产阶级民主迥然相异的民主政治，即实行由人民管理国家的直接民主的实践可能性。

在马克思主义创始人看来，巴黎公社是帝国的直接对立物，"公社给共和国奠定了真正民主制度的基础"②。公社的民主制度与资产阶级民主的根本不同之处在于它所采取的主要措施，即"第一，它把行政、司法和国民教育方面的一切职位交给由普选选出的人担任，而且规定选举者可以随时撤换被选举者。第二，它对所有公务员，不论职位高低，都只付给跟其他工人同样的工资"。而普选制、随时撤换制度以及普通工人工资制度的设定，就使得公社即使"没有另外给代表机构的代表签发限权委托书，也能可靠地防止人们去追求升官发财了"③。在具体组织结构上，公社是一个实干而非议会式的机构，它集立法与行政于一身，从上至下甚至是作为最小村落的组织形式。每个地区的农村公社，通过设在中心城镇的代表会议来处理他们的共同事务；而各地区的代表会议又向更高层次的公社

---

① 《马克思恩格斯全集》第 1 卷，人民出版社 1956 年版，第 389—390、393、396 页。

② 《马克思恩格斯选集》第 3 卷，人民出版社 1995 年版，第 58 页。

③ 同上书，第 13 页。

派出代表。这样一种组织管理形式，使得公社真正成为全体人民普遍利益的代表，克服了资本主义代议制造成的人民与统治者之间的矛盾，最大限度地实现了人民对国家事务的直接参与和管理。因此，马克思认为，公社"所采取的各项具体措施，只能显示出走向属于人民、由人民掌权的政府的趋势"①。后来，列宁在俄国十月革命前写就的《国家与革命》中，更加具体地阐述了马克思和恩格斯关于巴黎公社的民主思想，并进一步指出，巴黎公社的民主措施，可以使绝大多数人民群众参加国家管理，同时也消除了人民升官发财的思想，以防止无产阶级国家政权变质。

显然，马克思主义创始人的理想民主模式，是一种以社会全面参与国家事务为基础的直接民主模式。这种民主模式的实现，将以无产阶级的解放、生产力的极大发展、物质生活的富足以及阶级消失、国家与社会的统一为前提条件。根据马克思的理论推演，能够满足这些条件的社会，必然是实现了每个人自由与平等发展的共产主义社会。在共产主义社会中，所有形式的政治都将让位于人民的自我管理，真正实现人民的当家做主，按照一致同意的原则决定公共事务；维持社会正常运转的行政工作人员是社会的公仆，并根据全面的选举制、监督制、撤换制和取消高薪制原则产生和轮换。

二 参与民主：传承与质疑

如果简单以直接民主和间接民主作为划分西方民主理论发展线索的话，马克思主义创始人的民主理论同当代参与民主的最大共同点，应该在于它们都从属于直接民主的发展范畴序列。虽然具体的理论主张有所差异，但在对民主政治基本问题的认识上，

---

① 《马克思恩格斯选集》第 3 卷，人民出版社 1995 年版，第 64 页。

它们之间显然存在相似之处。例如，它们都从本原概念上来理解民主，强调民主实质上体现为多数人的统治，主张通过人民直接参与政治来实现民主理想，等等。在理论发展的连续性上，二者具有内在联系。

作为主要由当代西方左派倡导的一种民主形式，参与民主理论家大都并不讳言与马克思主义创始人的民主政治理论之间的密切联系，尤其是马克思的社会历史理论及其方法论对其产生的重要影响。以当代参与民主理论的代表麦克弗森为例。麦克弗森对自由主义民主理论的批判，是建立在其占有性个人主义（possessive individualism）和占有性社会（possessive society）概念基础之上的。他认为，占有性个人主义与民主精神并不相容，因此以占有性个人主义为其社会和历史根源的现代西方自由主义民主是不稳定的，它存在着深刻矛盾和巨大缺陷，"它的民主成分因为那个强大但又与它不相容的同伴（指占有性个人主义——引者注）而严重失效"[1]。这里要强调的是，麦克弗森据以分析占有性个人主义的理论架构，基本上源于马克思的历史唯物主义理论，尤其是受《政治经济学批判导言》一书中相关理论，如关于人类生产力发展的历史优先性，强调经济基础同政治、法律和意识形态上层建筑之间的关系，以及社会存在同社会意识之间的关系等影响颇深。有学者在一本探讨麦克弗森思想的理论传记中一针见血地指出，麦克弗森的自由主义民主理论批判是站在历史巨人马克思的肩膀上进行的。[2] 而麦克弗森在对批评者的回应中，也承认自己在不受"马克思主义信徒般狂热"驱策的条件下，借用了作为学者的马克思在分析问题上的洞察力，以及作为

---

① ［英］迈克尔·H. 莱斯诺夫：《20 世纪的政治哲学家》，冯克利译，商务印书馆 2002 年版，第 122 页。

② Jules Townshend, *C. B. Macpherson and the Problem of Liberal Democracy*, Edinburgh University Press, 2000, pp. 7—8, 183.

"人道主义者"的马克思的伦理洞察力。[①]

　　然而，马克思主义创始人的直接民主理论毕竟是以一个完全自由、平等的理想化社会为实践基础，它的实现以国家的消亡、国家与社会的统一为前提条件。因此，对于尚未达到这一条件的高度复杂化、技术化、程序化的现代社会，这种民主模式到底能否在整个社会层面实现？参与民主论者普遍对此提出异议。

　　在参与民主论者看来，直接民主实践的关键条件，是最低限度的经济社会差别，以及文化素质和道德素质等方面的对等性。换言之，这种民主模式要求所有社会成员在经济地位、政治地位方面基本没有差别，要求民众对公共事务的价值判断等基本一致，因此它只能是在较小的区域如工厂、社区等范围内实现，而不具有普遍适用性。他们认为，马克思主义简单地把代议制贴上资本主义的标签，并相信普通公众的民主组织可以一举取代代议制政治的信念是错误的，这种观点否定了社会的多元性，否定了社会存在着相互竞争的权力中心。在这方面，他们赞同马克斯·韦伯（Max Weber）的主张，认为不能以直接民主制或自我管理完全地代替国家，因为直接民主制和自我管理留下了一个协调真空，而官僚结构能够迅速填补这个真空。这样，主流的参与民主理论明确否定了马克思以巴黎公社为蓝本的民众广泛参与的民主模式，而提出了以对地方控制为基础的直接民主同整个国家范围内的代议制政治相结合的民主改革方案。

　　根据这一认识，他们进一步提出现实社会的民主化，主要包括实现两个层面的民主化：其一是国家的民主化，其途径是使议会、国家官僚机构和政党更加开放和负责任。在这一层面，他们尤其强调充分调动民众的积极性、建立一种参与性民主体系的重

　　① C. B. Macpherson, "Scholars and Spectres: A Rejoinder to Viner", *Canadian Journal of Economics and Political Science*, 29, November 1963, p. 592.

要性；其二是地方层次的民主化，其途径是"使民主在人民的日常生活中发挥作用，把民主控制的范围扩大到大多数人生活于其中的那些关键的制度中去"①，这一层面的民主主要通过以工厂为基础的政治运动、女权运动和环保组织等新的斗争形式来实现。在这里，参与民主理论显然是将民主管理的思想，从马克思主义创始人所限定的政治领域，进一步扩展到经济和社会领域，从而扩大了民众参与的适用领域。

此外，当代西方参与民主论者反对马克思主义仅仅从阶级关系来理解自由、平等以及参与等问题。他们认为，在现实社会中，民众仍然承受着除阶级压迫之外的其他许多限制，而不能积极参与政治和公民生活。例如，男人对女人的控制、一个种族对另一个种族的控制，以及所谓中立的行政人员或官僚对所辖人口的控制等，所有这些差别和统治都是不能用阶级来解释的。因此，参与民主论者主张从包括阶级政治在内的更为宽泛的角度来探讨如何实现公众参与以及自由等问题。

不可否认，当代西方参与民主论者对马克思主义创始人的直接民主理论的批判和发展具有一定的合理性。但我们并不能由此得出否定马克思主义创始人的民主理论的结论。必须看到，马克思主义创始人的民主理论的提出，具有划时代的历史意义。他们的理论在人类历史上第一次揭示了民主的阶级实质，阐明了民主的科学规定，确立了民主问题在无产阶级解放斗争中的重要地位，从而为实现一种更高类型的民主，即社会主义民主奠定了理论基础。这一理论虽然建立在批判资本主义民主基础之上，但同时也已经超越了资本主义的发展范畴。它不是在资本主义体制内的理论设想，而是在为高于资本主义发展阶段的人类社会寻找一

---

① Carole Pateman, *Participation and Democratic Theory*, Cambridge University Press, 1970, p. 104.

条民主发展的道路。正如有学者指出的那样，在这一基础上提出的民主模式，必然"不是'古典的'，也不是现代的，而是未来的"，"是后政治、后资本主义、后全球化"的。① 显然，马克思主义创始人的民主模式在很大意义上是以共产主义的实现为充分必要条件。其潜台词在于，只有发展到共产主义阶段，完全意义上的社会直接参与才有实现的可能。而参与民主的批判却回避了这一预设的理论前提。它以当代资本主义的政治、经济现实来否定马克思主义创始人的民主模式的可行性，实际上并没有建立在一种正确的论辩基础之上，其得出的结论必然有失偏颇。这是我们在认识马克思主义创始人的民主理论的价值，以及探讨当代参与民主理论对其批判和发展关系时，必须深刻体会和正确评价的问题。

---

① 侯才：《马克思的后政治民主模式及其实践》，载《学习时报》2004 年 3 月 25 日。

第 二 章

当代西方参与民主的历史勃兴

当代西方参与民主，经历了一个产生以及不断丰富和发展的过程。为了在总体上认识、把握参与民主，接下来的两章将从历史发展的纵向上系统考察参与民主思想与理论的发展演变。这一过程整体上可以划分为两个主要阶段：第一阶段是 20 世纪六七十年代参与民主的产生和形成期。在这个阶段，一种反对现实资本主义统治结构的参与民主思想开始出现，与当代主流自由主义民主理论针锋相对的概念化、系统化、理论化的参与民主理论也开始萌芽并逐渐形成。这一时期的参与民主可以称为一种"批判思想和理论"，因为它建立在激烈批判现实资本主义民主政治抑或批判自由主义民主尤其是精英民主和多元民主论的基础之上。第二阶段是 80 年代以来参与民主的发展期。这一时期参与民主发展的重要特点，是源自草根的、批判性的民主呼求逐渐走进制度内；而在理论上则表现为从批判走向"建构"，更多地开始关注参与民主的具体实现途径、方式等，从而出现了从不同层面论证如何实现参与民主的诸多新模式。本章主要关注当代西方参与民主思想的产生，以及 70 年代前后参与民主理论的主要观点主张。

探讨当代西方参与民主，应该从两个方面的关系入手：一是参与民主与战后西方资本主义发展的关系；二是参与民主与两种

"新"运动，即新左派运动和新社会运动的关系。从社会背景看，参与民主的产生一方面与战后西方公民权利的扩大、多元政治的兴起以及经济民主实践等民主政治的发展不无关系。参与民主论者正是从战后西方民主政治的发展中，看到了实现参与性民主社会的希望。另一方面，在经济、社会繁荣发展的同时，各种问题和矛盾也开始不断凸显，从而引发了人们对资本主义统治方式的质疑，这很大程度上推动了参与民主的衍生。而两种"新"运动的公众参与实践及其提出的参与民主主张和设想，则为参与民主理论的整体构建提供了最为直接的思想资源。正如赫尔德指出的那样，"60年代的政治动荡"是参与民主理论产生的一个重要原因。[①] 参与民主理论正是在"新"运动的思想和实践基础上发展起来的。

第一节　战后 30 年西方民主政治的
发展与内在矛盾

从第二次世界大战后到 20 世纪 70 年代中期大约 30 年时间里，欧美主要资本主义国家的社会生产力突飞猛进，迎来了所谓资本主义发展的"黄金时代"。与经济发展相适应，西方国家的生产关系和上层建筑领域也出现了一系列重要调整和变化。作为上层建筑核心的民主政治制度，尤其发生了诸多前所未有的新变化。这为参与民主的产生创造了不可或缺的外部条件。

一　民主政治的发展与资本主义"黄金时代"

当代西方民主政治的基本架构，建立在资产阶级革命确立的

---

① ［英］戴维·赫尔德：《民主的模式》，燕继荣等译，中央编译出版社 1998 年版，第 333 页。

自由、平等、安全、主权等价值准则基础之上。这些价值原则本质上是资产阶级现实需求的反映，但一定意义上也为人类开辟了一条政治解放道路。在现实政治中，普通公民尽管在社会地位上依然不平等，但已经拥有了平等分享政治权力的可能性。正如马克思指出的那样，"历史的发展使**政治等级**变成**社会**等级……人民的单个成员在他们的政治世界的天国是**平等的**，而在人世的存在中，在他们的**社会生活**中却不平等"①。

然而，民主价值的确立，并不等于民主政治的实现。如果从作为资产阶级革命开端的 17 世纪英国光荣革命算起，西方资本主义国家的公民自由和平等等基本民主权利，在经历了将近 300 年的漫长历史时期后，直到 20 世纪中期才逐步得到普及和落实。同时，在这一过程中，西方民主的实现范围、具体表现形式等也出现了多向度变化。尤其在"二战"之后资本主义的发展繁荣期，民主政治在内容和形式上的变化更加引人注目。这些发展变化，虽然没有根本突破资产阶级狭隘利益的局限，但却代表着西方民主演进的一种客观趋势和方向，从而对当代参与民主的形成产生了重要影响。总的来看，战后至 70 年代西方民主政治的变化主要表现在以下三个方面：

一是公民自由平等权利的扩大。"二战"之后，在不断高涨的民主化浪潮，如民权运动等的冲击下，西方各国逐步扩大了普通公民的言论出版自由，并加强了公民在经济、民族、种族、性别等方面的平等权利。在公民自由方面，取消了对公民言论、出版、集会等自由的诸多限制和附加条件。例如，美国在战后撤销了书报言论出版前必须进行检查的"预防制"；通过法律形式重新界定"诽谤罪"、"颠覆政府罪"等，赋予公民或新闻界批评政府的"绝对权利"；推行政务公开化，以法律的形式规定公民

① 《马克思恩格斯全集》第 1 卷，人民出版社 1956 年版，第 344 页。

具有了解政府情况，并申请使用政府的文件、记录等档案材料的权利，等等。在公民平等方面，一个重要表现就是普选权的真正实现。虽然早在资本主义建立之初，就已规定了普选制的政治原则，但长期以来，西方各国大都对选民资格如财产、性别、居住时间、种族、文化程度等进行严格限制。在"二战"后，这些限制基本取消或是大为减弱。例如，法国、意大利分别在1944年和1945年规定了妇女的选举权；英国在1948年通过了《代表制和人民法案》，废除了重复投票权，实现了公民"一人一票、一票一价"的平等选举权；而美国则在70年代赋予黑人和新移民以选举权。

二是多元化民主政治的发展。多元政治是西方民主制的一个重要标志。在20世纪之前，资本主义民主政治的多元性主要表现在三权分立和制衡，以及政党组织的多元化方面。当时的多元政治带有鲜明的阶级取向：工人和劳动者尚未参加到多元体系之中，少数有产阶级控制并享受多元政治带来的利益。20世纪尤其是"二战"之后，传统多元政治框架逐渐被新型的多元体系所替代。这种新型多元政治的显著特点，是劳动者的广泛组织化以及其他各种利益集团的迅速崛起和发展。各种形式的利益集团在一定的政治主张、价值目标基础上，将具有相同利益的社会群体整合起来，并通过对政府和议会施加影响等方式，集中代表并努力实现该群体的利益和要求，从而成为战后西方民主政治体系中的重要角色。此外，随着各国对新闻出版管制的取消，广播、报纸、电视等大众传媒在民主体系中也日渐显现出特殊作用。在当代西方，它甚至被认为是在立法、行政、司法权之外的"第四种权利"。大众传媒作用的增强，不仅强化了社会对政府行为的监督，制约了三权的行使，而且为大众广泛参与国家和社会政治生活提供了渠道和机会。

三是民主的"泛化"发展趋势。在西方民主发展的大部分时间里，民主一直是一个政治范畴的概念。但在"二战"之后，民主的含义开始有所扩大，不再仅仅局限于政治领域之内，而是向非政治领域延伸，强调运用民主的方法和原则来处理经济、社会事务也成为民主本身的重要含义。在这一时期，非政治领域的民主发展主要表现在经济民主尤其是企业管理制度的民主发展方面。在资本主义主要国家中，工人通过一定的组织形式参与企业管理逐渐成为一种普遍现象。集体谈判、共同决策等企业民主形式广泛发展起来，甚至通过法律的形式固定下来。

战后西方民主发展的原因有多方面，例如各种社会运动特别是民权运动、女权运动、新左派运动等的促动；公民知识水平的提高、民主意识的增强以及民主化组织能力的加强，等等。但归纳起来，各种推动民主发展的因素，或多或少都与经济的发展存在一定联系。从这个层面看，美国政治理论家利普塞特（Seymour Martin Lipset）关于经济发展对民主化能够产生积极作用的观点，[①] 是有一定道理的。

从1945年"二战"胜利到1973年世界能源危机爆发的将近30年间，是西方资本主义经济持续高速增长的时期。在这一段时间里，西方社会财富急剧增加，出现了空前的经济繁荣。据统计，在1950—1973年间，欧美发达国家的年平均增长率，达到先前和随后时期（1820—1870年，1870—1913年，1913—1950年以及1973—1979年）的两倍之多。1959年，美国、日本、联邦德国、英国、法国的国内生产总值分别为2848亿美元、173亿美元、233亿美元、361亿美元、288亿美元；而到1970年时，则分别激增至9854亿美元、2035亿美元、1855亿美元、1224亿美元、1409亿美元。有学者因此这样指出，"发达国家的经济增长超越了先前

---

① 参见［美］西摩尔·马丁·利普塞特《政治人：政治的社会基础》，刘钢敏等译，商务印书馆1993年版，第二章。

所有历史时期,'黄金时代'似乎已经到来"①。

经济的高速增长带来了两个直接社会后果。一是推动了社会福利制度的发展完善。虽然欧美主要资本主义国家早在 20 世纪上半叶大都引入了医疗、养老金、失业保险等基本福利计划,但是直到"二战"结束时,这些计划或者未曾真正施行,或者普及和实现程度维持在一个较低的水平上。例如,瑞典早在 1913 年就已引入普遍养老金制度,但直到 1946 年进行改革前,养老金的数额一直相当低。而战后经济的发展为福利制度的完善,建立了雄厚的财政基础。正是依赖于经济发展的深厚积淀,到五六十年代时,福利主义在西方各国普遍盛行开来。另一方面,经济的发展也为消费社会的建立奠定了现实基础。在实现了"普遍富庶"的情况下,作为社会主要消费群体的广大普通劳动者的工资水平相对有了很大提高,从而极大提升了民间社会的购买力水平,大众的生活条件大大改善,生活水平获得了巨大提高。西方资本主义进入了一个"大众消费"的时代。

民主的发展、经济的繁荣、福利社会的建立以及整个社会的消费景气,使得西方资本主义的面貌发生了前所未有的变化。克罗斯兰(Anthony Crosland)甚至认为,战后资本主义"已经全然改观,再也认不出它的本来面貌了"②。尤其是与战争期间的危机、贫困和动乱相比,这一时期的资本主义给人们带来了更多的安全感:社会相对稳定,生活更加富裕,社会各阶层在政治、经济上的不平等和差距似乎在不断缩小,阶级矛盾呈现逐渐缓和的趋势。整个西方资本主义的发展似乎繁花似锦、一片光明。正是在这一背景下,许多资产阶级学者宣称,战后资本主义已经进

---

① Donald Sassoon, *One Hundred Years of Socialism. The West European Left in the Twentieth Century*, London: Fontana Press, 1997, p. 191.

② [英]艾瑞克·霍布斯鲍姆:《极端的年代》,郑明萱译,江苏人民出版社 1999 年版,第 406 页。

入了一个物质上极端富足的"丰裕社会";人们对资本主义的政治统治,如社会福利、国家经济计划和调节以及为维持充分就业和减小不平等而实行的再分配政策等,已经形成了广泛"共识";"'左'与'右'的论战已经丧失了意义"①,阶级斗争的意识形态已经终结;一个普遍一致的"大众社会"已经来临,等等。

但果真如他们预言得那般乐观吗?实际情况似乎并非如此。即使在战后资本主义发展的鼎盛时期,社会内部的诸多传统矛盾依然存在。社会贫富不均、失业、通货膨胀等问题虽然由于经济的发展而大大缓和,但仍然相对突出。经济学家罗宾逊(Joan Robinson)就将贫困问题称做"富裕中的贫困"现象,认为战后25年中,财富的增加与贫困的增长并驾齐驱,指出"当经济在上层继续进行时,愈来愈多的家庭在下层则被驱逐出来。虽然财富增加了,但绝对贫困却增长了"②。在现实社会中,资本主义也绝非风平浪静,依然动荡不安。早在"二战"结束时,为反对政府和雇主的反劳工、反工会政策,在美国、联邦德国、意大利和日本等国发生了有数百万人参加的罢工运动。50—60年代,西方国家连续发生提出鲜明政治和经济要求的大规模工潮,如1959年爆发的美国钢铁工人大罢工历时116天,斗争指向如何分配因生产率提高而带来的收益问题,工人要求增加工资、缩短工时,保卫自己的就业权利;60年代末意大利在经济发展的情况下仍有近200万工人失业,引起工人的强烈不满,他们在1969年秋季发动两次规模空前的大罢工,分别有1800万和2000万人参加,罢工持续了3个多月,形成了历史上著名的意大利

① [美]丹尼尔·贝尔:《意识形态的终结》,张国清译,江苏人民出版社2001年版,第3页。

② [英]琼·罗宾逊:《经济理论的第二次危机》,载《现代国外经济学论文选》第1辑,商务印书馆1979年版,第13页。

"热秋"。在法国也出现了大规模工潮，其中就包括1968年的"五月风暴"，高潮时有1000万工人参加。100多个工厂被工人占领，生产、交通和通信陷入停顿，国家经济和社会生活近乎瘫痪。戴高乐政府不得不宣布解散议会，重新举行全国大选。

在传统社会矛盾依然严峻的同时，经济发展也产生了许多新的问题和矛盾。如从工业社会向后工业社会的迅速转化，带来了人的异化、社会统治的异化、环境污染的加剧；而随着社会价值观念从物质主义和消费主义转向后物质主义，人们也对社会自由、平等、正义提出了新的要求。这些问题和矛盾在实践中直接引发了西方新一轮社会运动的高潮，从社会各个层面对当代西方形成了更为猛烈的冲击和挑战。从这个角度说，"共识政治"显然并不共识，意识形态也未终结，物质上极度饱和的"丰裕社会"仍然面临着深刻的危机。

二 "丰裕社会"的内在矛盾与危机

经济社会发展所引发的新问题和新矛盾，与工业社会的高速推进有很大关联。战后资本主义经济的繁荣，是建立在工业生产迅猛发展的前提和基础之上的。而工业生产的发展，则依赖于科学技术和工艺制度的进步。生产中新技术、新工艺的广泛采用，在大大提高了劳动生产率的同时，也不可避免地带来诸多破坏性后果：一方面，它加深了人的异化，造成了人的压抑。由于工艺技术日益成为社会生活中的一种决定性因素，个人在庞大的机器世界和自动化程序面前的无能力感大大增强了。技术的进步在越来越大的程度上取消了个人在创造财富和从事服务时自由作出决定的需要，个人逐渐变成了生产消费品的奴隶和附属品。而且科学技术越发达，生产出的产品越多，个人受制于科学技术和产品的程度就越强。此外，自动化和机械化不仅在工厂中而且在家庭里，用人与机器的联系代替了人

73

与人的联系，在传统手工劳动基础上培养起来的人与人之间的深厚感情丧失殆尽，人们之间的疏离冷漠随之而生，紧张关系日益增加。这些被马尔库塞称为科学技术对人的"攻击性"的现象，使个人在工业社会中感到了一种难以名状的压抑，致使许多人对传统的经济发展目标，如生产至上、效率第一等提出质疑，甚至对科学技术本身丧失了信心。

另一方面，科学技术的发展也造成了环境污染和生态平衡的严重失控。生态问题虽然古已有之，但很大意义上却是一种工业社会现象。自工业革命以来的200多年间，由于人类对生态演进的大规模干预，生态环境问题日益突出。尤其是20世纪50年代掀起新一轮技术革命的狂澜以来，急速发展的生产力对自然资源的滥用更甚，对生态环境的破坏更大，从而造成了更为严重的生态后果。正如加尔布雷斯（John Kenneth Galbraith）指出的那样，战后环境污染问题的蔓延，是由技术发展引发社会"丰裕"而带来的必然社会失调现象，"财富越多而污染就越严重，将成为西方社会发展的必然趋势"①。

官僚统治和消费社会的异化，也是经济发展带来的重要社会后果。从理论上看，战后西方的经济繁荣，很大程度上有赖于凯恩斯理论的积极作用。而凯恩斯主义的核心，是主张国家在经济发展中扮演重要角色，强调国家对经济生活的干预。在实践中，国家干预作用的不断加强，使得国家集权得到强化。国家的经济、政治特权高度集中且等级化，而资本主义崇尚的个人价值和地位受到了极大削弱。与此同时，经济发展所缔造的消费社会也问题重重，出现了惊人的浪费、膨胀的消费欲望、堕落的大众文化以及滋生蔓延的吸毒和犯罪行为等千奇百怪的颓废景观。资本

---

① ［美］约翰·加尔布雷斯：《丰裕社会》，徐世平译，上海人民出版社1965年版，第178页。

主义在物质文明迅速发展的同时，精神文明却远远落后。人的精神生活极度匮乏，完全被塑造成了追求物质享受的商品的奴隶。整个社会的异化及其造成的对人性的压抑，成为丰裕社会内部各种冲突和危机的最为深刻的根源。

此外，经济社会的发展还在资本主义上层阶级内部引发了新的矛盾和冲突。不可否认，由战后经济发展所推动的文化和教育事业的广泛普及，尤其是被视为"中产阶级子弟进身阶梯"的大学教育的飞速扩张，使得中产阶级家庭出身的青年人的社会地位大大下降了。在美国，1940年只有20%的18—20岁的青年在大学里读书，而到50—60年代时，大学生已由220万增至700万以上，接近同期适龄青年学生的50%。同一时期，欧洲国家大学生的增长也相当迅速（参见表2.1）。高等教育的平民化，使得大学已不再是"培养思想贵族的场所"，而成了一个"生产某种工业和政府所需产品的工厂"①。大批学生在毕业后不再具有跻身上流社会的机会，而面临沦为工人甚至失业的危险。社会地位的失落，加之对于僵化、恶劣的教育体制的强烈不满，使得青年学生倍感痛苦和压抑。他们将身心压抑的原因归之于资本主义工业社会本身，进而起来反抗这个"非人性化的"工业社会。在繁荣和富裕中成长起来的中产阶级子弟，成为反叛丰裕社会的主要领导和组成力量。

上述问题和矛盾，引发了人们对战后资本主义统治形式及其发展模式的广泛质疑和批判，并直接造成了60年代一场大规模的自发性反抗工业社会的激进主义运动的兴起和高涨。60年代的抗议风潮，尤其是新左派运动的斗争实践，推动了一种崭新的参与民主理念的产生。诚如卡宁海姆指出的那样，"在北美，关于参与民主的主要阐释……完全是由60年代中期的对立政治事

---

① 赵林：《美国的新左派运动述评》，载《美国研究》1996年第2期。

业带来的启示"①。

表 2.1　　　　1949—1969 年间欧洲主要国家大学生的增长

	学生数			百分比变化	
	1949	1959	1969	1949—1959	1959—1969
比利时	20000	29000	70000	+ 45. 0	+ 141. 4
法　国	137000	202000	615000	+ 47. 4	+ 204. 4
荷　兰	29000	38000	94000	+ 31. 0	+ 147. 4
意大利	146000	176000	488000	+ 20. 5	+ 177. 3
瑞　典	15000	33000	115000	+ 120. 0	+ 248. 5
英　国	103000	120000	243000	+ 16. 5	+ 102. 5
联邦德国	105000	196000	376000	+ 86. 6	+ 91. 8

注释：1949 和 1959 年法国的数据包括阿尔及尔的大学。瑞典的数据包括所有高等教育机构。

资料来源：根据 Donald Sassoon, *One Hundred Years of Socialism. The West European Left in the Twentieth Century*, London：Fontana Press, 1997, p. 394 整理。

第二节　　"新"运动的兴起与参与民主

60 年代的抗议运动及其后出现的新社会运动，是当代西方社会运动的主要实践形式。所谓 60 年代抗议运动，也有学者称为"1960 年代抗议周期"②，是对 20 世纪 60 年代出现的、具有广泛社会影响的民权运动、新左派学生运动、反战运动等一系列社会运动的总称。这些运动虽然抗议主题有别，但相互交织、相互影响，开启了与传统社会运动迥然相异的制度内反抗斗争潮

---

①　Frank Cunningham, *Theories of Democracy. A Critical Introduction*, London and New York：Routledge, 2002, p. 141.

②　Suzanne Staggenborg, *Social Movement*, Oxford University Press, 2008, p. 43.

流。这一时期的抗议运动，尤其新左派运动，对当代参与民主的发展产生了直接影响。正是在新左派运动的斗争实践中，提出了参与民主理念，这一理念随着运动的展开及其在当代西方形成的广泛参与动员不断深化。新左派运动是当代西方参与民主最初的实践来源。

一 新左派运动：参与民主的实验

20 世纪五六十年代，新左派运动风靡欧美社会。这场以青年和知识分子为主体的激进社会运动，将强烈的政治要求与对资本主义伦理和社会的否定相结合，矛头直指资本主义现实社会，激烈抨击和反抗西方发达工业社会对人性的压抑、摧残，并试图在斗争实践中找到一条通往民主、自由的理想社会的新道路。这场运动给处于"黄金时代"的资本主义带来极大震撼，不仅打碎了战后资本主义引以为傲的和谐共识的假象，还直接影响到资本主义统治的连续性、稳固性。同时，运动的发展，也使得作为一个专门术语的参与民主得到广泛传播，成为人们耳熟能详的语汇。可以说，参与民主是新左派运动最重要、最直接的思想成果。

（一）新左派运动的发展演化

新左派运动是一个相当笼统的概念，很难对其下一个明确定义。其原因可能正如英国学者唐纳德·萨松（Donald Sassoon）所说，"就运动本身而言，它并不连贯，并不统一，总是难以轻易归类"①。根据国内外众多观点，这里给出一个简单概括，以便于下文的分析说明，即新左派运动是指五六十年代与包括所谓正统马克思主义者及其政党、劳工组织、托洛茨基分子等在内的老左派相区别的左派人士及其组织，在政治、社会、心理以及文

---

① Donald Sassoon, *One Hundred Years of Socialism. The West European Left in the Twentieth Century*, London: Fontana Press, 1997, p. 388.

化方面的立场、态度和行动等。

总的来看，新左派运动始于 50 年代中后期，经历了 60 年代的大发展以及 60 年代末的激进化时期，在 70 年代后逐渐衰落。

一般认为，作为一种世界现象的新左派运动发轫于英国。最初的运动，很大意义上只是知识分子在其领域内的思想文化批判运动。英国新左派运动的兴起，[①] 直接诱因是 1956 年发生的两件震惊世界的大事：苏军入侵匈牙利和英法联军入侵苏伊士运河。它们给左派知识分子造成了巨大的思想冲击，使他们对西方资本主义民主制和苏联的社会主义产生了双重幻灭。在这种情况下，以 E. P. 汤普森（E. P. Tompson）、克里斯托夫·希尔（Christopher Robert Hill）、雷蒙·威廉斯（Raymond Williams）为代表的左派知识分子以及当时一些信奉社会主义的学生如佩里·安德森（Perry Anderson）等，向以英共为首的老左派提出挑战，要求适应新时代的需要，积极更新社会主义的理论和实践，创设民主社会主义的政治制度。在此后将近 20 年时间里，他们以《新左派评论》为理论阵地，发扬文化批判的传统，针砭时弊，批判当代资本主义，为激进社会意识的塑造作出了贡献。

进入 60 年代后，随着民权运动、反越战运动以及学生运动的迅速崛起，新左派运动越出了偏安一隅的小岛，席卷美国和欧洲大陆。这一时期的新左派运动，不再只局限于单纯的思想理论

---

① "新左派"一词的产生与其实践几乎同步。它是法国人克劳德·布尔代（Claude Bourdé）的发明。1956 年，一批英国马克思主义知识分子造访巴黎。他们与布尔代的观点不谋而合：既痛恨苏联的专制，又反对西方的社会民主制；既信奉马克思主义，又与西欧共产党保持着距离。因此，布尔代将其称为新左派，此后该名称沿用下来。See Lin Chun, *The British New Left*, Edinburgh University Press, 1993, p. xviii.

批判，而发展成为一场实践的政治文化反抗斗争和民主运动。青年学生成为运动的主力军和主要领导组织力量。在运动中，如雨后春笋般地涌现出形形色色学生团体和组织。其中，最具代表性和影响力的，是美国的"学生争取民主社会组织"（Students for a Democratic Society, SDS）。这里以 SDS 的发展演变为例，来说明新左派组织在运动中的作用及其影响。

SDS 成立于 1959 年，是在密歇根大学的约翰·杜威研讨社基础上产生和发展起来的。在成立最初的几年里，它围绕组织、宣传民权运动以及反对大学制度的弊端等内容展开了大量活动，但却并没有产生多大号召力，也没有赢得广泛社会反响。在这个阶段，SDS 制造的最具社会影响力的事件，是 1962 年在休伦港集会上通过的长达 62 页、并在此后五年间刊行超过一百万份的《休伦港宣言》（Port Huron Statement），该宣言被誉为"新左派的第一篇宣言"①。1965 年，在对越战争日益升级的情况下，SDS 率先倡导美国民众发起向华盛顿的反战进军，此后它在社会各界尤其是青年人中的声望不断提高。1967 年后，SDS 内部逐渐出现分裂迹象，并在 1969 年正式分裂为相互对立的两派，其中的一个派别"气象员"（Weatherman）成为 SDS 的主要力量。"气象员"背离了早期 SDS 的非暴力主义主张，公开鼓吹暴力思想和恐怖主义。它提出的两个危言耸听的口号，即"如果你不相信枪支和暴力，你就不是革命者"以及"把战争移到本国来打"②，充分体现了它的暴力主义立场和倾向。

SDS 在 60 年代的发展，代表了新左派运动在这一时期发展变化的一般趋势和特点，即青年学生及其组织成为运动的主导力

①　Massimo Teodori（ed.），*The New Left*：*A Documentary History*，London：Jonathan Cape Thirty Bedford Square，1970，p. 163.

②　［美］威廉·曼彻斯特：《光荣与梦想》，朱协译，商务印书馆 1980 年版，第 1450 页。

量；各青年组织从起初的默默无闻，到经过实践斗争的洗礼而不断发展壮大；运动从最初倡导非暴力的和平斗争，逐渐演化为激进的暴力抗争。这种发展趋势的结果，最终导致了 60 年代末整个新左派运动的激进化转型。

60 年代末期呈现的运动激进化，具体表现为遍及欧美主要资本主义国家的大规模学生以及工人"造反运动"。在诸多激进运动中，规模和影响最大的，是震动了整个世界的 1968 年法国"五月风暴"。"五月风暴"最初起因于巴黎大学南特莱学院学生发起的一次抗议政府逮捕学生的集会，后来斗争蔓延至整个社会，妇女、工人以及其他社会阶层都卷入到运动中来。他们罢课、罢工、游行示威、占领学校和工厂，甚至同警察进行面对面的武力斗争。斗争导致工厂停产、商店银行停业、海陆空交通全部中断，整个法国的日常生活几乎陷入瘫痪境地。面对这种混乱局面，资产阶级政府迅速作出反应，利用军事镇压、分化瓦解等手段，很快平息了这一混乱的态势。这样，只经过短短一个多月时间，一场轰轰烈烈的学生和工人运动风潮就匆匆落下了帷幕。

"五月风暴"的终结，标志着新左派运动高潮的结束。在此之后，虽然偶有激进暴力活动出现，如砸毁店铺、扰乱交通、与警察发生冲突，甚至进行谋杀和炸毁建筑物等，但作为整体的新左派运动逐渐偃旗息鼓。到 70 年代的时候，除了一些知识分子仍在坚持文化抗争之外，运动基本上销声匿迹了。

（二）参与民主：新左派运动的核心价值

新左派运动产生的社会影响有多方面，而其中最重要的影响之一，就是使作为运动核心价值的参与民主思想和精神在整个西方世界流传开来。参与民主成为此后十多年间的一个流行术语。

参与民主之所以成为新左派运动的核心价值，很大程度上由其成员的"富裕和内疚的经济背景，幻灭和无力的政治背景，异化和忧虑的文化背景"①所决定。作为新左派运动主要成员的青年学生，大多出身于相对富庶的中产阶级家庭。他们接受过良好教育，但却普遍对其学习、生活环境感到不满、厌倦和失望，迫切渴望摆脱现状，追求更为美好、理想的新生活。正如《休伦港宣言》中指出的那样，"我们这一代人，在至少称得上舒适的环境中受教养，现在生活在大学中，不安地注视着我们所继承的世界"②。青年学生的这种阶级、社会和文化背景，决定了他们必然具有完全不同于老左派的许多新特点，例如，他们不是产生于贫困而是产生于富裕；他们反对的目标不是资本主义经济制度，而是其权力结构和价值体系；他们倡导的不是阶级斗争，而是人类的理性、自由和爱；他们追求的不是社会主义和共产主义，而是社会全体成员参与经济和政治管理的"参与民主"。

新左派的参与民主主张，建立在对人类以及人类关系的认识和分析基础之上。新左派将人本身视为具有无限发展潜力的珍宝。他们坚决反对 20 世纪关于人的统治性概念，即运用"去人性化"方法，把人化约为物的存在，认为个人只能是被操纵的对象，而并不能指导处理自己的事务。在他们看来，人具有自我培养、自我指导、自我理解以及创造性潜力。正是这些发展潜力，而不是暴力、非理性以及臣服权威的可能性，对人的发展具有至关重要性。在新左派看来，人类和社会发展的目标应该是实现人的独立。所谓人的独立，并不是普遍的想象，而是要发现一种令人可以信赖的生活的意义；不是为无权力感所驱动并接受现状的思想特质，而是完全自然地接受过去和现在的经历，能够轻易地将碎片化的个人历史黏结起来，能够公开面对那些麻烦的、

---

① John P. Diggins, *The American Left in the Twentieth Century*, New York, 1973, p. 176.

② Massimo Teodori (ed.), *The New Left: A Documentary History*, London: Jonathan Cape Thirty Bedford Square, 1970, p. 165.

尚未解决之问题的思想状态；它是一种对于可能性的直觉意识，一种积极的好奇心，一种学习的愿望和能力。新左派尤其指出，强调人的独立性并不是主张发展以自我为中心的个人主义，也不是对人的神化，而只是信赖人自身的发展潜力。

在对人自身作出这种理解的前提下，新左派进一步考察和分析了人类关系。他们认为，基本的人类关系应该包括友爱和诚实。当代社会的一个基本事实，是人类的相互依存。因此，为了未来的生存，必须在人与人之间发展一种作为最恰当的人类关系形式的相互友爱。但是，孤独、疏远和隔绝却使当代人与人之间的关系拉开了距离。这种发展倾向不能通过更好的人事管理以及某些改良手段来克服，而只有人类之爱才能解决人对物的盲目崇拜。新左派在这里强调的人类之爱，具体是指一种无私精神。当然，他们也指出，无私并不是要自我消灭，反对人与人之间的隔绝也不是支持取消隐私权，他们所信仰的是在与他人以及所有人类行为的关系中烙印下个人特质的宽容精神。

这样，新左派以一种植根于爱、思索、理性和创造性的权力，取代了植根于财产权、特权和环境的权力。正是在这一基础上，他们提出了建立一个以个人参与的民主（a democracy of individual participation）为主要特征的社会制度的设想。这一社会制度的实现，取决于两个核心目标，一是个人参与那些决定他的生活特性和方向的社会决策；二是社会被组织起来鼓励人们的独立性并且为他们的共同参与提供媒介。

在《休伦港宣言》中，新左派具体构设了这种参与民主社会的政治、经济和其他社会制度的基本原则。在政治生活中，要求重要社会问题的决策由公众集体作出；政治应该被视为创造一种可以接受的社会关系模式的集体艺术；政治具有使个人摆脱隔绝状态，进入社群的功能，因此政治是发现个人生活意义的一种虽然并不充分但却必要的方式；政治秩序应该能够为个人的不满和渴望提供表达的途径；反对观点应该被组织起来以说明不同的选择并促进目标的实现；应该能够获得一些将个人与知识和权力联系起来的共同渠道，从而使一些私人性问题如人的异化等，能够作为总体性问题得以阐明。

在经济领域，工作应该涵盖除金钱以及生存之外的更富于价值的其他动机。它应该是教育性的，而不是徒劳的；应该是创造性的，而不是机械性的；它应该是自我指导的，不受操纵的，能够促进独立、对他人的尊重、尊严感以及愿意接受社会责任等，而这些经历将对习惯、洞察力和个人伦理的形成产生至关重要的影响。此外，正是因为经济本身具有特殊社会意义，因此其主要资源以及生产方式应该是民主参与和民主社会调控的。

其他社会制度，如文化、教育制度，也应如同政治、经济制度一样，在将人的幸福和尊严作为一种基本措施的前提下，普遍组织起来。

（三）作为一种手段和方法的参与民主

从新左派的观点可以看出，其参与民主主张很大程度上是对当代资本主义所丧失的一些基本价值，如自由、社群意识、参与权以及自我控制权等的重申和呼求。在新左派看来，战后西方社会的经济、政党、大众传媒以及教育制度等领域，基本上是按照排除了个人参与和控制的权威主义原则组织起来的，充斥着一种官僚化和集中化的发展倾向。在自由主义意识形态基础上，资本主义发展出了一套褊狭的统治结构：其代议制民主是一种反民主的操纵人民大众的形式，而丰裕社会也推动了强大官僚机构以及家长式压迫的形成。在这种统治形式下，人性受到压抑和束缚，人与人之间的关系疏离、隔绝，大众规避政治参与，民主政治的优势荡然无存。从这种认识出发，新左派的斗争目标之一，必然是要求同这种压迫和统治形式进行抗争，以恢复民主理念的价值目标和道德标准。而作为其思维逻辑发展的必然结果，参与民主成为他们构建新的民主体系的支撑和落脚点。

但是，在新左派那里，参与民主社会不是通过激进的或暴力式的社会政治革命，而是经由传统的政治、经济体系改革以及市民社会的更新来实现的。他们的主张，如恢复黑人和移民劳工的公民权，呼吁对官僚化、权威化的议会和政党组织进行改革，倡导由公众集体决策重要社会问题等等，更多地表现为一种改革而不是革命吁求。而且，他们在勾画其参与民主蓝图时，也不是在为未来新社会的发展设计一个完整的理论模式，它在更大程度上是一种斗争手段和方式，是为了向资本主义权威和异化统治提出挑战，并尝试在不同社会领域推动并实践参与民主方法的可能性。因此，有学者将新左派的参与民主视为"一种政治哲学，而不是意识形态；一种激发政治行动的方法，而不是对于未来社会的系统化设计"①，基本上正确阐释了这一思想的性质和内涵。而这样一种界定，也与 60 年代整个新左派运动作为"一场没有政治革命的文化革命"的评价相契合。

当然，参与民主并非只是一种形式或口号，新左派也曾积极将其思想付诸实践。例如，在《休伦港宣言》发表之后的几年，SDS 成员纷纷走出象牙塔，在北部城市的少数民族聚居区进行实践参与民主的宣传鼓动活动；而另一重要学生组织"学生非暴力协调委员会"（the Student Non-Violent Coordinating Committee, SNCC），也在南部乡村尝试将黑人组织起来。他们积极呼吁政治参与，倡导不仅要参与政府机构，也要参与包括学校、医院、基金会等在内的官僚制度。② 这些斗争实践，极大推动了参与民主理念的流行和传播。

---

① Massimo Teodori（ed.）, *The New Left: A Documentary History*, London: Jonathan Cape Thirty Bedford Square, 1970, p. 50.

② Peter Levine, *The New Progressive Era. Toward a Fair and Deliberative Democracy*, Rowman & Littlefield Publishers, 2000, pp. 51—52.

总而言之，参与民主是新左派运动的一个重要思想成果，它一定意义上起到了新左派运动行动指南的重要作用。在实践中，参与民主的思想方法不仅激发起大量政治行动，而且通过相关民主问题及其解决方案的提出，极大丰富了运动本身的实践经验。虽然从整体上看，新左派运动的参与民主并不是一种系统化的理论设计，它只是提出了一些原则性构想，但它至少揭示了资本主义社会的统治状况，指出在个人与组织化的社会机制之间等级关系的存在。实际上，也正是这一思想的提出，促使左派政治理论重新运用参与方法来解决民主政治理论及其实践中存在的问题。

二 新社会运动与参与民主

20 世纪 70 年代后，新社会运动（New Social Movements, NSMs）异军突起，成为当代西方最显著的社会政治现象之一。同新左派运动一样，新社会运动也不是一个统一的、具有明确内涵的组织和运动，它是对当代西方组织庞杂、类型多样的各种抗议运动的笼统称谓。正是因为运动本身的复杂性、广泛性和包容性，使得国内外理论界的相关研究，例如关于新社会运动的起因、范式、社会影响等的研究，普遍存在争论。但无论如何，作为西方社会产生的一种客观的群众性运动，它被越来越深广地纳入政治视野。多数研究者都承认：作为一种动员起广泛社会力量的群众性运动形式，新社会运动在客观上对当代西方社会结构和政治生态的演变产生了巨大影响。

（一）新社会运动的勃兴

到 60 年代末，随着抗议运动组织内部矛盾的不断显现、一些激进派别暴力行动的升级、右翼组织的激烈对抗以及来自政府的巨大压力，曾经动员起广泛集体行动的 60 年代抗议运动开始落潮。但是，这场运动在当代西方仍然显现出长期、持续的影响力。这一方面表现为它对西方统治性文化的冲击和挑战，正如弗雷泽（Ronald Frazer）指出的，"学生反叛运动的重要成果之一，是西方1968年一代以及随后几代人身上所展现出的对权威的蔑视，对贬抑人性的制度和价值的不顺从，以及对人权的意识"①；另一方面则体现为对新社会运动的深刻影响。正是在这场运动的实践中，那些60年代积极参与民权运动、新左派运动以及其他形式运动的女性、同性恋者、环境保护人士等等，开始思考他们作为女性和社会边缘人群遭受的压迫，逐渐累积了对社会现状的不满，并扩大了自己的斗争意识和组织基础。在急进的抗议风潮平息后，这些60年代运动的参加者成为了新一轮争取权利、平等、正义的社会运动的缔造者。他们把在60年代运动中学到的斗争技巧和经验，把60年代运动采用的组织框架和战略策略运用到新的斗争实践中。从这个意义上说，60年代运动为新社会运动的兴起提供了最重要、最直接的组织基础、联系网络和斗争经验。在60年代精神的激励下，形形色色的激进人士组织起来，推动了波澜壮阔的新社会运动在西方社会的全面兴起。

所谓新社会运动，正如汉克·约翰斯顿（Hank Johnston）所概括的，主要是指西方70年代以来大规模崛起的和平运动、学生运动、反核抗议运动、少数民族的民族主义运动、同性恋权利、妇女权利、动物权利、选择医疗、原教旨主义宗教运动、新时代运动、生态运动，等等。② 这些新社会运动席卷西方、此起彼伏、绵延不绝，以致有西方学者用"社会运动社会"（Social movement society）的概念来描绘当代西方这一社会发展态势。

一般说来，生态运动、女性运动、和平运动、第三世界反经济帝国主义的斗争、反种族主义运动，是新社会运动的五种最基

---

① Ronald Frazer, *1968：A Student Generation in Revolt*, London：Chatto & Windus, 1988, p. 317.

② Hank Johnston and Albert Melucci, *New Social Movement*, Temple University Press, 1994, p. 3.

本的运动形态。其中，又以生态运动和女性运动为最成熟、最主要的两种运动形态。[①]

生态问题并非起源于当代，但却随着"二战"后科学技术的飞速发展、生产能力的极大提高以及生产规模的无限扩张而变得日渐突出。面对日益严峻的环境污染和生态失衡，尤其是1973年石油危机后欧美发达国家核电计划的出台，西方社会掀起了新一轮环境保护浪潮。绿色和平组织、地球之友、自然之友、世界卫士、环境保护绿色运动、未来绿色行动、第三条道路等群众性的生态组织和公民团体纷纷涌现。这些组织的共同特点，是不满现状，怀疑工业化社会盲目增长的动机和意义，主张实行生态经济，反对核扩散。虽然这些组织都是自发性的，但由于提出的倡议深得人心，因而发展迅速。例如，在原联邦德国，仅"环境保护——全国自发组织联合会"在70年代初就拥有1000多个网络组织，成员约30万。它们高呼"回到大自然"等口号，动员起千千万万的欧美民众走上街头，在西方各大城市举行示威，向决策部门施加压力和影响，要求政府重视并采取有力措施保护环境。它们还发起组织了多次全欧反核大游行，反对核威胁、核污染和各种形式的生态破坏。

70年代的女性运动，是继19世纪为争取女性投票权、教育权、财产权的社会改革而兴起的第一波女性运动浪潮之后出现的第二波运动浪潮。这场新的女性运动，一方面源于妇女受教育人数和劳动参与的增多而造成的女性社会作用的大幅度提高，另一方面则是经济发展带来的女性独立性增强以及女性意识进一步觉醒的结果。运动无论在规模上还是内容上都是前所未有的：运动不再只局限于少数社会精英，而是涵盖了普通公职人员、教师、

---

① Lawrence Wilde, *Modern European Socialism*, Aldershot: Dartmouth Publishing Company, 1994, p. 10.

学生、工人、农民甚至家庭妇女在内的各行各业的广大妇女；斗争的主题也不再局限于传统的政治权利和经济权利，而是扩展到社会的方方面面。在政治上，提出不仅要进一步扩大女性的法律权利，更重要的是为女性参政议政创造政治机制；在经济上，提出要为妇女创造更多的就业机会，消除某些行业对女性的排斥，彻底消除男女同工不同酬现象；在社会问题上，提出要重新建立"家庭"概念，妇女在家庭中不再充当贤妻良母式的处于服从和被支配地位的角色，而是要扮演与男性同等的角色。这场新的女性运动最突出的特点，是强调女性的个性解放。运动向传统挑战，反对社会从法律、道德等方面对女性个性的禁锢，要求修改法律，赋予妇女在生育和个人生活方面的自我选择权。第二波女性运动浪潮规模宏大，波及各主要发达国家。到70年代末期，仅英国就拥有9000多个女性协会，美国、加拿大都涌现出大量女性组织。

这些新形式社会运动的广泛兴起，揭开了后40年西方新社会运动发展的序幕。随着运动的迅速推进，西方国家的传统政治格局受到了极大挑战。萨松这样描述道："在20世纪70年代和80年代，不仅仅是阶级受到了挑战，而且那种认为所有政治区分都能在左—右翼谱系中找到位置的观念也被质疑。人们宣称如此区分的时代已经结束了。超越了左和右的新的问题被年轻的'后物质主义的'人群提了出来，他们想当然地认为西方社会已经取得了物质富足。据说一种新的个人主义，或者说新的'主体性'，挑战所有的'旧'政党、代议制民主、家长制统治、大西洋主义和对增长的沉迷。"① 新社会运动大大改变了西方社会的政治景观，对当代西方的民主政治理念及其实践更是带来前所

---

① Donald Sassoon, *One Hundred Years of Socialism*: *the West European Left in the Twentieth Century*, London: I. B. Tauris Publishers, 1996, p. 670.

未有的巨大冲击。

（二）新社会运动的参与民主特色

多数新社会运动的研究者认为，新社会运动之所以是一种"新型的"运动，根本原因在于它的斗争主题、组织形式、参与力量以及价值取向，与传统社会运动迥然相异，展现出新的运动形态，并推动了社会运动的新的发展走向。所有这些无疑都是新社会运动作为一种"新"运动形式的具体体现。笔者在这里强调的是，新社会运动之"新"，还表现在它与参与民主的深刻关系之中。与传统的社会和政治运动相比，当代新社会运动充满着强烈的参与民主精神。新社会运动继承了新左派运动的参与民主理念，同时也使之得以深化和拓展。在新社会运动那里，参与民主已不再仅仅只是一种斗争的方式和手段，而更加内化至具体的斗争目标、价值诉求、行动方式、组织结构等各个方面。新社会运动本身带有浓厚的参与民主色彩。正是在这一意义上，新社会运动也是一场争取并实践"参与民主"的运动。

1. 斗争目标

新社会运动是针对晚期资本主义的社会矛盾和冲突而发起的抗议和斗争。它所关注的社会问题与传统工人运动的阶级斗争指向不同。诚如威尔德（Laurence Wilde）所言，新社会运动源于冷战、核能利用、妇女遭受压迫、生态危机、少数人群遭受压迫以及经济帝国主义的发展所引起的新冲突，它"既是由经济和政治合理化引起的新抱怨，也是富裕的社会正在上升的期望和正在变化的价值选择"①。因此，新社会运动质疑的，不是阶级对抗以及造成这种对抗局面的经济再分配问题，而是资本主义工业社会发展所形成的以财富为导向的物质主义目标。它反对资本主

---

① Lawrence Wilde, *Modern European Socialism*, Aldershot：Dartmouth Publishing Company, 1994, pp. 99—101.

义工业化的后果，批判日常生活的异化，强调生活质量和生活方式的提高与改善。

这一斗争指向反映在政治上，则具体表现为反对集权性、等级性以及职业取向的科层体制，尤其要求变革资本主义代议制的民主结构。在新社会运动看来，当代西方的代议制民主实质上只是政党斗争，它极大限制了公民参与国家和社会治理的权利，从而导致公众对参与政治活动存在着"一种特别强烈的厌恶情绪"。而只有实行直接民主，才能唤起人们的政治热情，促进真正民主化的实现。新社会运动的直接民主主张，具体体现在支持政治权力的分散化，主张发展地方民主和基层民主，倡导建立自助团体以及合作模式的社会组织，号召人们自己组织起来，增强责任感并掌握自己的生活等方面。这些主张显然带有鲜明的参与民主特色。正如科恩（John Cohen）指出的那样，"由运动含蓄地（有时是直接地）提出的自我捍卫和民主化主题……是当代民主化斗争中最显著的因素"①。

2. 价值诉求

新社会运动的价值诉求是多层面的，但各种价值取向大都以"自主"和"认同"为中心。② 一方面，新社会运动强调人的自主性。它反对官僚化等级结构的统治和压迫，抗议政府对生产生活的管制和干预，主张个人自决，强调对人的价值的尊重。另一方面，新社会运动倡导认同政治。虽然"认同"并非新社会运动的发明，先前的社会运动也关注认同问题，但它却是新社会运动最显著的特征。与其他各种社会运动相比，新社会运动在认同问题上的独特之处，在于它认为"认同本身在根本上

---

① John Cohen, "Rethinking Social Movement", *Berkerley Journal of Sociology*, Vol. 28, 1983, p. 102.

② Nelson A. Pichardo, "New Social Movements: A Critical Review", *Annual Review of Sociology*, Vol. 23, 1997, p. 414.

应该关注政治问题", 这样, 新社会运动的认同政治"就史无前例地将诸多非政治领域政治化了"①。其中, 最具有特色的主张是"个人即政治"。把个人与政治直接联系起来, 代表着对国家统治霸权的激进挑战, 表明了要求摆脱个体压抑, 恢复个体自由的日常生活的坚定立场。显然, 无论是自主还是认同, 很大程度上都体现了参与民主反对压制、尊重人的本性的道德价值和标准。

3. 行动方式与策略

新社会运动的行动方式与策略是其斗争目标和价值诉求的反映。它关于非代议制的现代民主主张, 以及对于个人价值的信仰, 与其反体制的行动和策略导向在根本上是一致的。在行动方式上, 新社会运动更喜欢游行、请愿、静坐、进占等体制外的、"非常规的"、直接民主的政治参与方式; 在斗争策略上, 它倾向于在制度化的政治渠道之外, 通过利用分化瓦解策略以及动员公共舆论等方式来获得政治优势。

新社会运动的反制度主义策略, 并不意味着新社会运动本身不参与政治, 或者避免其本身的制度化。实际上, 随着运动的发展演进, 一些新社会运动开始向国家决策层进军, 经常性地参与国家政策制定、实施或决策机构, 试图通过积极的政治参与来改变国家经济、政治的发展进程和方向。在这一制度化转向过程中, 早期采取的制度外远离国家决策程序的斗争形式不再满足运动发展的需要, 有的新社会运动成立了全国性政党以适应斗争内容的转换, 例如 80 年代后绿党在欧洲的迅速崛起。这反映了新社会运动发展方向上的重要变化。② 这里需要

---

① L. A. Kauffman, "The Anti-politics of Identity", *Socialist Review*, Vol. 20, 1990, p. 67.

② 笔者在本书第三章将进行详细分析。

指出的是，行动方式一定意义上的转变，并不能表明本质上作为一种反制度主义运动的新社会运动发生了决定性转向。原因在于：其一，制度内参与并非新社会运动的唯一行动方式，运动的制度化与广泛的制度外斗争共生共存。正如有学者在评价生态运动的制度化时指出的那样，"如果认为环境运动已经历了从一个大众参与的社会运动到一系列制度化的利益团体的变化，那么这种观点就过于简化了。像其他社会运动组织一样，环境运动组织面临着在专业化和大众参与组织形式之间以及传统和非传统的行动形式之间做出选择的问题。这些选择并不是相互排斥的，形式和策略的混合都随时间和地点的不同而变化"①。其二，许多新社会运动参与者在根本上仍然反对通过制度化政治来解决问题。大量经验研究表明，新社会运动的支持者与那些投票支持绿党的人之间，并没有表现出直接一致。② 其三，即使很大程度上已经制度化的新社会运动如绿党，其最终发展目标也并非只是为了赢得选举胜利。它更加强调制度参与的长期性战略意义，把绿党争取国家政权的斗争，视为一种"通过制度的长征"，认为接管国家政权只是建立一个更民主或绿色社会的必要但非充分条件。③ 从这个层面看，反制度主义仍然是新社会运动的一个重要特征。

4. 组织结构

新社会运动的组织方式也表现出明显的参与民主特点。多数新社会运动尝试在它们的组织结构中复制非代议制的政府组织模式。换言之，许多运动团体和组织是通过一种能够避免寡

---

① ［英］克里斯托弗·卢茨主编：《西方环境运动：地方、国家和全球向度》，徐凯译，山东大学出版社 2005 年版，第 3 页。

② Nelson A. Pichardo, "New Social Movements: A Critical Review", *Annual Review of Sociology*, Vol. 23, 1997, p. 416.

③ John Barry, *Rethinking Green Politics*, Sage Publications, 1999, p. 207.

头政治危险的非僵化方式组织起来的：团体成员轮流担任领导、共同投票决定所有议题、建立暂时性的专门机构来解决重大问题。此外，运动也表现出一种强烈的反官僚主义姿态。有学者这样指出，"新社会运动反对政治和经济社会的官僚化，认为这种官僚化窒息了单个公民的参与能力。相反，它们呼吁在文化上实现社会制度的自由转型，给予处于经济商品流通以及官僚化政治组织之外的个人选择和集体自我组织以更大的回旋余地"①。因此，新社会运动的组织形式更多的是对个人需要的反映，它倾向于采取小规模的、分权的、开放的、流动的非等级制组织方式。这与传统工人的斗争方式根本不同。必须注意的是，并非所有新社会运动都采取这种组织形式，一些运动团体如妇女以及各种环境团体，有时也选择传统的集中化和等级制的组织结构。

总之，新社会运动与新左派运动前后相继、一脉相承。它们的兴起和发展，深刻反映了社会条件的变迁及其引发的斗争形式的重要变化。当然，在这里并非要对"新"运动与传统社会运动、工人运动作出孰优孰劣的区分，而只是指出了当代资本主义对抗形式发展与变化的一般特点。从参与民主演进的角度看，正是由于"新"运动的出现，推动了概念化的参与民主的产生。而作为固定术语的参与民主，也正是随着运动的波澜起伏而逐渐扩散开来并不断深入人心。不能否认，"新"运动带来的参与民主思想和理念，极大推动了政治理论的研究和创新。60年代末期以来，政治学研究中一种系统化、理论化的参与民主思想的形成，与"新"运动的实践存在不可分割的直接联系。

---

① H. Kitschelt, "Social Movements, Political Parties, and Democratic Theory", *Annual of American Academy of Political Social Science*, Vol. 528, 1993, p. 15.

第三节　当代理论缘起：20 世纪 60—70 年代的参与民主理论

"新"运动的大众参与实践及其提出的参与民主理念，对当代西方以精英论和多元论为主导的自由主义民主政治理论形成了极大冲击。20 世纪 70 年代前后，在"新"运动提出的参与民主思想基础上，一批左派理论家开始尝试运用参与主义方法，从理论上建构一种被称为"民主的参与理论"或"参与民主"的民主政治理论。他们对社会运动的参与民主理念进行理论整合，对当代自由主义民主进行系统分析和批判，试图从理论上证明建立一个通过公民参与来实现社会各领域管理的"参与社会"的合理性和可行性。

在这一时期，许多学者为建立一个参与民主的社会作出了理论上的努力。虽然他们的理论推演和具体主张存在差异，但在知识背景、理论出发点以及核心理念等方面却存在某些共同点。也正因为如此，有西方学者认为他们构成了一个"参与民主学派"（school of participatory democracy）。[①] 在众多参与民主理论中，具有代表性的是麦克弗森、佩特曼和巴克拉克的观点。下文将围绕他们的理论发展脉络和思想主张，对 70 年代前后参与民主理论的基本观点作出分析和说明。

一　参与民主的自由主义民主批判

当代参与民主理论，建立在对自由主义民主的分析和批判基础之上。参与民主理论家们认为，作为资本主义民主政治之理论

---

①　Jan Leighley, "Participation as a Stimulus of Political Conceptualization", *The Journal of Politics*, Vol. 53, No. 1（Feb. , 1991）, p. 198.

基础的自由主义民主，无论是源于霍布斯、洛克和密尔的古典自由主义民主理论，还是作为古典理论之修正理论的当代自由主义民主理论，如精英论和多元论等，都存在巨大缺陷。正是因为这些缺陷的存在，使该理论不能对当代自由主义民主国家和社会作出合理阐释，因而必须以一种根本变化了的"后自由主义民主"理论取而代之。[1] 他们从不同角度对自由主义民主理论的缺陷进行了论证。

（一）占有性个人主义与自由主义民主

加拿大著名民主理论家、多伦多大学教授 C. B. 麦克弗森，从对占有性个人主义的考察和分析中阐释了自由主义民主存在的问题。

所谓占有性个人主义，是将人理解为其自身及其各种禀赋所有者的政治理论，它是麦克弗森标志性的理论主张。麦克弗森将这一政治理论的起源追溯至 17 世纪，尤其是霍布斯和洛克的政治哲学。他认为，霍布斯抛弃了传统的社会、公正以及自然法概念，转而完全从原子化的个人利益及其愿望出发来推导政治权力。这是一种把个人作为其自身能力的本质所有者的观点，是一种彻底的占有性个人主义主张。正是在占有性个人主义基础上，霍布斯得出了极大限制了个人对社会责任的绝对权力理论，把社会生活变成了为争取个人权力优势而展开的斗争。洛克的理论与霍布斯不同，他主张个人拥有天赋的自由权，并捍卫一种与霍布斯相比有着更多的限制和条件的统治形式。但是在占有性个人主义问题上，洛克与霍布斯的论证却具有本质上的一致性。他甚至在占有性个人主义基础上，"消除了那些过去阻碍着不受限制的资本

---

① C. B. Macpherson, "Post-Liberal-Democracy?", *The Canadian Journal of Economics and Political Science*, Vol. 30, No. 4 (Nov., 1964), p. 487.

主义占有的道德困境"①，发展起一套无限制的绝对财产权理论。这一理论为资本主义私有制找到了辩护依据，而个人拥有无限制的财产占有权，也成为古典自由主义的一个主要观点。

在麦克弗森看来，17、18 世纪自由主义民主理论的一个核心问题，就是如何将自由市场自由主义的无限财产权与大众民主的平等吁求调和起来。但以边沁理论为代表的"保护型民主"以及密尔的"发展型民主"理论，都未能正确有效地处理二者之间的关系。他指出，边沁从功利主义原则出发，赋予了自由主义国家实现功利最大化的职能。国家被认为不仅能够最有效地提供基本的政治功利，如生命安全、个人自由以及财产安全等，而且也能够使整个社会的物质功利最大化。而社会的物质功利，是通过自由市场实现的。边沁主张通过市场来决定物质产品的分配，但在实践中自由市场发展的结果却只能意味着持续的不平等。此外，边沁强调只有个人平等的掌握财富，才能实现整个社会总功利的最大化。但在此同时，他也主张平等必须服从于生产力的发展。而实际上，如果没有不平等的财产，就不会有资本积累的动机；没有资本主义积累，也就没有生产力的发展。因此，麦克弗森认为边沁实际上仍然是在"捍卫无限制的私人财产权"②。这样，自由主义意识形态就不可避免地面临着一种自相矛盾的状况，即并不能把"自由和平等的自由主义价值，与无限制财产积累和无限制消费权的自由主义价值"协调起来。③

被麦克弗森誉为"第一个严肃的自由主义民主理论家"的

---

① C. B. Macpherson, *The Theory of Possessive Individualism. Hobbs to Locke*, Oxford: Clarendon Press, 1962, p. 221.

② C. B. Macpherson, *The Life and Times of Liberal Democracy*, New York: Oxford University Press, 1977, p. 26.

③ Michael Clarke and Rick Tilman, "C. B. Macpherson's Contributions to Democratic Theory", *Journal of Economic Issues*, Mar. 1988, p. 184.

约翰·密尔，其观点与"保护型民主"理论存在根本性差异。密尔反对边沁的社会物质利益最大化标准，不承认市场能够公正地分配幸福，而是强调人的能力，如道德、智力、美感以及物质生产能力的发展和运用的最大化，认为人能够发展他作为一个施加影响者和享受者而不仅仅只是消费者的权利，主张一个好社会应该是能够促进人类发展的社会。麦克弗森指出，密尔的观点远离了市场，拒绝由市场来决定人的价值，并将其他价值置于市场价值之上，这是一种"忠诚于民主的表现"[1]。但是，密尔仍然不能将他的价值概念与他所信仰的政治经济学调和起来。其原因在于，一方面他看到了阶级不平等的存在（正是这种不平等使他的民主方法不能成为现实），但却把这种阶级差异视为一种非本质现象；另一方面，他承认阶级间的权力差异几乎不可能鼓励工人阶级实现自我发展，但同时又认为其所处时代的资本主义在本质上并没有给工人阶级制造一种悲惨的、非人性化的生活条件。

　　在追溯古典自由主义民主理论发展演化的基础上，麦克弗森对当代西方的自由主义民主模式进行了分析批判。[2] 麦克弗森认为，当代占统治地位的自由主义民主模式存在伦理上的不充分性。之所以这样说，是因为这一模式建立在仅仅适用于受市场所驱策社会的人类行为概念之上，它是通过宣称个人功利和权力最大化来证明其自身合理性的。这一模式的潜在基础，源于17、18世纪将人作为无限制消费者的观点，它承认无限制占有商品以及无限制需求的正当性。这样，在自由主义民主模式中，民主就成了为实现政治和经济商品的消费而排除障碍的一种机制。当

---

　　① C. B. Macpherson, "Post-Liberal-Democracy?", *The Canadian Journal of Economics and Political Science*, Vol. 30, No. 4 (Nov., 1964), p.489.

　　② See C. B. Macpherson, *The Real World of Democracy*, New York: Oxford University Press, 1972, and *Democratic Theory: Essays in Retrieval*, Oxford: Clarendon Press, 1973.

然，当代社会也实现了普选权等基本民主权利，但正如麦克弗森指出的，"只要一个社会是以建立无限制财产积累的绝对权利为动机，那么个人能力的天然不平等就会使绝大多数资源集中在少数人手中"①。在市场力量驱动下，社会资源和权利集中于少数精英，则必然否定了多数人获得劳动方式的权利，而这在实际上也就是否认了人的充分民主权，即个人运用和发展其个人能力的权利。

在这里，麦克弗森提出了他的权力转移理论，即个人的权力被榨取并被赋予另一个人的理论，认为那些拥有土地和资本的人享有"榨取权"，而且这些资源愈是集中，榨取权也就愈加集中。权力转移的不断发生，削弱了那些以出卖劳动力为生的人的发展权。因此，自由主义民主模式的功利最大化目标，在实践中也就被置换成阻止大多数人自我发展潜力的实现。换言之，资本主义市场社会的榨取论否认了非资本所有者的充分民主权。在这一意义上，建立在私有权以及市场交换基础上的自由主义民主理论，实际上是一种阶级分裂的、具有本质局限性的民主理论。

通过对自由主义民主理论的解剖，麦克弗森得出了必须创新民主理论的结论。他的以新型参与体系为建设目标的民主理论，具有两个重要特点：一是非榨取性，即民主的发展不依赖于以阶级为基础的权力关系的存在，需要放弃资本主义的财产观及其对市场的依赖；二是发展性，即强调不断扩大个人发展潜力，如个人的道德判断和行为、审美、思考、友谊、爱等能力。按照麦克弗森的说法，他的民主理论需要的不是个人功利的最大化，而是每个人运用和发展这些能力，以及不阻碍他人发展能力之能力的

---

① C. B. Macpherson, *Democratic Theory*: *Essays in Retrieval*, Oxford: Clarendon Press, 1973, p. 17.

最大化。①

（二）自由主义的义务与参与民主

与多数参与民主理论家一样，美国著名民主理论家卡罗尔·佩特曼的参与民主理论框架，也是以对自由主义民主理论及其实践的深刻分析与批判为前提和基础的。例如，她对当代自由主义民主制能够在多大程度上实现个人的"自由和平等"提出质疑，认为"自由和平等的个人在实践中比自由主义理论所认为的要少得多"②，并强调只要某些权利如决策的参与权，如果不能被真正享有，这些权利所具有的自由平等价值就值得怀疑。

佩特曼自由主义民主理论批判中的独具特色之处，是她对自由主义政治义务（political obligation）的阐释和剖析。在佩特曼看来，政治义务不是一个被忽视的议题，但理论家们却并没有对其作出令人满意的解释，因此她尝试从对义务、责任（duty）以及"应该做的事情"（ought to do）的区分中重新建立义务概念。佩特曼认为，所谓责任仅仅与个人的社会角色相联系；"应该做的事情"导因于一些决定性的理由；而只有当某个人对另外一个人或一些人作出承诺时，才会产生义务。如果接受这样一种划分标准的话，义务问题就与合法性、正义和公平等问题区分开来。这样，在一个合法性的国家，我们就只可以说，个人有责任服从国家；如果国家是正义、公平的，那么个人就有理由应该服从国家。但由于义务只是个人自我意愿的表达或承诺，因此我们绝不能说个人有义务服从国家。

那么，哪种形式的承诺可以被认为是"义务性的"呢？佩

---

① C. B. Macpherson, *Democratic Theory*: *Essays in Retrieval*, Oxford: Clarendon Press, 1973, pp. 52—53.

② Carole Pateman, *The Problem of Political Obligation. A Critique of Liberal Theory*, Polity Press, 1985, p. 171.

特曼通过分析自由主义理论的相关概念以及选举投票与政治义务的关系来说明这一问题。佩特曼认为，在国家与公民的关系问题上，从洛克到罗尔斯的"假设性自愿主义观点"并不是一种真实承诺的表达。无论是洛克所谓成年定居者的策略性承诺，还是罗尔斯强调个人只要自愿接受国家给予的福利，就必须对国家作出承诺的观点，充其量只是说明了公民为什么应该服从国家，而不是有义务服从国家。因为，国家与公民之间的不平等关系，使得公民的"自愿性"大打折扣：对于洛克的成年公民而言，移民他国所要付出的巨大代价，迫使多数人不得不继续定居本国；而在罗尔斯那里，如果公民个人的一半收入需要作为税收上缴国家以提供社会福利，那么除非个人主动放弃其应得的福利份额，他没有理由不承诺服从国家。显然，自由主义的自愿同意或承诺，带有很大的强迫性。

此外，佩特曼还对自由主义民主国家中投票选举代表的动机和行为进行了研究。她认为，无论是投票或弃权行为，都不完全是对代表权威的承诺或同意。在弃权的情况下，弃权者的动机经常是异化的，甚至是拒绝作出任何承诺的。例如，在 1933 年德国大选中，那些反对纳粹势力的人实际上并不同意希特勒随后的"权威"；而在投票的情况下，即使选举在形式上是自由和公正的，也必须承认，作为一种阻止产生糟糕结果的唯一方式，某些投票选举是强迫发生的。① 佩特曼尤其指出，在自由主义社会

---

① 这种情况似乎难以理解。罗格斯基在一篇分析佩特曼思想的文章中，以 20 世纪 20 年代爱尔兰独立运动中，埃蒙德·瓦莱拉（Eamon de Valera）及其战友采取拒绝宣誓、选举和作为爱尔兰自由国家议会的代表等方式为例，来说明他们将这些行为作为反对作出承诺的一种方式。虽然此后他们放弃了拒绝行为，但他们宣称这种放弃行为正是为了阻止那些严重削弱了爱尔兰人自由的宪法修正案之实施的唯一方式。显然，他们最终宣誓和参与选举行为并不是在作出承诺。See Ronald Rogowski, "The Obligation of Liberalism: Pateman on Participation and Promising", *Ethnics*, Vol. 91, No. 2（Jan. , 1981）, p. 298.

中，"占有性意识"以及将投票行为仅仅作为"自利的资本主义市场交换之继续"的观点的蔓延，进一步加剧了"政治权威"或"政治义务"的危机。

佩特曼认为，只有在"参与民主"的情况下，投票行为才是一种承诺的表现。在引用了大量社会学以及调研材料的基础上，佩特曼指出，只有积极的、直接的参与才能使个人产生自信，才能在人们之间创造一种相互信任的关系。正如卢梭的社会契约并不是为了寻求国家的保护而屈服于国家统治，而是个人之间"为了创造一种能够表达、维护个人实质性自由和平等的政治结合"的自愿同意或许诺一样，佩特曼的最终理想是建立一个"非国家主义的政治共同体"，一个"多样性政治团体的政治结合"，其中"公民通过相等的、多层面的政治义务而联系在一起"①。

（三）多元主义与精英主义批判

美国民主理论家彼得·巴克拉克的参与民主设想，同样也建立在对当代多元主义和精英主义理论的批判基础之上。

在巴克拉克看来，以达尔为代表的多元主义理论，在对权力问题的认识上存在根本性的方法论缺陷。他认为，多元主义理论所关注的不是权力的来源，而是权力的实施。对多元主义理论家而言，权力意味着参与决策，而且只有在对"具体决策进行仔细研究"之后，才能对权力问题作出分析。巴克拉克从四个方面总结了多元主义的"参与决策权力观"的主要特点，即选择研究大量"关键性"而不是"日常性"的政治议题；承认那些积极参与决策过程的个人；只要政策冲突得以解决，就能完全解释个人的实际行为；以及决定并分析具体的冲突结

---

① Carole Pateman, *The Problem of Political Obligation. A Critique of Liberal Theory*, Polity Press, 1985, pp. 166—174.

果等。① 他指出，虽然这一方法与精英主义的替代方法相比具有明显优势，但不能否认其仍然存在根本性缺陷，主要表现在两个方面：一是没有看到权力的两面性；二是没有为重要/非重要问题或关键性/日常性问题的划分，建立一个客观标准。

首先，多元主义模式只看到了决策性权力，而没有认识到非决策性权力的重要性。巴克拉克认为，决策过程中权力的实施通常是有选择性的，更为偏向于那些相对较为"安全"的议题。在解决这些安全性议题的过程中实施的权力，就是决策性权力。这种权力也是多元主义进行理论分析的前提和基础。而所谓非决策，则是"阻碍对于事物的现存状态进行潜在或明显挑战的过程"②。在这一过程中实施的权力，即是非决策性权力。巴克拉克以学术机构中对于相关政策心怀不满的研究人员为例，分析了他们是如何实施非决策性权力的。他指出，这些研究人员之所以能够在诸多不公正的政策面前保持沉默，是因为他们认为如果提出意见的话，或者自己可能会受到排斥，或者会被认为对机构不忠实，或者其建议可能永远被搁置。他们的这种行为，有意或无意地对那些有权公开讨论并解决政策冲突的人或组织设置了障碍。从理论上看，非决策性权力是由"偏好性动员"造成的。巴克拉克引用沙特施内德（E. B. Schattschneider）的话指出，"由于任何组织都是偏好性动员的，因此所有政治组织在支持利用某种冲突或压制其他冲突时，都是具有一定偏好的。正是因为偏好的存在，使得一些问题被组织进政治过程，而其他问题则被

---

① Peter Bachrach and Morton S. Baratz, "Two Faces of Power", *The American Political Science Review*, Vol. 56, No. 4 (Dec., 1962), p. 948.

② Peter Bachrach and Morton S. Baratz, "Power and Its Two Faces Revisited: A Reply to Geoffrey Debnam", *The American Political Science Review*, Vol. 69, No. 3 (Sep., 1975), p. 900.

排除在外"①。在巴克拉克那里，非决策性权力虽然并不是非常明显，但却是权力的一个相当重要的方面。多元主义者如达尔等，在理论分析过程中没有看到非决策权力问题，因而也就排除了社会组织能够阻止重要社会问题争论的可能性。

其次，正是因为忽视了相对并不明显的权力的另一面，多元主义方法不能充分区分关键性和日常性的政治决策。巴克拉克指出，多元主义者在提出一些社会重要议题时，往往使用"一般同意"或"两个或更多团体提出反对意见"等含糊不清的说法，但到底如何决定哪些问题是"一般同意"的？研究者如何决定这种同意的可靠性呢？显然，多元主义这种预先假定某些社会重要议题的做法，带有明显的精英主义方法论倾向。巴克拉克认为，对二者进行区分的关键在于对社会"偏好性动员"的分析，在于对支持一个或更多团体既定利益的占统治地位的价值、政治神话、仪式和制度等的分析。只要任何问题对统治性价值和既定"游戏规则"构成了挑战，它就是重要问题，反之亦然。巴克拉克强调，多元主义理论家的根本失误，是他们从研究问题而不是从构筑政治体系的价值和偏好出发来开始其理论分析的。

在批判多元主义的同时，巴克拉克也对当代精英主义理论进行了分析。巴克拉克认为战后西方社会充斥着精英主义的思想意识。他以领域不同、基本立场相互冲突的三位当代美国政治理论家杜鲁门（David Truman）、伯尔勒（A. A. Berle）和米尔斯（C. Wright Mills）的理论为例，具体分析了他们在精英与民主关系问题上的相似性。② 巴克拉克指出，他们虽然都主张对美国社

---

① E. B. Schattschneider, *The Semi-Sovereign People*, *New York*, 1960, p. 71. cited in Peter Bachrach and Morton S. Baratz, "Two Faces of Power", *The American Political Science Review*, Vol. 56, No. 4 (Dec., 1962), p. 949.

② See Peter Bachrach, "Elite Consensus and Democracy", *The Journal of Politics*, Vol. 24, No. 3, (Agu., 1962).

会的民主政治进行实质性改革，但也都不认为应该废除权力精英，而是以不同方式支持精英的存在。例如，杜鲁门依靠"相互影响的精英结构"来挽救民主体系；米尔斯将现存的"权力精英"结构作为历史上人们能够决定自己命运的唯一机会；而从对合作权力之合法性的阐释中，伯尔勒也发展起一套少数决定的"管理精英"理论。同时，他们都强调一种新的更具自我意识的精英团体的形成，主张非精英的公众由于缺乏积极性和远见卓识，并不能阻止精英们不负责任的行动；而精英出于自利的考虑，却能够相互间协商讨论并达成一致。因此，精英的存在及其行为的有效性正是依赖于精英一致（elite consensus）。巴克拉克认为，这种精英主义认识论在理论上根本不能成立，尤其当程序问题与具有极大争议性的实质性问题交织在一起时，不同精英之间是不可能达成一致的。而且，这一理论也没有充分研究具有民主导向的精英对公众民主意识复兴可能产生的影响。在这里，巴克拉克重申了密尔关于知识精英在激发、引导广泛的公众讨论过程中扮演着重要角色的结论，并进而引出了他的参与主义的基本主张，即认为理论研究者不应该沉溺于达成精英一致，而应关注在广泛的公众讨论基础上就重要议题形成的大众一致（popular consensus）。

二　参与民主的内容和实现条件

通过对自由主义民主理论的批判分析，参与民主理论家建立起"参与性社会"的理论框架。总的来看，当代参与民主理论以"参与"思想为核心理念。按照科恩的说法，任何民主政治都具有一定的参与性，只是在参与的广度和深度方面存在着差异。[①]　那

---

① ［美］卡尔·科恩：《论民主》，聂崇信等译，商务印书馆 1988 年版，第12—32 页。

么，顾名思义，参与民主理论必然是各种民主理论中主张实现更深入、更广泛参与的一种理论。有学者甚至直接用词源学意义上的民主政治即人民统治的含义，来比附参与民主的参与程度。[①] 具体而言，早期参与民主理论倡导建立的"参与性社会"，主要包括以下方面内容：

（1）公民直接参与包括工厂和地方社区等在内的社会关键制度的管理。

参与民主理论家高度强调公民直接参与的重要性，认为"我们只有通过参与才能学会参与，而且政治效率只有在参与环境中才有可能得到提高"[②]。但在他们那里，这种直接参与却并非可以延用于政治、经济和社会领域各个方面。在这个层面上，他们同精英论者如熊彼特和韦伯的观点存在某种程度的一致性。他们也认为选举政治和利益集团政治对许多人来说是"遥远的并超出其影响范围之外"[③]；普通公民对国家层次的所有决定，并不一定会像对自己家附近的有关事宜的决定那样感兴趣。他们引用大量现实经验的材料，来说明人们最感兴趣并可能会较好把握的，是那些与他们的生活密切相关的问题和事务。因此他们所主张的公民直接参与，更多的是指公民在地方社区以及工厂或企业等所谓有限环境中参与组织、管理和决策，并认为"个人只有直接参与工厂、学校等替代领域的决策和代表选择，才有希望真正掌控其生活过程及其所生存之环境的发展"[④]。

在各种有限环境的参与中，佩特曼尤其重视工厂参与。她认

① 郭秋永：《当代三大民主理论》，联经出版社 2001 年版，第 200 页。

② Carole Pateman, *Participation and Democratic Theory*, Cambridge：Cambridge University Press, 1970, p. 105.

③ Peter Bachrach, *The Theory of Democratic Elitism*, Boston：Little Brown, 1967, p. 103.

④ Carole Pateman, *Participation and Democratic Theory*, Cambridge：Cambridge University Press, 1970, p. 110.

为，在当代资本主义的工厂和企业中，雇主或管理者与雇员之间是一种等级制的权威关系。这种权威关系的存在，完全剥夺了工人对企业的直接参与权，阻碍了工人自我发展权的实现。工厂是当代社会等级制结构的一个缩影，是最重要的"非政府权威机构"。因此，"参与性社会"能否实现，在很大程度上将取决于工厂内部的权威主义结构能否发生根本性改变，取决于能否实现工人对企业的直接参与。通过具体分析工厂参与的方式和途径，佩特曼论证了工人直接参与企业的可行性。她指出，工厂内部的参与可以具有三种形式：一是虚拟参与（pseudo participation）。即企业管理者在依据特定目标自行作出相关决策后，再将决策付诸工人研究讨论，工人的意见对决策的最终形成并不具有决定意义。在这种参与形式中，企业管理者不是由工人选举产生的，他们不对工人负责，而是对企业所有者负责。这一过程中形成的参与，只是一种管理"技巧"，一种管理形式；二是部分参与（paritial participation）。这种参与形式是指工人不但能够参与决策的讨论，而且能够影响决策的形成，但是企业的最终决策权仍然掌握在管理者手中。工人并没有与管理者对等的决策权，而只能对决策形成发挥影响作用；三是完全参与（full participation）。这种参与形式主张工人自己组成自我调节的组织，自行决定日常工作的内容、程序，而并不受管理者的监督。所有参与者都享有平等的企业决策权，企业中不存在拥有不平等权利的"两极"，即管理者和工人之分。在佩特曼看来，只有第三种参与形式才能打破管理者与工人之间的界限，完全改变企业中的权威结构，实现企业的民主化。当然，她也指出，在实际的企业运行中，部分参与同完全参与能够共同发挥作用：在低管理层次如日常工作的管理决定方面，可以实行完全参与；而在高管理层次如整个企业运行、投资决策以及市场销售等方面，应该实行部分参与。

（2）"有限环境"中的民主参与，能够极大提高普通公民的民主素质和能力，从而有利于促进整个国家政治领域的民主化发展。

参与民主理论家认为，在社区、工厂等领域中积累的参与经验，能够培养人们的团体认同感，弱化人们对权力中心的疏离感，促进对集体问题的关注，并有助于形成一种积极的、具有知识并能够对政府事务有更敏锐兴趣的公民。而所有这些能力的养成，对政治民主化的发展具有不可估量的重要意义。正如麦克弗森指出的，"那些在一种参与行为中证明其自身能力并获得自信的人，将很少会有政治冷漠情绪，他们更能够从更广阔的政治视野作出推断，更能够看到那些与他们最为直接关注事件并不相关之决定的重要性"[1]。佩特曼引用阿尔蒙德和维巴（G. A. Almond and S. Verba）的经验研究结果指出，"参与显然在心理上对个人是有影响力的，甚至只是具有参与感（在虚拟参与的情况下），也能够对个人的信心以及工作满意度等产生有利影响"[2]。巴克拉克也赞同佩特曼的观点，坚信参与经验的特殊价值，强调参与的经验至少使普通公民能够更好地评估其国家代表的成就，以及国家政策对于他们自己生活的影响。

（3）对政党组织进行更新，实现政党体系内部的"直接民主"。

参与民主理论家主张建立的"参与性社会"，除包括在小型社会单位实现直接参与外，也涉及政党结构的改变和组织更新。根据他们的认识，政党本身具有整合功能，它在提出资源分配、环境保护、城市建设计划以及移民、外交和军事政策等方面具有不可替代的重要作用，因此在参与社会中，政党仍然是不可或缺

---

① C. B. Macpherson, *The Life and Times of Liberal Democracy*, New York: Oxford University Press, 1977, p. 104.

② Carole Pateman, *Participation and Democratic Theory*, Cambridge: Cambridge University Press, 1970, p. 73.

的制度。但在现有政治体系中，政党更多的只是政治精英获取政治权力的"政治资本"或"合法"手段，普通大众被隔绝在政党活动之外。政党发展的这一特点导致了两种社会后果的出现：一是公民越来越被边缘化，不能感受到其民主参与所能起到的作用；二是政治越来越不能在广大公民参与的基础上获得同意，政治权威的合法性受到质疑。因此，为与参与社会的建设相适应，必须对政党体系的内部组织进行改造。参与民主理论家认为，政党改造的根本途径是实现政党本身的民主化，使之成为参与性政党。这就是要求按照直接民主的原则和程序，或至少遵循更少等级性的原则来重新组织政党系统，从而使政党成员能够积极参与政党候选人的选举，并对其形成有效制约，使政党官员能够真正向政党成员负责。

（4）参与社会的民主政治，实行直接民主与间接民主的结合。

参与民主理论家不是彻底的直接民主论者，他们并不主张在所有的政治、经济和社会领域都实行直接民主制度。在他们看来，竞争性政党制度、选任政治代表和官吏以及定期选举等，仍然是参与社会的重要制度因素。换言之，他们所设计的参与社会的政治框架，是直接民主与间接民主的结合。参与民主理论家称之为"金字塔体制"。在金字塔的底层，是地方社群和工厂等有限环境。他们主张在这一层面上实行直接参与决策的直接民主，参与者可以通过面对面的沟通讨论，根据共识和多数决定来达成决策。在金字塔的上层，则是由选举产生的代表通过间接民主的形式进行公共事务的协商和决策，由政党从中整合并提出议题。① 参与民主理论家认为，这种民主政治体制是与大规模工业

---

① C. B. Macpherson, *The Life and Times of Liberal Democracy*, New York: Oxford University Press, 1977, pp. 108—114.

化的现代社会相适应的：现代社会由于地域、人口等方面的限制，根本不可能实行古雅典式的直接民主；而间接的代议制民主又不能充分体现民主的参与精神。因此只有两种民主形式的结合，才能既使个人有机会直接参与地方层次的决策，实现个人对日常生活过程的真正控制，又能保持政治统治的效率，从而维护整个社会的良性运行。

那么，实现这样一种参与性社会，在实践中需要哪些前提条件呢？参与民主理论家从多个方面作出了说明。

首先，参与社会的实现，必须以消除匮乏以及改善社会团体的匮乏状况为根本条件。麦克弗森从两个方面认识匮乏的存在：一是主观匮乏，即来自心理因素的匮乏。这是人作为无节制的欲求者与消费者的产物，是占有性个人主义的产物。麦氏认为这种匮乏不但无用，而且不人道，主张人们应当从中摆脱出来，"为了改变政治秩序，匮乏必须被设想为一种文化变量，生活和劳动方式必须被作为社会变量，二者必须被视为可以经由大众需求改变的变量"①；二是客观匮乏，即实际生活中的物质匮乏。在这方面，麦氏认为当代科学技术的发展为匮乏的消除提供了可能性。他指出，"科技进步的社会，使得作为人类发展本质的匮乏概念已经过时"②，它使人们只需花费较少的时间和精力就可以满足合理的、有节制的经济需要。在整个社会匮乏消除的基础上，还必须通过物质资源的再分配，改善许多社会团体物质匮乏的状况，从而实现不同社会团体资源占有的相对平等。只有实现了分配正义，才能保证一些社会团体享有参与政治和社会生活的能力，才能使普通大众享有教育权以及其他社会权利的

---

① C. B. Macpherson, *Democratic Theory: Essays in Retrieval*, Oxford: Clarendon Press, 1973, pp. 63—64.

② Michael Clarke and Rick Tilman, "C. B. Macpherson's Contributions to Democratic Theory", *Journal of Economic Issues*, Mar. 1988, p. 188.

机会。

其次，在公共领域和私人领域，最大限度地削减不负责任的官僚权力。在可能的情况下，甚至予以彻底根除，用民主的行为方式取而代之。也就是说，在公共领域，要建立起政治民主的价值观念和制度模式；在日常生活和工作中，也要弘扬用民主的方法来解决问题的精神。无论是公众利益或是共同利益，都不能由官僚单独决定，而必须通过公开的讨论、协商达成一致。在这个意义上，民主行政是权力合法性的基础。而只有保证权力的合法性，参与社会才能得以存在。

再次，必须建立开放的制度体系和信息体系。无论在地方还是国家层面，真正参与性社会的制度结构都应当保持开放和流动，以便保证有关民主的各种设想得以实验，并促使人们学习新的政治形式。只有如此，才能既不消灭民主不断演进的各种可能性，又不使既定的民主蓝图一劳永逸。此外，参与社会还必须创造开放的信息体系，以确保在充足信息条件下进行决策。开放的信息，是参与性社会建立的关键条件。公民只有充分获得他们需要知道的信息，才能明智地作出判断、选出代表，并有效地进行社会参与。在缺乏畅通信息渠道的条件下，实现公民的合理有效参与几乎没有可能性。

最后，必须重新审查妇女在家庭中的角色和义务，从而使妇女同男子一样享有参与公共生活的权利。参与民主理论家将妇女参与公共生活的自由和权利，作为"参与性社会"存在的一个必要条件。他们认为，虽然当代妇女获得了法律上的自由和平等权，但她们参与公共事务的权利和自由在实践中受到极大限制。佩特曼从对性契约的理论研究中，找到了妇女政治权利受到压制的根源，提出了性权和婚姻权是政治权力真正起源的主张。她认为，要确立妇女在现代社会中自主公民的地位，就必须打破男权制的社会统治，合理改变并重新塑造妇女在婚姻、家庭中的依附

110

地位和传统角色。①

三 简短评价

从上述观点和主张可以看出，70 年代的参与民主理论是以参与作为核心概念的民主理论。以麦克弗森、佩特曼和巴克拉克为代表的参与民主理论家，在对自由主义民主进行深入批判的基础上，以参与为切入点，以当代资本主义为理论建设背景，系统考察和分析了最大限度的参与对实现个人自由和平等的意义，并初步构建起参与民主的理论框架。

70 年代的参与民主理论，是"新"运动参与思想和理念的系统化、理论化。参与民主的概念虽然是在"新"运动中提出并得以推广的，但社会运动的参与民主远非一种经过严谨论证和逻辑推断的理论，它很大意义上仍然只是一种政策主张和行动方式。从理论发展看，"新"运动的兴起及其参与民主理念的提出，极大推动了民主理论研究的深化。在自由主义民主的强势中，运动促进了一种新的民主模式产生的可能性。参与民主论者佩特曼这样指出，"我选择这一主题（指参与民主——引者注）的原因之一，是因为 1960 年代大众的民主需求和行动，与主张积极公民具有危险性以及要求大众冷漠和尽可能少的参与的主流民主理论观点之间存在差距"②。正是在对现实实践发展进行深入思考的基础上，参与民主论者对"新"运动的参与民主设想作出了理论上的阐释，使之成为一种系统化的理论。正如赫尔德指出的那样，"新左派模式表述了一些基本的问题，多种多样强烈要求一个更具参与性社会的社会运动所提

---

① Carole Pateman, *The Sexual Contract*, Polity Press, 1994, p. 195.

② http：//www. fcis. oise. utoronto. ca/ ~ dschugurensky/lclp/pateman. html, Caroles A. Torres and Eden C. Flynn, *Participatory Democracy and Citizenship：An Interview with Carole Pateman*, April 15, 2004.

出的问题"①。

参与民主理论兴起的重要意义，是对作为当代西方主流民主形态的自由主义民主形成了强烈冲击，重新复兴了古典民主的参与价值和道德观。它强烈驳斥自由主义民主理论无法弥合自由和民主之间的内在矛盾与局限，抨击精英民主和多元民主等当代自由主义民主论过于关注民主程序、民主方法等"科学问题"，而忽视了民主的价值原则，如个人的自由发展、人类的平等理想等问题，试图把西方民主理念重新拉回到古典民主的价值认知和道德规范上来。与此同时，参与民主也并不是对古典民主思想的简单复兴和倡扬，而是从新的社会和历史环境出发，在坚持大众具有潜在的民主理性和参与潜力的基础上，发展出一套具有自身特色的积极参与观。例如，参与民主的参与，是一种全面性的参与，不仅包括传统政治领域，也扩展到工厂企业等"非政治"领域，以及社区、学校、协会等基层社群；参与民主也并不主张在所有的政治、经济和社会领域都实行直接民主制度，而是强调具体层面的直接参与和整个社会层面的代议制政治的有机结合，等等。

参与民主理论的出现，推动了当代西方民主理论的演进，带来了民主模式的创新。但不能否认，这一时期的参与民主理论仍然存在一个根本缺陷，即缺乏对过渡问题的分析和思考。如何从现实的自由主义民主社会过渡到参与民主的社会，涉及到参与民主理论的实践可行性问题，理应成为理论构建的关键一环。从实践上看，一种理论无论勾画得多么完美，如果缺乏转变为现实社会制度的可能性，仍然只能是虚无缥缈的乌托邦。而早期参与民主理论恰恰没有对这一根本性问题作出阐释。诚如赫尔德所言，"他们的讨论忽略了他们的'模式'如

---

① ［英］戴维·赫尔德：《民主的模式》，燕继荣等译，中央编译出版社1998年版，第341页。

何才能实现的问题，忽略了过渡阶段的全部事务"①。80 年代之后发展起来的参与民主理论和模式，正是对早期参与民主这一缺陷的思考和回应，它们在很大程度上回答了参与民主的具体实现途径和方式等问题。

---

① ［英］戴维·赫尔德：《民主的模式》，燕继荣等译，中央编译出版社 1998 年版，第 342 页。

第 三 章

当代西方参与民主的发展演进

20世纪80年代以来，西方参与民主理论的发展进入了一个新阶段。与理论发展初期相比，这一时期的参与民主在注重理论批判的同时，开始更多地关注替代民主模式的现实建构。理论研究重心的转移，源于政治经济环境的变化。自70年代中期以来，随着经济发展的停滞和衰退，资本主义民主政治固有的矛盾和危机充分显现。西方民主的危机表现在多个方面，但各种危机形式大都与现实民主政治的有效性、合法性相关。当代参与民主理论，正是对民主政治发展危机的回应，它很大程度上是在对当代资本主义民主政治进行深刻反思基础上发展起来的。与此同时，作为制度外参与民主实践的新社会运动，也在斗争方式、表现形式上发生了重要变化，不仅对参与民主理论模式的构建产生了一定影响，也直接推动了制度内的参与民主发展。本章将从探讨西方民主发展的危机出发，在深入考察当代西方新社会运动对参与民主发展影响的基础上，对80年代以来参与民主理论模式的发展演进作出综合概述、评析。

第一节　西方民主发展面临困境与危机

进入70年代中期后，西方国家经济政治形势的显著变化，急剧瓦解了战后持续繁荣与政治和谐的简单图景。在这一时期，西方学者们已不再谈论"整合"、"政治稳定"和"社会共识"，而开始更多地关注"共识的瓦解"、"政治经济的衰退"以及"民主的危机"。显然，危机已经取代了所谓的认同、和谐与共识，成为20世纪后30年西方政治发展的一个重要特征。

一　民主危机的背景与表现形式

如果我们透过表象深入到西方政治内层，可以看到，民主政治的内在矛盾和冲突从来就未曾消弥。即使在被阿尔蒙德和维巴称为"民众对于政府体系有着高度发达忠诚感、对政治权威有着高度服从感"[①] 的战后黄金发展时期，西方民主政治也依然危机四伏。正如赫尔德指出的那样，战后的西方民主政治，"远不像马尔库塞所说的那样铁板一块，也远不能发出明确的指令；它享有的合法性也少于'意识形态终结'的倡导者"[②]。民主政治之所以呈现相对平稳的发展态势，与经济的持续高速增长以及战后整个社会的繁荣景气有着密不可分的直接联系。70年代中期后，随着经济发展陷入低潮，民主政治内部根深蒂固的结构性问题不可避免地充分暴露和凸显出来。

70年代的经济衰退，是战后西方历史发展的一个分水岭。在此之前的1945—1970年间，西方主要国家的劳动生产率达到了战前八年平均生产率水平的三倍多。而在70年代中期后，西方经济逐渐走向停滞与衰退。以布雷顿森林体系的解体以及1974年爆发的"能源危机"为导火线，西方国家经济增长速度陡降，失业率和通货膨胀率迅速攀升，从而进入了长达十年之久

---

① ［美］加布里埃尔·A. 阿尔蒙德等：《公民文化：五国的政治态度和民主》，马殿君等译，浙江人民出版社1989年版，第282页。

② ［英］戴维·赫尔德：《民主的模式》，燕继荣等译，中央编译出版社1998年版，第304页。

的以经济发展停滞和通货膨胀并存、失业和通货膨胀并发为主要特征的经济"滞胀"时期（相关数据见表3.1）。

表 3.1　　　　　　　主要资本主义国家经济滞胀状况

国内生产总值的年平均增长率				通货膨胀增长率（消费物价上升率）			
国家 年份	欧共体 十国	美国	日本	国家 年份	欧共体 十国	美国	日本
1973—1979	2.5%	2.6%	3.5%	1976—1982	9.5%	7.8%	4.4%
1979—1984	0.9%	2.1%	4.2%				

70 年代后西方经济衰退有多方面原因。有学者甚至认为，"时至今日，经济学都未能对这一现象作出令人信服的解释"①。而在新自由主义者看来，经济衰退的原因主要在于凯恩斯主义的国家干预，他们断言国家的过度干预是产生危机的根源。随着 70 年代末 80 年代初英美保守主义政府上台，这种反对国家干预、倡导私有化的新自由主义意识形态，在发达资本主义国家上升为主流经济政策取向。在新自由主义的经济政策指导下，欧美各国进行了一系列旨在反滞胀的经济改革。改革主要涉及宏观调控政策的调整，其中包括实施货币主义的反通货膨胀政策；紧缩的财政政策，压缩福利开支，减少国家对经济的干预；所有制结构的调整，即把国有企业私有化；社会保障制度的改革以及经济政策的重大调整，如从重点刺激需求转为重点刺激供给，等等。在新自由主义改革的促动下，西方国家自 80 年代中期逐步走出了"滞胀"，进入持续低速发展时期。尽管 1991 年发生的新一轮经济衰退给新自由主义以沉重打击，但是苏东剧变、西方国家

---

① Donald Sassoon, *One Hundred Years of Socialism. The West European Left in the Twentieth Century*, London: Fontana Press, 1997, p. 446.

在冷战中的"胜利"似乎给新自由主义意识形态注入了新的活力。90年代后,甚至西欧的一些中左翼政府也相继对新自由主义表现出极大热忱。它们大力推行的"第三条道路",实质上就是社会民主主义向新自由主义方向的大幅度政策调整和理论转向。

以新自由主义为取向的经济改革,虽然有助于短期内走出经济困境,但在实践中却进一步加深了西方国家的福利主义危机。早在五六十年代福利国家大发展时期,福利主义本身存在的问题已经若隐若现。其主要表现就是在名目繁多的福利项目面前,西方福利国家捉襟见肘,面临巨大的财政压力。进入70年代之后,在经济发展持续走低、长期衰退的情况下,福利国家的困境更趋明显。而新自由主义推行的经济改革,更从两个方面进一步加深、加重了福利主义的危机。一方面,为了推动经济的发展,新自由主义要求削减政府开支和社会福利,并减少税收以刺激投资。但是,高税收是高福利的基础,减少了税收,必然出现财政赤字,从而使得高福利难以为继;另一方面,新自由主义的经济增长,是以高失业为代价的。以欧洲为例,在新自由主义盛行的20多年时间里,欧洲各国失业水平急剧攀升。例如在1982年时,欧共体国家的失业人数占西方发达国家失业人数的比重,就从60年代的年平均30%跃升至60%。而到90年代之后,一些国家更是固守在两位数以上的高失业率,直到进入21世纪后才稍稍有所回落(参见表3.2)。新自由主义经济改革必然带来的高失业率,大大增加了福利国家的负担,使得西方福利保障体系不堪重负。

在社会福利国家不断孕育危机的大背景下,西方民主政治不得不承受来自社会各层面的普遍不满情绪。不仅左派指责其非但没有真正削弱特权者的利益,反而造成了人们生活水平和质量的下降;甚至右派也攻击它代价过高,威胁到个人自由的实现。而在普通民众中，战后几十年的富裕生活，尤其是经济繁荣期的高消费和高福利，已使其对于"从摇篮到坟墓"的社会福利形成了一种惯性的依赖。在国家削减福利开支，不能充分满足人们对经济安全、生活质量的普遍要求，以及面临严重的劳动危机和大规模失业的情况下，民众对民主政治的认同感必然大大降低，甚至对其合法性提出质疑。正如有学者指出的那样，自由主义国家民主政治的第一个危机，"就是它不再能够履行其福利承诺"①。

表 3.2　　　　20 世纪 90 年代以来欧洲主要国家的失业率　　　单位:%

国　家	1990	1991	1992	1993	1994	1995	1996	1997	1998	1999	2000	2001	2002	2003	2004
芬　兰	3.2	6.6	11.7	16.4	16.6	15.4	14.6	12.7	11.4	10.3	9.8	9.2	9.1	9.2	9.0
法　国	8.9	9.4	10.4	11.7	12.0	11.4	12.0	12.1	11.5	10.7	9.4	8.6	8.9	9.3	9.2
比利时	6.6	6.4	7.1	8.6	9.8	9.7	9.5	9.2	9.3	8.6	6.9	6.7	7.3	7.8	7.7
丹　麦	7.2	7.9	8.6	9.6	7.7	6.8	6.3	5.3	4.9	4.8	4.4	4.5	4.5	4.7	4.4
德　国	4.5	5.3	6.2	7.5	8.0	7.7	8.4	9.2	8.7	8.0	7.3	7.3	7.8	8.3	8.3
希　腊	7.0	7.7	8.7	9.7	9.6	9.1	9.8	9.8	11.1	11.9	11.1	10.4	10.0	9.5	9.1
爱尔兰	12.8	14.4	15.1	15.7	14.7	12.2	11.7	10.4	7.6	5.6	4.3	3.9	4.2	5.0	5.2
意大利	9.1	8.6	8.8	10.2	11.2	11.7	11.7	11.8	11.9	11.5	11.7	11.7	11.8	11.9	11.5
荷　兰	6.0	5.4	5.4	6.6	7.6	7.1	6.6	5.5	4.2	3.2	2.6	2.0	2.5	4.1	5.0
挪　威	5.2	5.5	5.9	6.0	5.4	4.9	4.8	4.0	3.1	3.2	3.4	3.5	4.0	4.5	4.6
瑞　典	1.7	3.0	5.3	8.2	8.0	7.7	8.0	8.0	6.5	5.6	4.7	4.0	4.0	4.5	4.3
英　国	5.6	8.0	9.9	10.4	9.5	8.6	8.1	7.0	6.3	6.0	4.0	4.8	5.8	6.0	5.8
葡萄牙	4.9	4.3	4.1	5.5	6.9	7.2	7.3	6.7	5.0	4.4	4.0	4.1	5.1	6.4	6.3
西班牙	11.6	11.8	13.0	16.6	18.4	18.1	17.5	16.6	15.0	12.8	11.0	10.5	11.4	12.0	11.7
欧盟国家	6.9	7.5	8.6	10.0	10.4	10.0	10.1	10.0	9.4	8.7	7.8	7.3	7.6	8.0	7.9

资料来源：根据经合组织官方网站资料 http://www.oecd.org/eco/sources-and-methods 整理。

---

① Manuel Castells, *The Power of Identity—The Information Age：Economy, Society and Culture II*, Oxford：Blackwell, 1997, p. 342. cited in Catherine Eschle, *Global Democracy, Social Movements and Feminism*, Westview Press, 2001, p.56.

当代西方社会的多元化发展，是西方民主危机的另一重要社会背景。社会多元化的发展，以利益复杂性、文化多样性、价值多元性、生活多变性为主要特征，因此必然导致各个民族之间、各种文化之间、社会中的不同利益集团之间以及不同个人之间的竞争和冲突。同时，经济全球化的发展，也进一步推动了西方社会的多元化发展进程。随着全球化的迅速推进，国家与地区之间的界限被打破了。这不仅表现在经济上，而且反映在文化、语言、认同、交流等多个层面。与资本和劳动力一样，具有不同意识形态、价值观的思想和文化在全球化条件下已经能够在国家、地区间任意流动、传播。对当代西方国家来说，这种社会多元化发展的重要后果，就是导致了"异议政治"（contentious politics）的兴起，主要表现在民主发展环境的多元主义化以及难以就相关问题达成共识等方面。异议政治使西方社会充斥着不安、竞争乃至暴力等发展倾向，[1] 对当代西方的民主政治认同形成直接挑战和冲击。

政治认同下降的直接表现，是民众政治信心与信任的衰落。早在分析 70 年代初美国民主发展的危机时，亨廷顿就明确提出了民众对政府及其领导人的信任存在下降趋势，指出在当时，"对于权威的怀疑充斥整个社会。在政治生活中，它表现在公众对政治领导人和组织的信赖和信任程度的衰落"[2]。根据当时的统计数字显示，在 1958 年被调查的美国人中，有 76% 的人认为政府是为所有人服务的，但到 1968 年时这一数字下降至 51%，1976 年后更是降至 37%；而同一时期，关于政府是为少数大利益集团服务这一说法的认同度，则从 17% 上升至 39% 和 53%。

---

[1]　Robin Hambleton etc. （ed.）, *Globalism and Local Democracy*, Palgrave Macmillan Ltd, 2003, p. 14.

[2]　[法] 米歇尔·克罗齐等：《民主的危机》，马殿军等译，求实出版社 1989 年版，第 68 页。

近年来，随着经济的衰退、福利主义的困境以及失业率的攀升，民众的政治信任度进一步降低了。在相关民意测验中，美国民众对政府的信任度已从1960年的72%下降至20世纪末的22%。[1]

政治认同下降的另一重要表现，在于政治冷漠的普遍蔓延。政治冷漠反映在相互联系的两个方面：一是民众政治知识极度匮乏。1996年1月的《华盛顿邮报》以"谁在统治？许多人不知道或不关心"为题，刊发了一份民调结果。其中，仅有52%的人能够正确说出民主党和共和党哪一个更为保守；有大约三分之一的人知道议员的名字；有27%的人清楚联邦政府的医疗开支要高于对外援助；而只有6%的人知道联邦首席大法官的名字。[2]二是选举比例的大幅下降。例如在美国，近年来的总统投票率一直在50%左右徘徊，1996年和2000年的投票率甚至未达半数（参见表3.3）。投票率是一个很复杂的问题，制度、观念、文化、事件、领导人的个人魅力都会对其产生影响。[3]但是，民众对于民主政治本身的厌恶和不信任显然是西方国家投票率下降的一个相当重要的原因。正如利普塞特在研究中所发现的那样，"不参加投票的人认为这个体制是不负责任的，不为他们的利益服务，也提供不出可选择的候选人和政策"[4]。

① University of Michigan National Election Studies, cited in Peter Levine, *The New Progressive Era. Toward a Fair and Delibertive Democracy*, Rowman & Littlefield Publishers, 2000, pp. 81—82.

② Richard Morin, "Who's in Control? Many Don't Know or Care", *Washington Post*, January 29, 1996, pp. A1—A6.

③ 在21世纪以来的接连两次大选中，美国总统选举的投票率连创新高。2008年的总统选举，总共有1.31亿人投票，投票率高达61.6%，是自1968年尼克松对韩福瑞那届选举以来的最高投票率。投票率回升的原因，正如有评论指出的那样"奥巴马的魅力，加上参与历史缔造的热情，把本届美国总统大选的投票率，推上40年新高"。参见星岛环球网www.stnn.cc，2008年12月15日。

④ ［美］西摩尔·马丁·利普塞特：《政治人：政治的社会基础》，刘钢敏等译，商务印书馆1993年版，第221页。

表 3.3	战后美国总统选举的选民数和投票率	
年　份	选民人数	投票率
1948	48692442	51.1%
1952	61551118	60.3%
1956	62026908	58.3%
1960	68838219	63.1%
1964	70644592	61.9%
1968	73211875	60.8%
1972	77718554	55.2%
1976	81555889	53.5%
1980	86515221	52.6%
1984	92652842	53.1%
1988	91594809	50.1%
1992	104600366	55.2%
1996	92712803	47.2%
2000	105404546	49.3%

资料来源：http：//www.idea.int/vt/country_ view.cfm? CountryCode = US

　　而作为西方民主政治主要运作载体的政党体制，也面临着广泛性的信任危机。政党信任危机的出现，一方面由经济结构多元化导致的各利益阶层分化和价值观念的多元化造成；另一方面也是随着大众传媒覆盖率的增高以及监督作用的强化，政党自身存在的问题如政党腐败、政治丑闻等不断公开和暴露的结果。在实践中，民众对政党的信任度大大降低了。民众信任度的降低从几个方面表现出来：其一，传统政党组织萎缩、党员人数大幅度减少。据统计，自 70 年代始，所有西欧国家的党员数都大幅度减少，法、意等国甚至超过半数。其二，大量第三党迅速崛起，各种所谓单一问题党、抗议党以及右翼极端主义政党层出不穷。例如在美国，2000 年大选中就有 30 多位候选人代表着 50 多个政党角逐总统职位。而且，有的第三党如奥地利自由党、法国国民阵线等，甚至拥有与传统大党分庭抗礼的能力。其三，稳固的一党统治被不稳定的多党联盟所取代，左右共治现象非常普遍。其四，选举人在政党之间的游移和流动性也极大增加了。例如在德国，持续支持一党的选民人数从 60 年代占全体投票者的 80%，下降至八九十年代的不到半成。①

西方学者赋予上述这些民主政治的危机以不同称谓。例如，阿兰·图伦（Alain Touraine）称其为"政治代表性的危机"（a crisis of political representation），认为在这一条件下，"人们感到是被失灵的国家和政治体系、自利的政治精英以及单一的民族身份所代表"②；而巴伯则认为它是一个"统治危机"（a crisis of governability），因为西方领导者不再能够控制脱缰的现代性列车，而且人们也拒绝被领导。③ 这些说法都有一定道理。无论如何，当代西方民主政治正在面临严峻危机，是一个不能回避的事实。

二 民主的危机：超载还是合法性？

从 70 年代开始，对民主发展危机成因的探讨，成为西方理论界的关注焦点。有两种迥然相异的理论尤为引人注目：即需求超载论（overload of demand）与合法性危机论（crisis of legitimacy）。前者是从多元民主出发衍生的观点，认为现代民主危机的

---

① ［德］托马斯·迈尔：《社会民主主义的转型》，殷叙彝译，北京大学出版社 2001 年版，第 70—71 页。

② Alain Touraine, *What is Democracy?* Boulder, CO: Westview Press, 1997, pp. 7—8, cited in Catherine Eschle, *Global Democracy, Social Movements and Feminism*, Westview Press, 2001, p. 57.

③ B. Barber, *Strong Democracy. Participatory Politics for a New Age*, University of California Press, 1984, pp. xx—xxii.

根源在于民主的需求过多，因而强调在企业和政府中发展权威主义的经济和政治模式；而后者更多的是建立在当代资本主义阶级关系分析和考察基础上的一种主张，认为民主的发展受到"经济精英"的阻碍和抑制，并提出了通过社会的民主化和公民的政治化来废除精英权力的思想。显然，合法危机论与参与民主有着类似的政治理念。从更为宽泛的意义上讲，合法性危机论也是一种参与民主论，或者至少可以说，它对当代资本主义民主危机的分析和阐释，为参与民主论的发展提供了必要的理论前提和基础。

"需求超载"理论家指出，随着战后社会的繁荣，人们对生活的期望值大大提高了。在这一背景下，各社会集团学会了对政治家和政府施加压力来满足自己的特殊利益和要求。同时，为了最大限度地获取选票，政治家们则过于经常地轻易许诺超出自己能力的东西，而这些许诺反过来又促进了更多需求的滋生。民主的需求过多，在实践中严重威胁到政府的稳定性，并导致了一系列连锁反应的出现：国家和政府活动愈益膨胀；在国家膨胀所导致的管理成本不断增加面前，国家逐渐失去了实施有效管理的能力；而国家行为的扩大，也进一步破坏了个人的责任和个人自由领域，破坏了个人的财富创造能力。这样，实际上就造成了一种恶性循环，使现代国家深深陷在一种螺旋式的怪圈之中。

在"需求超载"论看来，这一恶性循环的解决之道，在于发展一种更为直接的权威主义模式。例如，亨廷顿在对美国的民主发展危机进行分析时指出，"今天在美国有关统治的一些问题正是因为民主超载而引起的。……民主在很大程度上需要节制"。那么，如何节制民主呢？他提出了两点旨在重新确立权威主义的基本原则：一是限制民主在建立权威方面的作用，恢复专业知识、资历、阅历和特殊才能在某些领域的权威；二是要求个人和团体在政治参与方面保持某种程度的冷漠，以便使民主政治系统能够有效运转。① 当代著名自由主义民主论者萨托利也提出了类似主张。在《民主新论》一书中，他大力倡导的自由主义民主，实际上就是主张把政治交由那些选举出来的权威和精英人物，并充分发挥专家作用的权威主义精英统治论。

与"需求超载"论不同，合法性危机论者将西方民主发展的危机，归因于国家不能摆脱合作资本的控制。因此，它更多地是从资本对国家行为的限制着手来探讨民主的危机。合法性危机论认为，国家在很大程度上是依赖于私有资本积累形成的资源而存在的，其行动受到私有资本的严重限制。因此，国家采取的决策，与占统治地位的阶级集团的利益根本一致。在当代，国家的主要职能在于调节经济、维持政治秩序，进而保障主要集团的支持。在这个过程中，国家不得不承担起越来越多的经济和公民社会领域的责任。国家干预的强化，造成了国家管理机构的膨胀，而政府的膨胀必然伴随着财政危机的恶化。在危机面前，政府并未能制定出适当的、有效的、连贯性的政策策略，从而导致民众对既有政治体系丧失信心，国家面临着合法性危机。对于合法性危机，可以通过国家权力的强化，通过压制异议的方式来化解，但这一做法只能使危机陷入恶性循环之中。而更为可行的解决方法，是通过国家自身的变革，通过社会生活的重新民主化，如将民主延伸至工厂和社区、发展公民社会组织等，来消除特权统治、满足大众的参与需求，从而重建国家的合法性。

合法性危机论，主要来自奥菲、奥康纳等的晚期资本主义合法化危机论，尤其是哈贝马斯的危机理论。在《合法化危机》等书中，哈贝马斯全面系统地阐释了当代资本主义的危机问题。在他看来，晚期资本主义社会的合法化问题导源于一个基本事

---

① ［法］米歇尔·克罗齐等：《民主的危机》，马殿军等译，求实出版社1989年版，第100页。

实，即"社会福利国家与大众民主"之间的冲突。他认为，在晚期资本主义中，随着国家干预领域的扩大，产生了一种副作用，即对合法化需求的不合比例的增长。作为行政机构处理事务日益增多的结果，政治系统的边界发生了变化：原先被认为是理所当然作为政治系统边界条件的文化事务，被纳入了行政计划领域。而这种国家对文化事务的干预，加速了以前属于私人范畴的生活领域的政治化，即公共领域的丧失——原先能够自由地批判讨论公共事务的公共领域，演变为国家操纵的对象。这种发展转而刺激了公众对国家的更大参与需求。如果民众的这些需求不能得到满足，国家就会面临合法性危机。关于如何克服国家的合法性危机，哈贝马斯给出的答案是恢复公共领域，发展话语民主，通过让公民自由地参与到公共话语的讨论中，来消除由少数专家控制的技术统治和官僚统治现象。在《公共生活与晚期资本主义》一书中，约翰·基恩（John Mckean）也有着相似的思考逻辑，指出"晚期资本主义的彻底改革，关键在于通过建立和巩固独立自主的公共生活领域来削弱公司和国家官僚机构的权力"①。

总的来看，两种民主危机的争论，主要围绕现实的西方民主到底应该限制还是应该进一步扩大这个核心论题展开。需求超载论认为发生民主危机的原因在于民主需求过多，因而主张限制民主；而合法性危机论则强调民主的发展受到了外在制约，因而呼吁扩大民主。由于"两方都在要求发展另一方所畏惧的东西"②，因此在当代西方，两种主张各执一词，争论不下。不能否认，两种理论对于资本主义民主危机的分析，都有其合理

---

① ［英］约翰·基恩：《公共生活与晚期资本主义》，马音等译，社会科学文献出版社1999年版，第3页。

② Seymour M. Lipset（ed.），*The Encyclopedia of Democracy*，London：Routledge，1995，p. 1252.

价值。从最低限度上讲，它们至少都明确指出了民主危机的存在，并提出了遏制、控制危机或者利用危机推动实现民主政治变革的相关建议。

但如果对其进一步解剖，我们可以看出，两种理论存在着理论批判深度上的差异。虽然都对资本主义民主的现实运作机制进行了深入批判，并且也都看到了民主需求扩大的事实，但超载论更多地是从统治权力的需要出发来认识危机，它主张增强资产阶级的统治权力，并压制民众的民主需求，因此它提出的解决方案更能符合资产阶级统治的需要，是一种更趋于保守主义的危机解决方案；而合法性危机论相对而言更具批判性。它不仅通过解析资本主义来探索矛盾危机的深层根源或民主机制存在的问题，而且尝试从被统治群体的需要出发来分析和解决问题，主张通过满足需求、扩大民主来抒解政府的合法性压力。从两种理论完全不同的支持群体中，也可以清楚地看到二者间的这种区别。正如有学者指出的那样，"超载理论在党派的政治圈子中有影响，并且在大众传媒中得到广泛讨论；合法性危机理论则主要是集中于若干个政治分析家的范围内，尽管它们在一些学术圈子中具有影响力"①。

显然，无论是超载论的限制民主还是合法性危机论的扩大民主，实质上都是在为资本主义的权威下降或合法性危机寻找一个制度内的解决办法和出路。无论采取的方法如何，它们的目的都是为了维护和巩固现有制度。事实上，80年代以来西方形形色色的民主理论几乎都是遵循着这一基本线索发展起来的。作为与合法性危机论有着密切渊源的参与民主论也概莫能外。

---

① ［英］戴维·赫尔德：《民主的模式》，燕继荣等译，中央编译出版社1998年版，第306—307页。

第二节　新社会运动的演进与参与民主的发展

从社会运动发展的层面看，在 80 年代后的西方社会，新社会运动仍然是参与民主的主要倡导者和实践者。这一时期的新社会运动呈现迅猛发展的势头，其规模愈益扩大、参与人数愈益增多、运动形式愈益多样、社会影响愈益强大。同时，新社会运动本身也发生了重要的策略性转向，即在积极进行制度外的动员、宣传和抗议的同时，新社会运动逐渐走向制度化，有的运动被制度本身吸纳整合，成为制度内的一种参与和斗争力量。与此相应，其参与民主观也很大程度上从制度外转向制度内，演变为制度内正规化的民主吁求以及制度内政治组织的治国理念和政策主张。

一　新社会运动的当代演进

20 世纪 80 年代后，新社会运动进入一个大发展时期。[①] 运动的发展表现在诸多方面，如新型运动组织形式的形成，普通大众对新社会运动的关注与支持，文化与集体身份的发展，新型集体行动的出现，运动的跨国化扩张以及运动的制度内转向，等等。具体来说，以下方面比较突出：

运动组织迅速扩张。80 年代以来，各类新社会运动组织急剧膨胀。例如，美国的环保组织如荒野协会、塞拉俱乐部、野生动物保卫者、地球之友等迅速发展起来。在加拿大，加拿大自然

---

① 这里说 80 年代后新社会运动的大发展是指一种总体发展趋势和倾向，并不排除一些运动形式在一定时期内处于相对沉寂状态。如面对反运动的各国保守主义政府，女性运动、同性恋运动在经历了六七十年代的高潮后，80 年代开始落潮，直到 80 年代末 90 年代初才重获发展；而环境运动的受关注度也往往因为重要政治、经济、社会议题的出现而有所下降。

基金会、大卫铃木基金会、塞拉俱乐部等大型环保组织也得以建立或发展。到 90 年代时，世界范围内各种环保组织的成员数扩大了两倍。一些颇具影响力的同性恋权利组织，如"人权战线"、"全国男女同性恋工作组织"、"同性恋的双亲和朋友"、"反诽谤男女同性恋联盟"建立起来。随着第三波女性运动的兴起，"艾米莉的名单"、"游击队女孩"、"女权朋克乐"、"胜利日"等新兴女性团体相继建立。同时，一些老的女性运动组织也在不断壮大，如成立于 1966 年的美国"全国女性组织"在 80 年代末时已拥有 15 万成员，176 个分会；到 2006 年，其会员数进一步扩增至 50 万，地方分会达到 500 多个。①

公众关注与支持度提高。在世界范围内，公众对各类新社会运动的关注和支持度急剧攀升，一些新社会运动议题从六七十年代鲜为人知到八九十年代时已成为妇孺皆知、家喻户晓的常识。1990—1991 年的"世界价值观调查"显示，在超过 40 个国家中，96% 的人都支持生态运动。而且，即使环境保护代价高昂，人们的支持倾向仍然居高不下。例如，该调查指出，65% 的人同意增加税收以阻止环境污染的蔓延。2000—2001 年的调查也显示，52% 的受访者认为环境保护应该优先于经济增长。同时，越来越多的人意识到全球变暖议题的紧迫性（参见表 3.4）。1990年，在世界地球日 20 周年之际，140 个国家超过两亿人参加了相关庆祝活动。美国盖洛普（Gallup）民意调查指出，在 2006年，58% 的美国人认为全球变暖已经开始出现。而佐格比国际（Zogby International）在 2006 年的选民调查也发现，尽管伊拉克战争是选民的关注焦点，但仍有 58% 的选民认为政府应该优先致力于解决全球变暖问题。②

---

① 参见"全国女性组织"网站 http：//www. now. org/history

② Suzanne Staggenborg, *Social Movements*, Oxford University Press, 2008, p. 107.

表 3.4　　　　　全球公众关注的主要环境议题与百分比

	百分比
水污染	72
热带雨林破坏	70
自然资源消耗	69
大气污染	69
臭氧层破坏	67
物种消失	67
气候变化	56

资料来源：2000 年"环境学国际调查"，转引自 Suzanne Staggenborg, *Social Movements*, Oxford University Press，p. 108.

新理念的出现。80 年代后，各种新社会运动在内容和理念上都出现了不少新变化。例如，尽管仍然强调女性的健康权、生殖权以及反对家庭暴力等第二波女性运动的主要议题，80 年代后期兴起的第三波女性运动开始更多地关注"内在的文化行为，而非具有外部明确目标的政治行动"①。这一时期的女性运动不仅反对性别的两分，而且反对性别概念本身；她们采纳了后现代的某些思想，从现实生活中多样化的差异性出发，根据女性的多样性来重新界定女性主义；她们十分重视性别之外的种族、阶级、国家、民族及性倾向的区别；她们所关注的不是向性别主义和种族主义挑战，而是敦促人们彻底摈弃男性女性、黑人白人这些词语。同性恋运动则把歧视同性恋与政治压迫联系起来，在反抗"同性恋恐惧症"的同时，对同性恋作了全新解释。90 年代后出现的"酷儿理论"更是异军突起，既挑战对同性恋的污蔑，

① Suzanne Staggenborg, *Social Movements*, Oxford University Press, 2008, p. 79.

又反对肯定同性恋的主张，向一切"正常"、"常态"以及既成规定发起攻击。而生态运动也实现了从批判资本主义工业化对自然界的掠夺、对生态环境的破坏，进而反对人类中心主义，集中批判技术中心主义，到反对一般地拒绝人类中心主义的转变。在对技术中心主义的批判中反对走极端，在坚持"以人为本"的口号下重返人类中心主义，认为人类在反对生态环境危机的同时不应放弃"人类尺度"，从而实现了绿色意识形态从深绿到浅绿的转化。

战略策略更加多样。除 70 年代经常采用的合法集会、请愿签名、静坐示威等传统形式外，新社会运动在发展过程中出现了一些新的战略策略倾向。一些运动组织，如生态运动"绿色和平组织"采取以媒体为导向的直接行动战略，利用一些非暴力的直接行动，制造轰动效应，吸引传媒和公众的注意力，来扩大运动的影响。一些运动如第三波女性运动，则通过出版著作、建立网站、创办内部刊物如《爱好者杂志》，来传播运动的主张和思想。也有一些大型的新社会运动组织，尝试与激进行动的草根运动结合起来，致力于建立与草根组织的联盟，通过动员市场抵制、号召"投书运动"（letter-writing campaign）以及在股东会议上进行抗议等直接行动方式，形成运动的发展动力。90 年代有大量以这种形式出现的直接行动运动兴起，比较著名的包括"绿色和平"组织与草根运动联合起来进行的保护加拿大格里夸湾原始森林运动，以及"地球优先"挂帅、众多地方的激进草根分子参与的英国"反路运动"。

运动的全球性向度。尽管一些新社会运动的全球性发展并非新现象，如国际性的女性运动甚至可以追溯至 19 世纪，但最近20 多年显然见证了新社会运动的全球性扩张趋势。运动的全球性发展首先表现为国际联系网的建立，联合国相关机构如妇女地位委员会、环境规划署等，在构建这种联系网的过程中发挥了重要作用。例如，联合国宣布 1975 年为"国际妇女年"，并在此后资助召开了多次世界妇女大会，其中 1995 年在北京举行的第四次世界妇女大会吸引了 1.5 万人与会，参加非政府组织论坛的更多达 3 万人。这些会议为运动参加者筑造了一个强大的全球联系渠道。随着国际联系的加强，越来越多来自发展中国家的人士参与到运动的行列中，新社会运动走出西方，迈向全球。运动的全球性发展还表现为跨国抗议的扩散。虽然六七十年代的学生运动、女性运动等已经展现出作为一种"全球"抗议运动的发展迹象，但大规模全球抗议却是随着和平运动、生态运动在 80 年代的普遍展开而扩散开来的。尤其是 90 年代以来全球正义运动在世界各地的爆发式兴起，更将运动的全球性蔓延推向了高潮。

除上述发展倾向外，80 年代后西方新社会运动的演进还有一个重要特点，即运动的制度化。新社会运动的制度化，体现了运动的新的发展趋向，同时也推动运动的参与民主理念呈现出一系列重要变化。

二 新社会运动的制度化

对于 80 年代后新社会运动的制度内转向，美国著名左翼学者沃勒斯坦曾经作出这样的表述：

20 世纪 80 年代所有这些新社会运动都分裂为激进和改良两部分。这是 20 世纪初的"革命对修正"争论的重演。结果是激进派在所有情形下都失败了，并多多少少地消失了；胜利的改良派不断具有社会民主党的特征，和传统的社会民主党差别不大，只不过多了些关于环保主义、女权主义和种族主义方面的夸夸其谈。今天这些运动在某些国家仍然很重要，但是它们并不比那些老左派显得更反体系些，特别

131

是当老左派从 1968 年中吸取了教训，从而把环境、性别、性选择和种族主义加进他们的纲领宣言中之后。①

在这里，沃勒斯坦指出了新社会运动制度化后发展的一般特点。显然他是从作为一种反体系运动的角度出发，认为新社会运动在 80 年代后愈益趋向改良、丧失了自身独特的反体系特征。对于这一论断，不同论者可能存在不同看法。但他至少正确指出了一个事实：80 年代后有影响的新社会运动，很大程度上是那些已经制度化的运动。

新社会运动的制度化，主要表现在两个层面：一是运动在发展过程中出现的一些制度化行为，通常指运动倾向于同政府和其他制度内机构建立联系；二是运动的政党政治化，尤其是作为运动主流的生态运动的政党政治化，即绿党政治的兴起和发展。

新社会运动对制度内机构的参与出现在运动发展的各个阶段。实际上，在运动大规模兴起之前，在政府机构、公民自由组织、基金会、教会、工会等传统组织团体内工作的一些运动积极分子，已经开始通过这些制度内机构的运作推动运动议题、思想和主张的传播。随着七八十年代运动的迅速展开，各种新社会运动已经在这些既有机构中牢固地扎下了根基。玛丽·卡赞斯坦（Mary Katzenstein）在一项关于美国军队和天主教会中的女性主义的研究中这样指出，"女性主义者已经在这些机构中建立了一些组织（正式的组织或非正式的联系网），她们通过这些组织分享经历、发展战略、相互支持"②。在大学中，女性研究系、环境研究系以及各类研究中心的建立，促进了运动话语的发展。在

① ［美］伊曼纽尔·沃勒斯坦：《新的反体系运动及其战略》，载《国外理论动态》2003 年第 4 期。

② Mary Katzenstein, *Faithful and Fearless*: *Moving Feminist Protest inside the Church and Military*, Princeton University Press, 1998,

运动的国际化发展过程中，运动的活动分子进入联合国和各国政府机构，与机构外的活动分子共同致力于推动运动思想的扩散以及政治、经济和社会的变革。

新社会运动的制度化行为还表现在运动组织和团体成功地建立了不同政府层面上的机构化联系渠道，以正规化、建设性的方式向政府反映自己的要求并实现运动团体的目标。这主要体现为院外游说组织的出现。近 20 多年来，众多新社会运动的院外游说组织在国家、地区层面上大量兴起。其中最有影响的是欧盟内的欧洲妇女院外活动集团和环境院外集团。欧洲妇女院外活动集团（European Women's Lobby）建立于 1990 年，是欧盟内最大的女性权益保护组织联盟，其总部设于布鲁塞尔，在欧盟的 27 个成员国和 3 个候选国内拥有约 2000 个成员组织。它主要在欧盟机构，如欧洲议会、欧洲委员会、欧洲部长会议内进行游说活动，致力于在欧盟的所有政策领域推进女性主义的性别平等观，维护女性的经济和社会地位、女性决策权，反对针对女性的歧视和家庭暴力，倡导女性多样性。① 近年来，欧洲妇女院外活动集团在推动欧盟国家内性别平等方面作出了积极努力，如参与支持和援助遭受性剥削的女性受害者的"北欧—波罗的海实验计划"；领导在欧洲议会和欧洲委员会中实现男女代表数量均等的"50/50 民主运动"，等等。

环境运动院外集团的制度化行动突出表现在它对欧盟环境改革的积极介入。环境运动院外集团主要由四部分团体构成：欧洲环境局（EEB）、地球之友欧洲办公室、世界野生自然基金和绿色和平。② 它们对欧盟正在形成的环境政策进行监督并作出回应，围绕列入欧盟议程的话题提供意见书，代表其成员组织同欧

---

① 参见欧洲妇女院外活动集团网站 www.womenlobby.org

② 郇庆治：《80 年代末以来的欧洲新社会运动》，载《欧洲》2001 年第 6 期。

洲委员会、欧洲议会和欧洲部长会议就相关议题进行讨论。此外，欧洲环境局等院外团体还与一些欧盟机构建立起日常工作关系，同欧洲环境署（EEA）、成员国常任代表等机构和团体保持密切接触，致力于实现其环保的目标。90 年代以来，环境院外集团在欧盟水平上政治参与能力与影响迅速扩大。例如，在马斯特里赫特谈判时，欧洲环境局、地球之友和世界野生自然基金在强化《罗马条约》的环境主义向度方面取得了很大成功；欧洲气候网络、欧洲环境局、欧洲交通与环境联盟、欧洲地球之友、欧洲绿色和平和世界野生自然基金等六个环境团体，在 1995 年 5 月联合提出了一个长达 44 页的详细文件：《绿化条约 II：一个民主联盟的可持续发展——对 1996 年政府间会议的建议》，要求《欧洲联盟条约》作出三方面的修改，即可持续发展应当是欧洲联盟条约的基本目标；环境关心应当被纳入欧盟其他的一体化政策领域；为了环境保护的利益，欧盟机构的民主亏空应当减少。这些环保建议及其积极的院外活动，起到了重要的导向作用，推动欧盟相关政策的制定朝着有利于运动议题的方向发展。

除上述制度化行为外，政党政治化也是新社会运动制度化的一个突出表现。80 年代以来，新女性运动、同性恋运动在发展进程中，建立过一些小型政党，但大多名不见经传。真正产生广泛政治影响的，是在生态运动中成长起来的绿党，尤其是在作为生态运动中心的西欧地区兴起的诸多绿党。1973 年在英国考文垂诞生的"人民"党，是西欧的第一个绿党。德国绿党虽然成立时间稍晚（1980 年建立），但在整体实力和政治成就上却远居西欧各绿党之首。到 1983 年时，该党就以 5.6% 的选票出人意料地首次获得 28 个议席突破议会门槛进入联邦议会，从而标志着绿党开始正式步入政治舞台。由于德国绿党以崭新的政治风格出现在公众面前，其党纲将生态、经济、政治紧密结合起来，反对核军备竞赛，倡导国际和平以及女权、人权，并提出了相当完备的可持续发展方案，因此它在国家政治生活中的影响不断增强。到两德统一后的 1994 年，绿党已拥有 49 个联邦议席，成为联邦议院内第三大党。在此后的几次大选中，德国绿党一直稳居议院第三位，并与社民党联手赢得大选胜利，两党共同组阁，建立起"红—绿联盟"的中左政府。直到新近举行的选举中，由于民社党的迅速崛起以及自由民主党的反超，德国绿党在议院中的地位才有所回落（相关数据参见表 3.5）。此外，80 年代以来，欧洲的比利时、奥地利、芬兰、意大利、法国以及瑞典等国也相继建立了绿党，且各党在国家政治的角逐中都有不俗表现。例如，芬兰绿党在 1995 年选举后入阁，从而成为世界上第一个加入全国政府的绿党；意大利、法国绿党也先后加入联盟政府，走向执掌国家权力的舞台。

关于新社会运动制度化的影响，理论界存在诸多争论。一些生态运动的研究指出了制度化的负面影响。如《消失的地面》的作者马克·杜依（Mark Dowie）在分析 1990—1994 年间美国环境运动的落潮时，[1] 除列举了经济衰退、艾滋病和无家可归者等其他社会议题同环境运动争夺资助等原因外，尤其强调环境组织自身的危机，认为主流环境组织的过分制度化及其过分受制于政府和合作精英，应该为运动的衰落承担一定责任。[2] 其他一些研究者则强调运动制度化的积极意义。在一篇关于加拿大生态运动的分析报告中，杰瑞米·威尔逊（Jeremy Wilson）认为，尽管加拿大的一些大型环境组织在结构上官僚化，但仍在致力于为自愿参与创造机会。这些组织的制度化具有明显优势，如组织的稳

---

[1] 美国环境运动的组织规模在 1990—1994 年间有所下降，例如杜伊指出，塞拉俱乐部的成员数从 63 万下降到 50 万，绿色和平运动的成员数从 250 万降至 80 万，全国野生动物联合会解雇了 100 个雇员。

[2] Mark Dowie, *Losing Ground: American Environmentalism at the Close of the Twentieth Century*, Cambridge: MIT Press, 1995, pp. 58—59.

定性、能够接触到政府内部人员以及其他决策者。[①] 鲁赫特和卢斯（Dieter Rucht and Jochen Roose）在对德国环境运动的分析中也得出了类似结论，指出制度化有助于运动在既有政治框架内获得更大影响力。[②]

表 3.5　　　　　20 世纪 80 年代以来德国绿党的议会
选举得票率和议席数

年　份	得票率	议席数
1980	1.5	—
1983	5.6	28
1987	8.3	44
1990	5.1	8
1994	7.3	49
1998	6.7	47
2002	8.6	55
2005	8.1	51

资料来源：根据 http://www.parties-and-elections.de 整理。

　　当前西方新社会运动的确面临战略策略的选择问题，是如布鲁默（Herbert Blumer）预言的那样，[③] 将遵循所有社会运动的发展规律，最终必然走向制度化？还是另辟蹊径，探寻新的斗争策

---

　　①　Jeremy Wilson, "Continuity and Change in the Canadian Enviromental Movement: Assessing the Effects of Institutionalization", in D. L. VanNijnatten and R. Boardman (eds), *Canadian Enviromental Policy: Context and Cases*, Toronto: Oxford University Press, pp. 46—65.

　　②　Dieter Rucht and Jochen Roose, "The German Environmental Movement at a Crossroads?", *Enviromental Politics*, 8/1, pp. 59—80.

　　③　布鲁默将典型的社会运动周期划分为四个阶段，即社会动乱、大众情绪激昂、形式化和制度化阶段。See Herbert Blumer, "Social Movements", in A. McClung Lee (ed.), *Principles of Sociology*, New York: Barnes & Nobles, pp. 199—220.

略，走出一条新的发展道路？正如前文所言，近年来有的新社会运动已在进行这方面的努力，尝试将制度内的活动与制度外延续了早期运动精神的反体制抗议斗争结合起来，展现出运动的制度化和职业化与新的草根激进行动相伴相生的倾向。这种新的战略策略给运动创造了新的发展空间，但是否代表着运动的主流方向，是否能够推动运动的持续性发展，仍需实践验证。诚如有学者在分析生态运动的现状时指出的，目前运动面临的困境"不是失败而是不完全的成功"，问题在于"如何更好地使运动得以复兴并且更进一步地走向可持续性"①。

三 制度内新社会运动的参与民主：以绿党为例

作为新社会运动制度化成功范例的绿党，之所以在 20 世纪末获得蓬勃发展，原因有很多。其中，绿党有别于传统政党的独特绿色风格和绿色理念，是推动其实现大发展的一个主要原因。而它极力倡导的大众参与，则是构成其绿色政治理念的相当重要的一环。正如有学者指出的那样，"德国绿党将参与民主理想融入其结构之中，试图成为一个与众不同的新型政党"②。

绿党的大众参与主张，本质上是一种要求发展参与型民主政治的体现。从理论源头上看，这一主张与绿色政治理论关于民主发展的两个基本认识密切相关：一是生态环境建设与经济和社会的民主发展具有不可分割的联系。在绿色理论看来，生态环境的破坏与经济活动或政治决策缺乏民主直接有关。人们想要彻底解决生态问题，就不能只把眼光放在具体的环境政策上，而是要从政治和经济体制入手，消除产生生态危机的体制根源。只有经济

①　[英] 克里斯托弗·卢茨主编：《西方环境运动：地方、国家和全球向度》，徐凯译，山东大学出版社 2005 年版，第 4 页。

②　Judith I. McKenzie, *Environmental Politics in Canada：Managing the Commons into the Twenty-First Century*, Toronto：Oxford University Press, 2002, p. 58.

决策和生产过程中广泛的民主参与，人们才能确保经济生产是基于和服务于社会成员的需要，才能有效监督生产过程，并保证产品的消费不会危害劳动者和消费者，不会危及生态环境。因此"政治与经济的充分民主既是生态社会的基石，也是走向绿色社会的通道"①。二是充分的民主发展，并不意味着否定代议制，而是指扩大公众制度化参与的机会。除激进的绿色主义者外，绿色政治一般并不排斥代议制。相反，它认为代议民主制度更能够表达那些在决策过程中没有直接民主代表的群体的利益，如"未来一代"、"外国公民"以及"非人类世界"。按照绿色理论的观点，更充分的民主不是通过废除代议制，而是通过运行机制的变革，通过赋予公民更多的参与机会来实现。"民主的社会环境问题，不能认为仅仅通过给予更多的民主就能解决"，"一个'更好的'民主，与民主决策程序的改善相关"②。

正是在这一认识的基础上，绿党提出了改革国家民主制度的建议。德国绿党的纲领《未来是绿色的》③，从三个方面阐释了它的民主制度改革设想，而这些设想在根本上都与促进大众参与和自决直接相关：

其一是加强公民参与权。它认为，扩大公民、非政府组织、利益集团以及各种社会组织的政治参与，是绿党自信地面对未来社会的一个必要条件。它主张新的参与形式应通过促进社会对话来实现；作为对议会民主的补充，应进一步扩大公民在从地方政府到国家政府等国家各个层面的直接参与因素；应加强对各种直接参与方式的研究，使之不断完善，从而推动实现有力的公众参与；以及增强公民对议员选举的影响，等等。它尤其强调指出，

① 刘东国：《绿色政治》，上海社会科学院出版社 2002 年版，第 231 页。

② John Barry, *Rethinking Green Politics*, Sage Publications, 1999, p. 224.

③ See http：//www. gruene. de/index. htm, Alliance 90/ The Greens：Party Program and Principles, *The Future is Green*, pp. 102—104.

促进民主发展的关键，在于政党能够成功地向公众开放，能够采纳新的公众参与形式，并使其真正进入政治决策过程。

其二是发展联邦主义、复兴地方政治。德国绿党认为，联邦主义极大促进了公民生活条件的平等、保护了地区的独特性以及地区相对于中央的权力。因此，它大力维护这种联邦主义政治体制。在此基础上，它强调应给予地方政府更多的自由行动权。这要求改革地方政府的财政平衡体系，促进地方政府的财政自主。只有地方政府获得更多的自主权，地方公民才能真正实现对地方事务的自决。

其三是走向社会和经济共决的新道路。绿党强调民主和参与不应只限制在国家领域，应该包括那些对未来重要决策有影响的其他领域，尤其是经济领域。为了推动更有效的经济参与，共决制应从两个层面不断推进，即企业中的工人参与以及建立投资基金。共有制与共决制是相互补充的。只有在合作性企业文化的基础上，雇员才能分享决定企业发展方向的决策权。共决制当然不能只限定于企业。在学校、大学、居民区以及大规模城市和乡村规划的计划和实施过程中，公民拥有参与决定的机会同样重要。

在积极倡导建立大众参与政治、经济的同时，绿党也在其党建组织中大力贯彻能够体现大众参与的基层民主原则。德国绿党在早期纲领中十分明确地指出："我们决定建立一种新型的党的结构，以不可分割的基层民主和分散化概念为基础的结构。我们相信，缺乏这种类型结构的党，就不适用于令人信服地支持议会民主机制内的生态政策。"为了充分体现基层民主的原则，绿党在组织结构上尽量淡化等级制色彩，不设立最高领导人和最高领导机构，只设立全国办事机构和集体协调人或发言人。而且这些机构和个人没有决策权，实际决策权掌握在基层手中。按照绿党党章的规定，地方和州级党组织在决定纲领、财政和人事方面享有"最大可能的自主权"。党的一切决议必须产生于基层，由基层代表将问题提交到州大会或联邦大会讨论。党的各级机构专题工作小组，向大会讨论的问题提出技术和信息帮助，最后由大会作出决议。此外，绿党还把干部轮换，作为防止权力集中、实现基层理想的一条基本途径。例如绿党党章规定：任何人不得同时兼任党的职务和议员职务，担任党的领导职务也不得连续超过两届。

总之，作为制度化新社会运动的绿党，提出了以大众参与为取向的包括社会政治民主、经济民主以及政党基层民主在内的全面民主化的发展设想。这一设想的最终目标，是建立所有公民成为活动主体而不再是被动对象的大众参与政治。显然，这种大众参与政治，充分体现了新社会运动本身所具有的参与民主特色。但由于绿党已经发展成为制度内的一支政治力量，因此与作为一种民主理想的制度外新社会运动的参与民主呼求不同，它在很大意义上已经演变为其竞争国家政权的政策主张，以及改变国家民主政治发展进程和方向的一种政治战略原则。这也成为参与民主从体制外进入体制内，并且被体制本身吸纳整合的一个典型范例。

第三节　当代理论发展：20 世纪 80 年代以来的参与民主理论与模式

20 世纪 80 年代以来，西方参与民主理论得到很大发展。理论的发展与资本主义民主政治运转过程中出现的问题以及"新"运动的推动不无关系，同时也是对先前理论研究缺陷深刻反思的结果。理论反思具体表现在两个方面：一是理论批判更加深入和透彻。无论是对自由主义民主的理论解剖，还是对其实践弊端的描述分析，都相当睿智并颇富哲理，似乎更能触摸到问题的实质与核心。诚如有学者在评论这一时期著名参与民主论者巴伯的理论思想时指出的，"巴伯对自由主义民主特征的概括甚至是所有自由主义民主理论家们都难以匹敌的"①。二是理论探讨以现实实践为参照系，或者说理论分析的目的是为民主政治的实践寻找一种替代模式。因此，80年代以来的参与民主研究，开始更多地转向对参与民主的具体运行机制和实现方式的探讨，从而出现了更为丰富和多样的参与民主建构模式。为了较为系统地认识和把握当代西方参与民主理论的发展演进，接下来将具体考察几种具有代表性的参与民主理论和模式。

一　典型理论与模式

80年代后的参与民主呈现一种多样化的发展局面。这一时期产生的众多参与民主理论和模式中，不仅有综合性、总体性的理论分析和模式设计，如作为当代参与民主思想代表者的巴伯的"强民主"构想，也包括对在工厂企业等具体领域中如何实现参与民主的方式的探讨，甚至还出现了大量关于参与民主实现手段或工具如电子民主的研究，等等。

结社民主与协商民主，是90年代发展起来的民主理论新范式。有的西方民主研究者将其与参与民主并列，作为民主理论在当代发展的新形态之一。笔者认为，这两种民主理论模式与参与民主存在千丝万缕的联系。无论是结社民主还是协商民主，都与参与民主分享着相同的价值理念，如大众参与、公民自治以及公民间的相互合作、平等和尊重，等等。这在一定意义上至少是对参与民主的理论回应。如有西方学者强调的那样，"部分结社和协商民主论者，以一种无声的形式以及一种较之核心参与民主理论更为符合制度的方式，重申了参与主义的主题"；它们"对于

①　李强：《论两种类型的民主》，载《直接民主与间接民主》，三联书店1998年版，第10页。

那些试图应对关于参与民主是不切实际幻想之指控的人（指参与民主理论家——引者注）而言，是有吸引力的"①。正是遵循这些相同的价值线索，本书从更为宽泛的概念理解上，将结社民主与协商民主也涵盖于当代西方参与民主范型之列。

（一）"强民主"：一种参与民主的建构模式

美国政治学家本杰明·巴伯（Benjamin R. Barber），是80年代后倡导参与民主理论的主要代表。虽然早在六七十年代，他就已经开始从事诸如公众自由、极权主义等相关政治理论的研究，但其参与民主思想的成型和系统化却体现在1984年出版的《强民主：新时代的参与政治》一书中。该书从解析自由主义民主理论的哲学基础入手，深入考察和分析了自由主义民主的缺陷和理论倾向，论证了作为替代模式的参与民主（他称之为强民主）的可行性，并为之设计了具体的实践框架。由于该书卓越的理论贡献，巴伯获得了"民主共和主义肇造者"的赞誉，从而成为当代参与民主理论发展的里程碑式的人物。

与70年代的参与民主理论家一样，巴伯的参与民主设计也是以对自由主义民主的批判为前提。巴伯把自由主义民主称做一种浅薄的民主（thin democracy）或弱民主（weak democracy）。他认为，这种民主虽然是当代社会占统治地位的民主形式，但自身存在不能克服的内在局限，其核心表现就是：在自由主义民主条件下，个人自由的价值先于民主的价值。自由主义民主在实质上是为了"私人的利益而从事公共事务"②。因此，自由主义民主理论中的民主只是一个备用的选择，即仅仅是实现个人利益与目标的一种方式和手段。

---

① Frank Cunningham, *Theories of Democracy. A Critical Introduction*, London and New York: Routledge, 2002, pp. 137—141.

② B. Barber, *Strong Democracy. Participatory Politics for a New Age*, University of California Press, 1984, p. 4.

正是由于过分强调个人自由，自由主义民主表现出三种理论发展倾向：（1）无政府主义倾向。这种无政府主义不同于19世纪后半期妄图推翻任何政府形式的极端主义意识形态，而是指一种维护个人自由以及各种绝对权力，抑或反对国家干预市场的非政治或反政治倾向。这一倾向将个人视为能够在市民社会之外满足其自身需求的自主性存在。它虽然承认政治权力的作用，但对权力的行使却呈敌视态度，认为任何形式的权力行使总会产生危害个人自由和利益的后果。因此在民主实践中，它既反对少数人对权力的垄断，也不赞成多数人参与决策。（2）现实主义倾向。与前一倾向不同，现实主义是一种重视政治权力行使的倾向，但现实主义与无政府主义之间存在一定联系。无政府主义倾向是在否认、回避冲突，梦想在一个无冲突的世界中实现个人自由；而现实主义倾向则在努力创建一个人为的权力世界，以期压制不同个体间的冲突。（3）极少论倾向。这一理论倾向关注的，是如何处理现实主义的主权以及个人对统治权力的无限欲望，即如何管理管理者的问题。就这一理论倾向而言，它认为不同个体之间存在一种相互依赖和自然竞争的关系，因而不能相互隔绝地生活；但同时也认为人与人之间并不能取得互信，从而不能轻易地和平共处。因此，在对待权力的态度上，它虽然主张行使权力的必要性，但也强调限制权力的不可或缺性。在巴伯看来，极少论试图推动一种宽容政治的发展，即"每一相互作用以节制来限定；每一个人自由的放弃，都应附加保留条件；对每一权威的认可，都应约束以保障权力的条件；每一私有权的让与，都应限制条件来捍卫"①。换言之，与无政府主义自动泯除冲突的乌托邦式倾向，以及现实主义通过强制性权威来解决冲突的倾向不同，

---

① B. Barber, *Strong Democracy. Participatory Politics for a New Age*, University of California Press, 1984, pp. 15—16.

极少论主张容忍冲突，并通过结社等中介形式来降低相互倾轧的程度。

这三种理论倾向相互矛盾、相互冲突，但却都与民主的基本理念如政治参与、共同讨论、相互合作等抵触。例如，无政府主义倾向强调社会关系中个人的首要性，从而限制了"具有内在价值的社群观念"；现实主义倾向试图在自由主义名义下集中行使权力，从而破坏了"自治社会"；而极少论倾向虽然带来了宽容性、多元性、自制性，但却纵容了私人的、不公正的市场力量对政治权力的操纵，并推动了一种质疑"多数决定论"，即强调"多数人暴政"观点的发展。

在实践中，这些理论发展倾向决定了占统治地位的自由主义民主不可避免地呈现诸多"浅薄"或"弱势"的症状。例如，无论在投票率方面，还是在政治责任感以及对政治事务的关注和介入方面，公民普遍表现出与政治疏离的迹象；政治平等和参与原则遭到破坏，公民的政治参与偏向高社会经济地位人群，从而造成公民在政治生活中不能发挥平等的政治影响力；通过代表来代替公民行使统治职能，缩减了公民的活动空间，牺牲了公民的统治权，进而侵蚀了公民自我做主、自我治理的民主原则，等等。因此，应该以一种既能够确保个人的自由与权利，又能够避免"无理性的多数人暴政"的民主理论取而代之。

巴伯将这种新型民主称为"强民主"，认为它是一种现代形式的参与民主。之所以将其视为现代形式的民主，是因为它虽然建立在公民自治的理念之上，但却并不是古典直接民主的简单复兴，而是与大规模、复杂的现代社会相适应的一种参与型民主。这种参与型民主的基本特点表现在：各种冲突和矛盾的解决，是通过参与过程、直接自我立法以及建立政治社群来实现的。其中，政治社群能够将依赖性的个人转化为自由的公民，能够将失之偏颇的私利转化为公善。

在巴伯看来，与自由主义民主相比，强民主的诸环节更能体现民主的本质，并推动民主政治的发展。首先，自由主义民主将人理解为抽象的人，把人与人之间的隔离作为人类社会的特征。当不同个体间发生冲突时，它通过抹杀、抑制或宽容的方式来加以解决；而在强民主那里，个人被视做具体的公民，公民间具有共通性。因此，当公民间发生冲突时，它是通过参与的方式，将私利转化为公益、将冲突转化成合作、将放纵转化为自制。其次，自由主义民主实践的一个主要特征，是经由投票方式通过单纯的多数同意来解决相关议题。但在强势民主中，往往是先将议题诉诸共同讨论和公共判断，然后在修正、扩充议题的基础上进行公共选择。巴伯指出，"投票是表达个体偏好的一种静态行为，而参与则是动态的想象行为"，"公共行为的正确性……依赖于参与者的积极同意"①。再次，在自由主义民主中，各种通过投票解决的议题是由少数政治精英决定的，普通公民没有相关权利和责任；而在强民主中，公民通过政治对话等政治参与方式进行讨论、协商，共同确定各个议题。同时，在政治参与的过程中，公民也能够掌握更多的政治知识，进而有助其作出理性的政治判断。最后，强民主更能体现人的社会性，并实现个人自由。巴伯反对自由主义把人设定为孤独而疏离的存在，认为人的本质在于其社会性。因此，人们并非自由主义所宣称的"生而自由"，而是处处受到社会的制约，人们实际上"生而依赖他人"，并在社会中学习如何实现自由。这样，政治的目的，也就不是从政治中拯救"自然的自由"，而是要在政治内创造"人为的自由"。巴伯认为，在强民主中，通过"公民身份"使人们之间的相互依赖正当化，进而在建立"民主社群"的基础上，推进公

① B. Barber, *Strong Democracy. Participatory Politics for a New Age*, University of California Press, 1984, pp. 136—137.

民的政治讨论以及积极参与政府事务，就能够创造这种"人为的自由"。

在对自由主义民主和强民主进行比较分析的基础上，巴伯为强民主设计了一个具体的制度框架。与六七十年代参与民主理论的原则性构想不同，巴伯提出了民主改革的具体思路。他指出，强民主的建立，不能是对现有制度细枝末节的修补，而必须进行一套系统的、环环相扣的制度改革。从民主讨论、民主决策以及民主行动三个层面，巴伯对强民主的实践进行了系统规划（见图 3.1）：

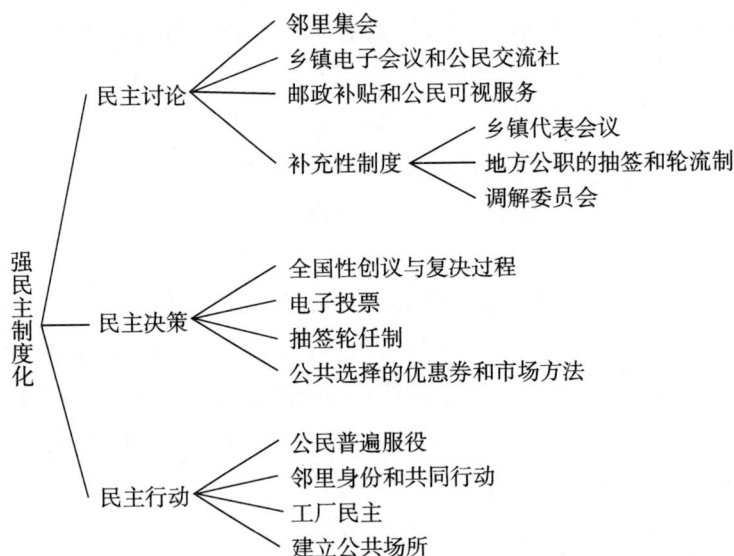

图 3.1　巴伯的强民主模式

（1）在民主讨论方面，巴伯的重要主张，是在乡镇、邻里、社区等基层单位设置邻里集会（neighborhood assemblies）。集会成员为 1000—5000 人之间，每周在学校和社群休闲地等固定场

146

所举行一次会议，就地方性和全国性议题进行集中讨论。由于邻里集会不可避免地带有地方色彩，因此一些区域性或全国性的公共论坛也不可或缺。但在实践中，这种大规模的论坛受到参与规模的限制和约束。为克服因规模问题而造成的参与障碍，巴伯强调通过乡镇电子会议来发展远距离参与讨论的意义。当然，巴伯也看到了作为一把"双刃剑"的新技术面临着被滥用或受人为因素操纵的危险，因此他提出建立由邻里、区域代表以及异议人士组成的公民交流社（civic communication cooperative），来掌控电子技术的发展与运用。同时，为了使所有公民都能平等地获取电子信息，巴伯认为政府应给予各类教育出版物以邮政补贴，并为公民提供可视服务（civic videotex service），以使公民能够获知日常信息、讨论议题以及其他技术、政治和经济数据。此外，还应建立一些补充性制度，如在难以推行直接参与的地方，通过抽签和轮流的方式从地方公民中选出代表，组成乡镇代表会议；以同样方式产生一些不太重要且不强烈要求专业知识的地方职位人选；组建调解委员会，以仲裁调解基层单位的民事纠纷。

（2）在民主决策方面，首先是建立全国性的创议与复决制度。由散居全国各地的居民提出创议与复决申请，并在创议或复决案获得通过之后的六个月后进行第二轮投票。此类表决，巴伯建议通过网络采用电子民主的方式进行投票。而对一些具体决策，例如学校教育、城市规划、执照发放以及税额审定等，则可以通过抽签和轮流方式选出人选共同决策。同时，在如住房、教育、交通等公共建设方面，巴伯还提出了以分散化的市场机制或优惠券方法，即通过不同个体竞争政府优惠政策的方式，来取代一般民主中公共机制的主张。巴伯认为，这样一种市场化决策不仅能够避免官僚主义，而且使公民能够自由选择并掌握其自身命运。

（3）在民主行动方面，巴伯主张以能够促进团队合作和社群意识的普遍性公民服役制度，来替代现行背离民主精神的职业军人制和志愿军人制；在地方层面上，发展自助性和自治性的参与活动，鼓励普通公民尤其是退休人员参加邻里的一些共同行动，如巡逻、美化环境等；在工厂企业中，建立工人自我管理、自我决策的"自我调整"机制；为开展广泛政治讨论以及强化公民社群意识的需要，还应提供邻里活动的公共场所。

对于巴伯的强民主理论与模式，西方理论界存在不同评价。谬赞者认为巴伯的理论独辟蹊径，自成一家之言，并将其探讨该理论的著作《强民主》推崇为"十几年来最重要的政治理论著作"①；而巴伯理论的批评者也不在少数，其主要观点大都强调巴伯试图在现代社会全面发展一种直接民主，认为他提出的民主模式不切实际、过于理想化，② 等等。在众多不同观点中，《乡村之声》作出的评价相对客观。它指出："巴伯令人尊敬地、但却并未深入地发展了一套可望而不可及的理想。巴伯并不是在散播一种蓝图，而只是尝试提出一种观点。就这方面而言，他应该是成功的……参与民主是可能的，因为民主理想的根基，正是强民主所勾画的那种栩栩如生的、平等主义的、参与政治的前景。"③

（二）工厂民主：工人参与企业管理的分析框架

早期参与民主理论的核心内容之一，是积极强调工人在工厂、企业等基层单位的直接参与，及其对工人民主精神和民主意识塑造的重要作用。80 年代以来，随着企业民主实践的新进展

---

① A. Wolfe, "Review of B. Barber, Strong Democracy", *Society*, Vol. 23, 1986, p. 91.

② H. Kitschelt, "Social Movements, Political Parties, and Democratic Theory", *The Annals of the American Academy of Political and Social Science*, vol. 528, p. 29.

③ See the back cover , in B. Barber, *Strong Democracy. Participatory Politics for a New Age*, University of California Press, 1984.

而迅速发展起来的诸多工厂民主理论，使参与民主研究更加细化、具体化，推进了参与民主理论的丰富和发展。

从理论的沿革看，当代工厂民主理论是在西方传统工业民主思想基础上发展起来的。关于工业民主，美国政治学家利普塞特主编的《民主百科全书》将其界定为"民主理论在工人生活中的运用"，并将其追溯到18世纪末法国大革命时期，认为它是基于当时政治民主的缺陷而产生的一种民主思想。[①] 根据大革命中激进派的主要观点，可以看到其工业民主主张更多的是建立在"自由、平等"理念基础上的一种"经济平等"吁求，是对源于洛克的绝对所有权观念的理论反驳。19世纪后，伴随着大规模工业的迅速发展以及组织化劳工运动的兴起，工业民主思想广泛流行开来。这个时期的工业民主理论大多与各国的工团主义运动、工人结社运动或合作社运动结合在一起。在形形色色的小资产阶级社会主义流派的理论主张中，或多或少都可以看到某种形式工业民主思想的痕迹，如路易·勃朗、拉萨尔、蒲鲁东的无政府主义、工团主义以及合作主义思想。值得强调的是，正是在对各种社会主义流派进行理论批判的基础上，诞生了马克思的合作生产、合作工厂等理论。这些理论以及作为其继承和发展的西方马克思主义的工人自治思想，如葛兰西的工人委员会、马勒的"新工人阶级"、科尔施的"工业自治"主张等，成为当代工厂民主理论的重要思想来源。

"工厂民主"的流行发生在"二战"之后，很大程度上与西方各国蓬勃发展的工人参与企业管理的劳资协商、共同决策以及工人所有的合作社、工人自我管理企业等民主实践相关。在20世纪的后30年里，工厂民主成为西方学者研究和探讨的

[①] Seymour M. Lipset（ed.），*The Encyclopedia of Democracy*，London：Routledge，1995，p. 609.

一个热点。① 尤其在 80 年代前后，西方理论界更是兴起一股工厂民主研究的热潮。这股研究热潮的出现，一方面与各国经济民主实践的新进展有关——如雇员持股计划、劳资共同决策、雇员投资基金制度的建立，以及前南斯拉夫、西班牙蒙德拉贡地区工人自我管理企业模式的成功实践等；另一方面也是西方学者对当代资本主义和苏联模式社会主义企业组织结构的缺陷进行理论反思的结果。

当代西方工厂民主理论的倡导者为数众多，以其价值取向和目标取向为依据，主要可以分为两类：一是一批以社会主义为价值目标的左翼学者，他们着眼于社会经济领域的制度设计，主张通过经济领域尤其是企业内部的组织、管理和决策的民主化改造，建立一个既区别于自由资本主义、又与苏联传统社会主义经济模式不同的"更新、更民主、更平等"② 的社会主义社会，因此在当代西方他们也经常被称为是"经济民主的社会主义者"或"自我管理的社会主义者"；二是西方社会中的企业管理者或参与民主的支持者，他们主要关注的是经济社会的民主化对经济发展的影响，或者是对资本主义政治民主实践的影响。其观点大多建立在直接参与思想的基础之上，认为在社会生活尤其是企业中扩大参与决策的范围，是"培养雇员的献身精神和发展工业关系的一条途径"③。这类工厂民主倡导者，大都看到了资本主义对人的异化和工人的无权状态，但他们并不主张改变社会制度，而是尝试在资本主义的制度体系内寻求解决方案。正如有的

① 这其中包括早期参与民主理论家的一些工厂民主思想（参见本书第二章第 3 部分），但工厂民主理论的真正大发展却是发生在 80 年代之后。

② Edward S. Greenberg, *Workplace Democracy: the Political Effects of Participation*, Cornell University Press 1986, p. 14.

③ Margaret Kiloh, *Industrial Democracy*, in David Held and Christopher Pollitt (eds), *New Forms of Democracy*, London: Sage Publications, 1986, p. 14.

学者指出的，他们"是在维护现有体系，而不是变革体系"①。近年来，面对多元民主理论发展的困境，甚至达尔、林德布洛姆等传统多元民主主义者，也转而强调经济平等、工厂的民主发展对实现政治民主的意义。如达尔就提出了建立一种新的广泛合作型的所有制，从而把民主扩展到车间和一般经济生活中去的新多元主义的经济民主理论。②

虽然不同的倡导者构建的理论模式侧重点各异，多数工厂民主主义者关注的焦点主要集中在两个方面，即工厂内部民主的发展，以及工厂民主对整个社会的政治民主化的影响。

在工厂民主主义者看来，推行工厂民主基于以下两个理由：首先，在任何民主制度中，人们对严重影响其生产生活的决策都应享有发言权，而不应将这一权利仅限制在政治过程之中。卡诺伊和德里克（Martin Carnoy and Shear Derek）在总结 17 世纪以来民主发展经验的基础上指出，"二百年来支持由大众而不是单个人或小团体作出政治选择的同样观点，也是由工人和消费者作出生产和投资决策的基本理由。尽管民主选择存在一定缺陷，但只要允许表达自己的意愿，就能充分反映人们的需要和期望"③。其次，发展工厂民主对个人自由的发展能够产生有益影响。工厂民主主义者大都承认企业中的等级和官僚制对人的异化以及对个人发展的阻碍，强调直接参与民主管理可以在一定程度上纠正这一倾向。在这种认识的基础上，阿切尔（Robin Archer）通过考察当代资本主义影响自由实现的两种情况，论证了发展企业民主

---

① Margaret Kiloh, *Industrial Democracy*, in David Held and Christopher Pollitt (eds), *New Forms of Democracy*, London : Sage Publications, 1986, p. 16.

② Robert A. Dahl, *A Preface to Economic Democracy*, Berkeley: University of California Press, 1985, pp. 111—136.

③ Martin Carnoy and Shear Derek, *Economic Democracy*, New York: Random House, 1980, p. 3.

管理、民主决策的必要性。一种情况是，各种社会组织能够对个人选择施加影响，但这种影响并不必然造成替代个人选择的结果。如在竞争性市场中，消费者具有不受任何指令的自由选择权。另一种情况是，个人受制于某一组织如国家的权威，这个组织能够拒绝并替代个人的选择。在这种情况下，个人自由的实现，需要在组织决策过程中享有某种形式的发言权。具体到企业决策中，阿切尔把企业决策的受众主要分为工人、股东和消费者三类，并指出当只有股东在企业的决策过程中享有发言权时，会阻碍个人自由最大化的实现。他设计了一种工厂民主的模式，设想把企业决策的权力赋予工人。他认为，劳动力是一种特殊的商品。与股东提供的商品"资本"不同，劳动力"依附于"劳动者，只有劳动者才受到企业权力的直接支配。因此，在理想的经济民主社会中，应该"是工人而不是资本家应拥有对企业的决策控制权"[1]。

就促进工人参与、实现工厂民主的具体方式而言，按照泽德林（Daniel Zwerdling）的分类标准，当代工厂民主的设计大体包括以下四种类型[2]：（1）倡导在工作过程中实现管理方式变化的"工作的人性化"改革。（2）通过工人和管理层之间进行协商，推动工作过程发生变化的"工作生活质量"的改变，即工人参与一些非主要工作条件的决策，但企业的真正决策权、控制权仍掌握在企业所有者手中。这两种类型很大程度上是针对传统"科学管理方式"的改革。（3）通过管理层发起的雇员持股计划等方式，建立工人所有的企业。在这一方式下，工人通过雇员持股虽然掌握了一定数量的股票，但在具体的企业管理中，并不具

---

[1] Robin Archer, *Economic Democracy: The Politics of Feasible Socialism*, Oxford: Clarendon Press, 1995, p. 88.

[2] Daniel Zwerdling, *Workplace Democracy*, New York: Harper & Row, 1984, pp. 2—8.

备与少数股东相同的影响力。（4）建立工人所有、控制或"自我管理"的企业，主张工人在企业中完全独立，自行决定所有的生产、价格、销售和薪资等问题。也有学者将阐释这种工厂民主方式的理论称为"纯粹的工业民主理论"（the full-blooded theory of industrial democracy）。[1]

在上述四种工厂民主类型中，只有第四种类型超越了传统管理方式变革的轨道。它不仅主张雇员掌握企业的所有权，更强调雇员对企业的控制权或自我管理权。在当代资本主义社会，除少数生产者合作社如西班牙蒙德拉贡的合作社架构与此类型接近外，这种工厂民主形式几乎没有实践的范例。因此，这种工厂民主的主张很大意义上仍然只是工厂民主主义者相对激进的一种理想化设计。例如，在施韦卡特（David Schweickat）的设计中，工人应对围绕生产的一切活动包括企业的组织、纪律、生产工艺、生产什么、生产多少以及净收益分配等负责。所有决策都依据民主原则作出，企业劳动者按照一人一票的原则，平等地享有企业事务的发言权。[2] 在霍尔瓦特（Branko Horvat）那里，甚至还设计了一个被称为沙漏模型的劳动者管理企业的完整组织结构。霍氏指出，这种在决策、执行和监督方面完全由工人决定的管理模式，消除了阶级分化和等级的存在，既能保证民主的最大化又能保证效率的最大化。[3]

工厂民主主义者认为，工厂民主的发展至少将在两个方面促进政治的民主化。其一，通过在工厂这一小规模领域中学习民主

---

① David Robertson, *The Routledge of Dictionary of Politics*, London: Routledge, 2002, p. 237.

② ［美］戴维·施韦卡特：《反对资本主义》，李智译，中国人民大学出版社2002年版，第145页。

③ ［克罗地亚］勃朗科·霍尔瓦特：《社会主义政治经济学——一种马克思主义的社会理论》，吴宇晖等译，吉林人民出版社2001年版，第238页。

方法和技巧，更多的人将学会如何在更大规模的政治领域中行使民主权利。这种看法因袭了早期参与民主理论家的观点，即强调工厂、社区等基层民主在培养公民的民主意识、民主能力等方面的教育功能和价值，以及这些意识和能力的形成，对促进公民积极政治参与的作用和意义。其二，工厂民主的发展将极大削弱私有财富对当代政治的巨大影响。当代资本主义政治很大程度上仍然是少数人的金钱政治。而工厂民主主义者为工厂民主发展所设计的宏观环境，是一种更富于竞争性的市场经济，它更多的利用了市场的主要优势，如对消费者偏好作出反应以及劳动力合理分配的有效机制、运用适当技术并减少浪费的强大动力等。卡诺伊和谢尔认为，随着工厂民主的发展，将会出现更多的市场游戏参与者，如合作社、工人所有企业、社区发展企业以及公共企业等。这些公共、半公共性质企业的发展，将会使市场参与者之间的关系更为平衡，从而在一定意义上改变现有的市场游戏规则，进而在政治上削弱少数财富垄断者的影响力。[①]

工厂民主在理论上的进步意义显而易见。它突出了民主原则在企业制度构建中的重要性，不同程度地颠覆了企业中的专制主义，变企业专制为企业民主，将更多的管理权、决策权赋予劳动的执行者，实现了企业管理方式的根本性变革。按照其逻辑推演，管理方式的变革，必将极大促进工人参与企业的积极性和主动性。而企业参与经验的增加、丰富，也必定会对其进一步的政治参与产生正面影响。但是，从当代资本主义的具体实践看，工人参与企业行为的增加能否完全达到这种理想结果，仍然值得怀疑。

一方面，由工厂民主所推动的工人参与，在多数条件下仍然

① Martin Carnoy and Shear Derek, *Economic Democracy*, New York：Random House，1980，p. 275.

只是为了实现一些管理性目标，如增加生产力、降低旷工率等，而并非出于塑造"民主"公民的考虑。用格雷迪（Robert C. Grady）的话来说，就是企业内旨在实现管理目标的参与环境，虽然极大促进了工人的企业参与行为，但却倾向于将工人禁锢于追求具体的管理目标，从而限制了更大范围的民主实践。①格林伯格（Edward S. Greenberg）在对美国西北部太平洋沿岸的胶合板合作社进行大量的取样调查后也得出了相同结论。他指出，在企业中参与直接决策的经济民主经历，并不像传统认为的那样必然导致工人合作、互助或平均主义倾向的增加。相反，这种经历促进了一种与传统自由主义密切联系的价值观的发展，如个人主义、竞争、机会均等。合作社的发展似乎使人们愈益认同市场经济。格林伯格最后得出了这样的结论，当前资本主义社会的工人自我管理企业，也许并不能为更广泛的民主变革提供恰当的教育环境。②著名左翼学者安德烈·高兹（Andre Gorz）也提出了类似看法。他在对当代资本主义的后福特主义生产体系进行全方位描述后指出，被诸多左翼人士作为新自由主义替代的"日本化"生产模式，只是为掩盖深层对抗状态而寻求劳动关系虚假一致的一种策略。它存在巨大缺陷：工人只有如何生产的决策权而并不享有对产品的控制权。这种社会控制的新形式将推动工人对企业及其发展目标的认同，但削弱了工人阶级的阶级意识。③

　　另一方面，工厂民主的一些具体形式如合作社等虽然经常能够取得短期性的成功，但面临着诸多长期性发展难题，如投资短

　　①　Robert C. Grady, "Workplace Democracy and Possessive Individualism", *The Journal of Politics*, Vol. 52, No. 1 (Feb., 1990), p. 151.

　　②　Edward S. Greenberg, "Industrial Self-Management and Political Attitude", *The American Political Science Review*, Vol. 75, No. 1 (Mar., 1981), p. 31.

　　③　Andre Gorz, *Reclaiming Work: Beyond the Wage-Based Society*, UK: Polity Press, 1999, p. 121.

缺、技术更新缓慢以及由此直接引发的效率低下、发展潜力不足，等等。在这种情况下，合作社等工厂民主企业很难同其他资本主义大企业形成比较优势，难以长期立足。当代资本主义的许多合作社企业之所以昙花一现，就是很好的例证。无论工厂民主多么具有理论说服力，如果企业在竞争中被淘汰，也是没有任何意义的。对于实践中出现的这些问题，都需要从理论上作出说明和论证。在这一意义上，工厂民主理论仍需发展与完善。

（三）电子民主：参与民主的新范式

当代自由主义民主理论反对参与民主的重要理由之一，是强调古代民主与现代民主的区别，认为现代国家的复杂性、规模化使得公民直接参与政治社会生活成为不切实际的幻想。萨托利就这样指出，"古人的民主不是今人的民主。……参与已不再是代议制民主的现实或理论的中心特征"①。

20 世纪 60 年代以来，随着科学技术的迅猛发展，尤其是电脑、互联网络、通讯卫星以及数字化发展带来的传播技术的革命性变化，似乎为反驳自由主义民主理论家的论断提供了有力论据。许多公民参与的支持者认为，新的信息通讯技术的广泛发展，为提高公民政治参与的程度和质量提供了廉价、快捷的渠道，很大程度上解决了"屋子装不下"选民的问题，从而使得普通公民的直接参与不必再受制于所谓规模问题的局限。正是以这一认识为基础，一些学者和研究人员将技术的发展与民主的发展联系起来，开始探讨新信息技术在进行政治动员、促进政治参与、推进参与民主实现方面的作用和潜力。随着理论研究的不断深入，出现了技术与民主合成的大量新术语，例如远距离民主（teledemocracy）、技术政治（technopolitics）、即

---

① ［美］乔·萨托利：《民主新论》，冯克利等译，东方出版社 1993 年版，第 167 页。

时投票（instant polling）、卫星政治（satellite politics）、录像民主（video democracy）、网络民主（cyberdemocracy）以及电子民主（electronic democracy），等等。民主的模式各种各样，但大都围绕一个中心问题，即新信息技术的发展与大众参与和民主政治实现的关系展开。

多数研究者强调信息通讯技术对参与民主发展的积极意义，认为"新信息和通讯技术能够为民主的发展提供有利的环境因素。它们能够对被动行为形成挑战，能够促进信息平等；能够克服宗派主义和偏见；能够推进协商政治过程的参与行为"①，从而极大提高公民的有效参与水平。

首先，新信息技术的发展为一个充分自由和开放社会的建立奠定了技术基础。多数研究者认为，作为现代技术发展重要产物的因特网，是一个彻底自由、开放的电子舆论空间。任何人不必通过有关机构的批准、检查和修改，就能够运用网络这一强大工具搜寻、选择并整合大量信息。网络使普通公民能够前所未有地获取各方面的信息资料。同时，网络也使公民得到了发表自己的见解、主张的渠道和机会。布洛克曼（John Brockman）这样指出，"在大众传播史上第一次你将体验不必是有大资本的个人就能接触广大的视听群。因特网把所有人都变成了出版发行人。这是革命性的转变"②。

其次，新技术的应用推动了政治权力的对等发展。新信息技术创造了一个全新的、平等的、没有强权和中心的信息分享和交流空间——网络世界。在网络社会里，没有歧视，也没有财富、权势、社会地位等的限制，任何人都能够进入信息系统，平等地

---

① Benjamin R. Barber, "Three Scenarios for the Future of Technology and Strong Democracy", *Political Science Quarterly*, Vol. 113, No. 4 (Winter, 1998—1999), p. 582.

② ［美］约翰·布洛克曼：《未来英雄——33位网络时代精英预言未来文明的物质》，汪仲等译，海南出版社1998年版，第108页。

获取信息并参与政治。互联网络没有任何所有者，也不隶属于任何国家或国际组织，所有人都可以无限制地使用网络资源。"这是一种信息流通的'无政府'状态，也是一个真正的观念的自由市场"①。它的出现，极大改变了少数人对信息垄断的状况，推动了政治权力从单向到交互发展的质变。

再次，新信息技术的交互作用使得公民直接参与政治成为可能。新信息技术为公民参与政治协商和决策，提供了新的技术手段，从而拓展了公民直接参与政治的范围、广度和深度。个人通过使用网络就能直接与政府官员对话，向政府提出某项要求和建议，或参与政府的某项选举或决策。网络的发展也使即时投票成为可能。选民不必再到投票站去投票，完全可以通过设在家中或办公室的电脑终端就相关议题进行投票表决。

围绕如何实现公民的有效协商和参与这一中心议题，许多研究者从新技术发展的角度，具体构建起电子民主的实践模型。在诸多模型中，英国内皮尔大学国际远距离民主中心教授安·麦辛托什（Ann Macintosh），在经济合作与发展组织国家的电子民主发展经验基础上总结的电子参与体系颇具代表性。②

麦辛托什的电子参与体系的建立分为三个步骤（参见图3.2），即在线信息、电子协商和电子参与。其中，在线信息是一种单向关系，特指政府制造并向公民传播信息的过程。这一过程的目的是使受众能够获取信息，以掌握电子参与的充足资料。公民获取信息是公民参与的基石。而电子协商是一种双向的关系。一方面，由政府界定需进行协商的议题，设定具体问题并安排协商过程；另一方面，公民通过以问题或以政策为基础的在线

---

① 丛日云：《当代世界的民主化浪潮》，天津人民出版社 1999 年版，第 404 页。

② Ann Macintosh, "Using Information and Communication Technologies to Enhance Citizen Engagement in the Policy Process", in *Promise and Problems of E-Democracy. Challenges of Online Citizen Engagement*, OECD, 2003.

论坛参与协商，向政府反馈自己的观点和意见。发展电子协商的关键，是建立一个电子协商网站。电子参与是建立在公民与政府进行合作基础上的一种关系。在这一阶段，公民积极参与界定决策的过程和内容。虽然最终的决定或政策规划仍然由政府作出，但公民在设定议程、建议政策选择以及塑造政治对话方面，获得了与政府对等的地位。电子参与主要包括两种运作机制：一是电子请求。公民就相关议题向政府提出协商请求，其他公民通过阅读在线请求条款，决定是否赞成该请求。二是在线公决。通过短信服务、交互数字电视、电子聊天室以及远距离电子投票等现代技术，公民就相关议题进行电子投票。

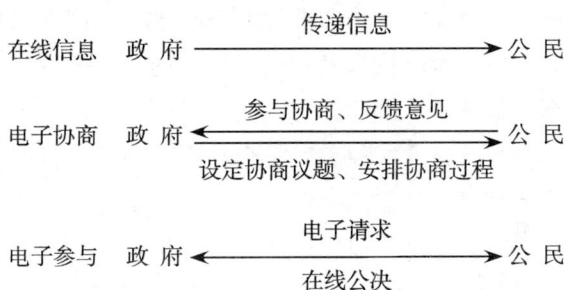

在线信息　政　府　————————传递信息————————→　公　民

电子协商　政　府　←————————参与协商、反馈意见————————→　公　民
设定协商议题、安排协商过程

电子参与　政　府　←————————电子请求————————→　公　民
在线公决

图 3.2　麦辛托什的电子参与体系

　　许多研究者对电子民主发展前景的过于乐观化的态度提出了质疑。在这些质疑电子民主的人中，不仅包括那些主张现代社会治理不再适用于大规模公民参与的直接民主形式的反对者，也包括一些相对理智的参与民主论者。他们在承认新技术对参与民主发展具有积极意义的同时，也强调电子民主的缺陷及其可能带来的社会后果。例如，有的研究者认为，在线公决等电子民主形式虽然在技术上可行，且能够促进参与并提高效率，但由于技术本身的开放性，任何人都有可能通过一定技术手段对投票结果进行操纵，因此可能会造成破坏民主原则甚至是产生"电子法西斯

主义"的灾难性后果。再如，参与民主虽然主张公民广泛地、积极地参与政治生活，但同时也强调政治参与的自由和平等，而由新技术发展所制造的数字鸿沟却在很大程度上导致了参与的不平等。有学者以网络的发展为例指出，当前互联网上90%的信息是英文，世界上绝大多数语言在互联网上找不到。而全球收入最高国家中的五分之一人口，其网络用户数占世界互联网用户总数的93%；收入最低国家的五分之一人口，其互联网用户只占0.2%。显然，电子民主的发展存在很大的不平衡性。

著名参与民主理论家巴伯在综合考察西方各国电子民主发展实践的基础上，诠释了应该如何正确认识技术与民主的关系问题。他具体分析了当代社会对技术发展的三种主要态度：（1）盲目乐观的态度。这是对当前技术发展过于自满的一种表现，在没有对技术应用进行具体设计的情况下，认为只要依赖市场的力量就能实现完美的技术社会。这种态度完全没有看到商业目的和利润动机在推动技术发展中的作用，完全没有看到信息交流市场的不平等性；（2）潘多拉态度，即过分关注技术滥用带来的破坏性后果，强调技术决定论的内在危险性；（3）杰弗逊态度。这种态度源于杰弗逊关于"民主的不充分性应该通过发展更多民主的方法来补救"的观点，主张积极利用新技术来发展现代民主生活。巴伯认为，新信息技术的确存在不平衡发展以及被滥用的潜在危险，因此纠正过分乐观的态度和倾向，小心谨慎对待技术的发展是必要的。然而，技术与民主之关系的关键并非在技术方面。技术只是一种通讯工具。技术能否促进民主发展，或者反过来说民主能否从技术的发展中获利，"并非依赖于技术的性质和特征，而是政治制度的性质以及公民的特质决定的"①。如果不解决"我们寻求建

---

①   Benjamin R. Barber, "Three Scenarios for the Future of Technology and Strong Democracy", *Political Science Quarterly*, Vol. 113, No. 4 (Winter, 1998—1999), p. 588.

立什么样的民主"这一问题——是代议制民主？公决民主？还是参与民主？——技术有可能阻碍公民政治的发展。因为不同形式的民主对技术的要求不同。例如，多数代议制民主的支持者是反对新技术的，认为它损毁了统治者与被统治者之间的传统边界，威胁到少数精英的政治统治；公决民主是一种建立在公民投票基础上的多数主义民主形式，这种不受检验的多数主义，使技术面临着沦为政治家随意操纵的工具的危险；而强民主实质上是要求公民以真实身份参与互动讨论的民主形式，因此它能够在远距离通讯技术的革新中寻求一种额外有效的支持。

巴伯在这里试图论证，只有在参与民主条件下，技术才能促进民主的发展。不同论者对这一主张的看法可能不同，但他至少正确指出了技术在民主发展过程中的价值与作用。诚如恩格斯所说，"一切社会变迁和政治变革的终极原因……应当到生产方式和交换方式的变更中去寻找"①。民主政治的实现，根本上也必须依赖社会制度的变革，而不能单纯寄希望于技术的发展与改进。因为技术发展本身，并不必然导致民主的实现。当然，在这一前提下，我们也不能否认技术的进步对完善民主实现方式和途径的重要作用。当代电子民主理论正是在这一层面上具有积极意义。

（四）结社民主：经济社会治理的新形式

结社民主（associative democracy）是当代参与民主的又一理论范型。它在理论上沿续了 19 世纪以来"结社主义"的历史传统，主张恢复协会组织在现代社会政治和经济治理中的作用，强调在协会基础上重建民主秩序，并通过结社民主实现平等、公民自治和政治参与等民主理想。用科恩和罗格斯的话来说，结社民主就是一种致力于展现地方性、自愿性自治协会力量的强化，将

①　《马克思恩格斯选集》第 3 卷，人民出版社 1995 年版，第 617—618 页。

如何增进民主政治发展的理论。[①] 保罗·赫斯特（Paul Hirst）、乔舒亚·科恩（Joshua Cohen）和约·罗格斯（Joel Rogers）以及约翰·马修（John Matthews）等，是这一理论模式的积极倡导者。

结社民主概念的提出，始于20世纪90年代前后。赫斯特认为，这一时期世界政治经济形势的发展变化，使自由市场资本主义面临极大冲击和挑战。一方面，全球化的发展趋势，使得与经济和社会关系国际化相适应的各种"超"国家机构，如跨国公司和国际性的自愿组织等迅速发展起来，从而大大削弱了国家的经济和社会管理能力。同时，地区性政府的经济和社会调控能力也逐渐增强，它们在许多主要城市和工业地区中愈益取代国家开始扮演重要角色。在资本主义世界中，政治越来越偏离单一权威结构的统治，各种超国家的、国家的、地区的以及非国家的治理形式在政策形成中日益发挥重要作用。这样，"传统上以国家为核心的自由主义民主政治的有效性与合法性愈益受到质疑"[②]。另一方面，苏东剧变发生后，资本主义非但没有从社会主义的失败中取得决定性胜利，反而由于其竞争对手的解体使其自身内部矛盾更加明显地暴露出来。其中最为突出的就是源于充分就业和集体福利政策失败带来的各种社会问题，如贫困、吸毒、犯罪等以及一个占社会多数的"下层阶级"的出现。赫斯特指出，"下层阶级"人群是当代西方社会动荡和不稳定的根源，如果不能解决这部分人的问题，必然造成新的社会冲突和斗争的升级。而各种自愿性的协会组织，正是帮助下层人群通过自治方式"在

---

① Joshua Cohen and Joel Rogers, "Secondary Associations and Democratic Governance", in Joshua Cohen and Joel Rogers（ed.）, *Associations and Democracy*, London: Verso, 1995, p. 11.

② Paul Hirst, "Democracy and Civil Society", in Paul Hirst and Sunil Khilnani （ed.）, *Reinventing Democracy*, London: Blackwell Publishers, 1996, p. 97.

市民社会中建立他们自己的社会世界"的一种有效途径。①

　　与赫斯特不同,科恩和罗格斯的结社民主设计,更多的是出于社会平等的考虑,主张通过各种集体性公民组织的发展来实现社会平等。他们认为,相对于当前各种流行的平等主义理论,结社民主在这方面具有优势。与试图通过激烈的所有权关系变革而达成社会平等目标的各种市场社会主义理论相比,结社策略相对温和,更易施行,不会受到严厉的政治冲击;而与各种平等主义民主理论相比,结社策略更加关注的是平等秩序的社会基础,即各种协会组织的建设。在他们看来,社会认同和权利分配等平等目标的实现,要依赖人们在协会中对平等标准的协商和讨论,以及忠诚履行最终达成的平等标准。各种规范性民主理论在设计其平等方案时,恰恰忽视了组织建设的重要性,从而造成其平等主张缺乏坚实的组织基础作保证。科恩等强调,正是由于结社民主具有这样一些特点,才使其成为一个能够实现物质福利和政治权力平等的"真正的平等主义改革策略"②。

　　在结社主义者那里,协会是指一些自愿性、自治的公民社会组织,主要包括地方协会、小企业所有者协会、市区工人的宗教组织、寻求经济发展和社区控制的弱势民族团体、致力于摆脱歧视并创造自己的社群的妇女和同性恋团体、生态保护组织、邻里协会、消费者组织以及父母—教师协会,等等。它们主要承担对诸如环境标准、职业健康和安全、职业培训以及消费者保护的设计、解释和管理职能。科恩和罗格斯认为,由于协会在"收集地方信息、调控行为以及促进合作"等方面具有特殊优势,因

　　① Paul Hirst, *Associative Democracy. New Forms of Economic and Social Governance*, Polity Press, 1994, p. 13.

　　② Joshua Cohen and Joel Rogers, "Associative Democracy", in Pranab Bardhan and John Roemer (ed.), *Market Socialism: The Current Debate*, Oxford University Press, 1993, p. 236.

此各种协会"更能作为国家公共调控的替代或补充"①。结社民主的基本目标，是通过自愿性的民主自治协会尽可能多地管理社会事务，来最大限度地保障个人自由和公民福利。赫斯特指出，结社民主所寻求的，是个人自由与协会有效社会治理的有机统一。结社民主强调个人的自由选择权，主张个人自由的优先性，但同时又反对绝对的个人主义。因为在纯粹的竞争性市场社会中，许多人缺乏实现其目标的足够资源，从而根本没有掌控其自身事务的自由。个人自由的实现，只能是多数人组成的自愿协会积极追求的结果。

　　与 20 世纪初期的结社主义者不同②，当代结社民主倡导者虽然认为各种协会将逐渐取代政府的经济和社会管理职能，成为"经济和社会事务民主治理的主要方式"③，但仍然承认国家作为维护团体和平相处以及保护个人权利之必要公共权力的作用。他们认为，早期协会主义的失败，一定意义上就是因为把国家降低为普通社会团体，完全忽视了国家的作用。然而，对于结社民主发展过程中，国家到底应该发挥多大作用？不同论者有着不同看法。例如，在科恩和罗格斯看来，代表不同社会利益的各种协会是一种"人为的产物"，即"并不存在直接反映社会生活根本条件的自发组织结构"④。这样，就要求国家直接干预协会的形成。而国家干预的目的则是为了促进团体代表的包容性，并减少弱势

---

① Joshua Cohen and Joel Rogers, "Secondary Associations and Democratic Governance", in Joshua Cohen and Joel Rogers (ed.), *Associations and Democracy*, London: Verso, 1995, p. 44.

② 关于早期协会主义的观点，参见本书第一章的职能民主制部分。

③ Paul Hirst, *Associative Democracy. New Forms of Economic and Social Governance*, Polity Press, 1994, p. 20.

④ Joshua Cohen and Joel Rogers, "Secondary Associations and Democratic Governance", in Joshua Cohen and Joel Rogers (ed.), *Associations and Democracy*, London: Verso, 1995, p. 30.

团体在对公共政策施加影响时面临的阻碍。赫斯特并不苟同这种"国家制造协会"的概念。他认为这一设想过分依赖国家,而忽视了协会自身的积极反应能力,并且没有看到当代国家的分权化和职能转移的发展趋向。为了改变各团体间力量不均衡的状况,并建立一种团体和国家间协调治理的新模式,他提出了两种解决方案:一是支持通过市民社会中的各种政治运动、自愿行动以及强势协会支援弱势协会等方式,自下而上地建立协会。二是发挥地区和地方政府在促进经济复兴和政治协调方面的作用。赫斯特认为,用这样的方式来发展结社民主,避开了中央国家的过分介入,从而使协会更能体现公民和地方的主动精神。

赫斯特的结社民主设计在很大程度上是以当代西方福利国家为实践蓝本,他尝试运用结社民主策略来重建福利秩序。赫斯特认为,当代福利国家面临发展困境的原因有多方面。其中,官僚化、集中化的福利体制对困境的出现负有不可推卸的责任。在现有体制下,公民除了作为福利的被动消费者以及被管理目标之外,没有其他渠道进入福利体系,对于福利服务的内容和传输没有任何控制权。"官僚主义剥夺了公民的责任感,使人们对他人的需求变得麻木不仁"[1]。改变这种状况的有效方式,就是重新创造一种社会环境,使福利的消费者能够决定并塑造福利服务。赫斯特指出,要达到这一目标非常简单,只要将公共福利和其他服务的供应权移交给自愿性的自治协会,并使这些协会能够获得公共资金支持,从而可以为其成员提供此类服务。任何自愿协会只要满足一些基本原则,就能承担相应的福利职能。这些原则包括协会内部的民主治理;协会的资金主要由公共资源如税收提供,其运作由公众监督检查;所有协会必须具备如遵守公共规

---

[1]　Paul Hirst, *Associative Democracy. New Forms of Economic and Social Governance*, Polity Press, 1994, p. 166.

则、承认其成员的退出权和选择权、参与整个社会的公共或协会治理等条件，才能拥有获得公共资金的资格；任何协会组织根据其成员选择自愿设定其服务范围，因此各协会之间可能会存在竞争性服务，等等。赫斯特主张在具备这些特征的协会基础上，建立一个"结社式的福利国家"。这个结社式国家必将是一种联邦式的组织结构，采取协会内部直接民主与中央和地方间接民主治理有机结合的治理形式。

结社民主向我们展示了当代条件下公民通过地方性协会组织直接参与社会治理的一种理想蓝图。这一蓝图是通过削减国家权力和职能，改变经济和社会的治理形式，将公共职能的执行和管理权移交自愿性自治团体——用赫斯特的话来说，就是"使市民社会公共化，使国家多元化"——来实现的。相对于集中统一的国家管理而言，这种替代管理方式在促进决策过程的信息交流、完善代议制政治、提高公民的民主素质等方面具有明显优越性。然而，治理形式的改变和权力转移，并不只是一个简单的技术性问题，它需要根本改变现代资本主义国家相对于市民社会的支配地位。但在结社民主尤其是科恩和罗格斯的设计中，很大程度上是将国家作为权力变革以及协会塑造的关键性力量，主张运用"传统的政策工具推动各团体组织朝着正确的方向发展"[1]。这种变革方式及其过分专注于正式协会塑造的结果，是忽视了大规模的集体行动，尤其是源于种族、性别等社会群体的新社会运动在协会形成过程中扮演的重要角色（当然在赫斯特那里有所纠正）；而过于强调国家政策作用的结果，使其方法论中不可避免地带有强烈的合作主义色彩。实际上，结社民主模式在一定意

---

[1]　Joshua Cohen and Joel Rogers, "Secondary Associations and Democratic Governance", in Joshua Cohen and Joel Rogers (ed.), *Associations and Democracy*, London: Verso, 1995, p. 50.

义上参考借鉴了当代西方的合作主义理论和实践，例如，科恩和罗格斯对 70 年代以来欧洲合作主义国家中协会组织发展之经验和教训的研究，以及赫斯特对涂尔干（Émile Durkheim）关于国家与团体组织有机关系的新合作主义理论方法的回应等。理论中的合作主义倾向，使其在斗争方式上完全抛弃了直接集体行动的可能性。而在实践中，直接行动是有可能在制度范围内拓展政治议程并促进积极立法，从而有助于结社民主发展的。正如有学者指出的那样，"运动本身也能够产生重要结果"；在公众冷漠和异化广泛存在的条件下，"日复一日的运动，正是实现真正大众参与民主的基本要素"①。

（五）协商民主：塑造参与型公民政治

协商民主（deliberative democracy），是 20 世纪末兴起的一种民主理论。它的基本观点，是认为公民具有平等参与公共决策的权利，强调公民可以通过对话、讨论等方式自由表达自己的意见和建议，从而在理性的讨论和协商中制定各方都能接受的决策。从根本上看，协商民主试图通过赋予普通公民平等参与决策的权利，来解决当代多元社会中广泛存在的道德争端，并弥补代议制民主及其多数决定原则存在的不足。按照本哈比（Seyla Benhabib）的说法，所谓协商民主是"实现集体决策合法性和理性的一个必要条件"②。

协商民主虽然是 20 世纪 80 年代后流行起来的民主概念，但其基本理念早已有之。在古希腊的城邦政治中，如 500 人大会、

---

① Andrew Szasz, "Progress Through Mischief: The Social Movement Alternative to Secondary Associations", in Joshua Cohen and Joel Rogers（ed.）, *Associations and Democracy*, London: Verso, 1995, pp. 154—155.

② Seyla Benhabib, "Toward a Deliberative Model of Democratic Legitimacy", in Seyla Benhabib（ed.）, *Democracy and Difference: Contesting the Boundaries of the Political*, Princeton University Press, 1996, p. 69. cited in Frank Cunningham, *Theories of Democracy. A Critical Introduction*, London and New York: Routledge, 2002, p. 163.

陪审团制度等，我们已经能够看到这种公民协商政治的雏形。正如著名协商民主论者约·埃尔斯特（Jon Elster）指出的，"协商民主思想及其实践如民主本身一样古老"。因此，协商民主的发展"代表着一种（民主）的复兴，而不是创新"①。

从理论演进的历史看，当代协商民主的兴起，很大程度上是调和（或者用协商民主理论家的话来说，是"超越"）自由主义与共和主义理论争论的结果。协商民主理论家认为，自由主义把政治视为多元化利益集团以及公民之间的相互冲突；而共和主义则尝试在道德价值基础上通过达成积极共识，来构建法律和政府，并实现公民间的协调发展。这两种理论传统一直处于对立和冲突之中。协商民主就是试图超越民主理论中的这种传统对立，以一种协商性的民主政治观点取而代之。

哈贝马斯从法律、民主和人民主权三个方面，解释了他的协商民主模式———一种"基于对话理论"的民主方法———与自由主义和共和主义的差异：（1）与将法律仅仅作为协调竞争方式的自由主义，以及把法律作为社会一致性表达的共和主义不同，协商民主中宪法的主要功能是为公民的协商性交往提供一个制度化的条件。（2）对自由主义而言，民主仅仅是将政治权力的实施合法化了；在共和主义那里，民主被认为是将社会构筑成为政治共同体的条件。而协商理论中的民主，在使国家行政行为合理化方面强于前者而弱于后者。（3）自由主义概念中的人民主权是指国家权威的实施；在共和主义中，人民主权代表着人民的公意。而协商方法则将主权视做"合法性制度化的意愿形成与文化性动员的公众之间的交往"过程。②

---

① Jon Elster（ed.），*Deliberative Democracy*，Cambridge University Press，1998，p. 1.

② Jürgen Habermas，*Between Facts and Norms*：*Contributions to a Discourse Theory of Law and Democracy*，Cambridge，MA：The MIT Press，1998，pp. 295—302.

正是基于这种认识，协商民主理论家将其核心理论主要归纳为三个层次：首先是合法性。政治的合法性不仅仅在于公民多数同意民主过程，因为公民同意的动机可能是被动接受，也可能是出于自利的考虑。相反，只有人们允许并鼓励就具体议题以及"对话程序规则及其实施方式"① 展开协商时，政治才具有合法性。作为合法性的必要条件，协商必须建立在集体理性的基础之上，同时参与协商者必须能够自由平等地获得并实施有效参与的能力。其次是固定偏好。民主协商的前提，是公众间不同意见的存在。在传统形式下，当面对不同意见时，人们或者会诉诸某种公平性程序如投票解决分歧，或者会相互讨价还价以达成一个普遍可以接受的妥协结果。但无论投票过程还是妥协过程，都不是以改变人们的偏好为目的，且人们的偏好在这两种过程中不会发生改变。而在协商实践中，为了说服他人接受自己的观点，每个人都必须提出充分理由来支持其各自偏好。协商的过程实际上就是偏好互惠和相互转换的过程。再次是偏好整合。在自由主义民主理论家那里，大都是把民主看做一个通过投票进行的偏好整合过程。协商民主理论家坚决反对将民主归结为偏好的整合，认为这种说法未能回答民主应该是什么的问题。他们强调民主不仅仅意味着投票，还应服务于其他目的。

那么，协商民主的最终目标是什么呢？不同论者有着不同回答。加特曼和汤普森（Gutman and Thompson）视其为允许公民和政治家"以一种道德的建构方式容忍道德不一致存在"的能力。哈贝马斯在早期的著作中，用"对话政治"来克服和避免合法性危机，而在新近的《事实与规范之间》一书中，则将其

---

① Seyla Benhabib, "Toward a Deliberative Model of Democratic Legitimacy", in Seyla Benhabib (ed.), *Democracy and Difference: Contesting the Boundaries of the Political*, Princeton University Press, 1996, p. 70. cited in Frank Cunningham, *Theories of Democracy. A Critical Introduction*, London and New York: Routledge, 2002, p. 164.

作为立宪国家整合实际生活、道德生活以及社区生活之不可或缺的方式。本哈比和协商民主的奠基者曼宁（Bernard Manin），虽然在对合法性的认知上存在差异——本哈比强调集体理性，而曼宁主张协商过程的平等参与——但他们都把协商民主的核心设定为使政治安排及其结果合法化。①

无论对协商民主目标的界定如何纷繁多样，协商民主论者大都承认民主协商能够推动公民寻求共识，有利于形成公善。因为公民说明自己偏好的理由以及在公共论坛中提出这些理由的过程，实际上能够促进公民更多地从最大限度地满足所有公众愿望的角度出发来思考问题。正如科恩指出的，协商民主与自利的观点是不能融合的，因为偏好的理由必须展现出具有支持所有人利益的结果。② 当然，承认公善并不意味着否定冲突的存在。协商民主论者坦承，即使是在理想条件下，也不能期望达成各方的完全一致；更不必说在现实环境中，共识的形成还会面临一些条件的限制，如资源匮乏、排他性自利以及对何为最佳集体利益的不同认识等。因此，协商概念中的民主并不排斥在某些条件下通过投票作出社会选择。但这种投票是在经过充分协商和讨论的情况下发生的，所以与自由主义民主条件下的投票有着本质的区别。

公共协商是协商民主的核心概念。它是公民参与公共讨论和批判性审视具有集体约束力的公共政策的过程。协商民主论者把自由和政治平等作为公共协商的基本条件。所谓自由，一方面是指公民对各种建议的思考不受预先规范和要求的权威的限制，另一方面也强调参与者应遵循通过协商实现的特定决策。在协商民主论者那里，政治平等的概念相对更加具体、复杂。政治平等既

---

① Frank Cunningham, *Theories of Democracy. A Critical Introduction*, London and New York: Routledge, 2002, p. 165.

② Joshua Cohen, "Deliberation and Democratic Legitimacy", in A. Hamlin (eds), *The Good Polity*, Oxford: Blackwell Pubishers, 1989, pp. 17—34.

是一种强调公民平等地获得政治影响机会的机会平等，也是一种呼吁公民平等地占有协商所需的各种资源如收入、权利和资格的资源平等，更是一种体现公平、合法协商的公民的能力平等。只有在这种自由和平等条件下，公共协商过程才是包容性的，因为所有公民都能在平等的基础上参与决策，并且可以合理地期望其能够以前所未有的方式影响未来政治的结果。

如上所述，公共协商的一个重要目的是为了寻求形成共识。但是，在一个充满异议甚至是矛盾的社会里，在多种价值规范以及不同利益要求并存的情况下，到底如何才能形成共识？换言之，共识经由何种形式、程序和途径才能实现？

哈贝马斯试图通过理想的交往条件的构建，发展一种"伦理的话语理论"来解决这一问题。哈贝马斯认为，协商政治中共识的形成，是在人们的交往行动中，通过一个平等、自由的辩论以及对话过程实现的。与主张主客体单向度关系的工具理性不同，体现于交往行动中的交往理性或实践理性，强调的是一种主体与主体间的关系。交往行动的目的，不是为了实现操纵或强迫改变他人行为等"策略性"目标，而是为了达到主体间的相互理解、彼此信任，从而在自由的对话中，在没有外在强制的质疑、批评和辩论中达成共识。哈贝马斯在这里尤其强调语言交往即对话的重要性。他运用哲学的语言分析方法，指出了交往行动应遵循的三条原则，即任何有能力的个人都可以参与对话、辩论；任何人都可以质疑任何主张，并表达自己的意见、期望和需求；任何人都不能以内外部强制力妨碍上述两方面权利的行使。在这三条基本原则基础上形成的体现公众间相互交流、对话的"话语伦理"，构筑了达成协商性共识的基本程序和规则。它实际上表明，在交往行动中，不同参与者可以有不同的观点和价值取向，可以平等地参与协商讨论，自由地发表意见建议，进而达成共识。但所有参与行动都必须以遵循对话的程序和规则为前提，这些程序和规则构成了"话语伦理"的合法性道德标准。

从理论上看，协商民主是当代西方民主理论家对自由、平等而理性的公民参与的重新思考。它主张公民对公共利益的责任，强调公民间通过协商讨论达成共识，进而形成决策的过程。相对于放任个人主义与自利道德的自由主义民主而言，这种民主形式在促进决策的合法化、公正性，推动民主的包容性、平等性方面的作用显而易见。同时，协商民主在客观上也有利于培养维护健康民主所必需的公民美德，如政治共同体成员之间的自制与妥协、尊重，以及形成公民的集体责任感，并促进多元社会中不同文化间的相互理解，等等。

但是，协商民主理论很大程度上还只是一种规范理论。它所强调的公共利益、公民的平等参与、协商能力以及相应的程序机制虽然广受关注，但在现实世界中，其实施仍然面临许多问题或困难。例如，作为平等有效协商参与实现条件的资源平等，在实践中就面临着建立在种族、民族、性别等基础上的实质性不平等的限制与约束；自由平等的协商理想，受到多元、复杂的当代社会的发展实际的制约，等等。此外，作为一种理论模式本身的协商民主，也面临着质疑和挑战。如有学者就认为，协商不应该主要限于立法性论坛，因为在这种论坛中，富人、男性以及统治性文化和种族的人群有过多的代表。论坛本身应该进行改革。再如，有学者也对协商民主寻求公善的发展前景提出批评，指出其结果只能是使那些不具备条件的人，在公善的利益面前，"将其个人经验置诸脑后"①。对于诸如此类的问题，都需要理论本身进行更加深入的思考。但即便如此，作为一种超越现有政治模式的民主范式，

---

① Iris Marion Young, "Communication and the Other: Beyond Deliberative Democracy", in Seyla Benhabib (ed.), *Democracy and Difference: Contesting the Boundaries of the Political*, Princeton University Press, 1996, p. 126. cited in Frank Cunningham, *Theories of Democracy. A Critical Introduction*, London and New York: Routledge, 2002, p. 182.

协商民主对民主共识、平等、参与以及公共利益等问题的关注和思考，对参与民主理论的丰富和发展具有不容忽视的重要意义。

二 基本特征

综合上文的分析可以看出，80 年代后的参与民主理论丰富而多样化。不同论者或者从总体上、或者从一个角度、也或者从作为一种方式和手段的层面，论证了参与民主的理论优越性及其实践模式的可行性。总的来看，这些理论模式各有侧重、形态各异，但仍然具有作为参与民主的一些基本特征，同时也展现出这一时期参与民主发展的一般特点。概括而言，这些特征主要包括以下几个方面：

第一，"参与"是当代参与民主理论模式的核心理念，各种理论模式都把参与作为实现个人平等的基本方式。参与民主理论家认为，参与是作为本原意义民主的固有内涵。因为在纯粹的民主原则条件下，政治系统中所有的公民都应该是自我做主、自行治理公共事务，而不应委托他人。同时，本原民主概念中的参与和平等也是相容共存、相互影响、相互制约的。没有参与，就没有平等；没有条件的平等，也就没有公正的参与。而当代代议制政治的一大弊端，正是破坏了民主的参与原则。在代议制中，为了适应大规模国家发展的需要，一般公民不得不选出代表代其行使统治权。这在实际上是为了实现统治效率，而削减了公民参与政治活动的空间，牺牲了公民的统治权。而且，代议制政治在实际运行中，也具有使参与和平等背道而驰的发展倾向。正如巴伯指出的，代议制政治中一般公民的参与数量，一直呈现出偏向较高社会经济地位者的不均分配，进而导致不同社会阶层偏颇不公的社会影响力。① 因此，对致力于

---

① B. Barber, *Strong Democracy. Participatory Politics for a New Age*, University of California Press, 1984, pp. ⅺ—ⅹⅳ.

最大限度地恢复本原民主概念的当代参与民主理论而言，其最主要的任务，就是解析通过何种方式来推动积极的公众参与，进而完善民主的平等性、合法性和有效性。

第二，当代参与民主理论模式大都建立在人民主权论的基础之上。但与把人民主权视为共同体成员亲身参与共同决定的古典民主理论尤其是卢梭的民主理论不同，当代参与民主理论并不把人民主权理解为人民直接行使政治权力，而是将其蕴涵于公民平等自由地参与协会活动、工厂管理以及讨论对话的过程之中，把这些参与性的活动过程看做人民主权的体现。例如巴伯强调，公民权或公民身份，正是通过政治参与的各种制度，公民聚集在一起进行讨论，孕育出为对方设身处地考虑的能力及互尊互敬的态度，从而共同介入政府决策，一起承担行动责任的过程来实现的。而在协商民主论者哈贝马斯那里，人民主权则被认为是存在于人民的交往行动过程之中，存在于人民的自由讨论过程之中。主张人民主权不是来自于卢梭式的道德基础，不是由每个共同体成员的良好心灵集合而成的公意，而是来自于一种"辩论的共识"①，来自于每个人自由平等地参与的交往活动，来自于话语过程本身。

第三，当代各种参与民主理论模式的构建，是对早期参与民主的理论缺陷进行深刻反思的结果。因此，它更多地关注早期参与民主没有涉及的一些问题，如参与民主的具体实现方式、途径问题，培养公民参与决策的知识与能力问题，等等。同时，这一时期的参与民主理论也开始更多地直面并回应自由主义民主理论家的挑战和质疑，例如政治参与的规模问题。自由主义民主理论家反对参与民主的主要理由，就是认为大规模的公众参与，不能

---

① ［德］尤尔根·哈贝马斯：《公共领域的结构转型》，曹卫东等译，学林出版社 1999 年版，第 23 页。

适应高度复杂的现代国家的统治需要。巴伯从两个方面对此进行了反驳，[①] 指出政治规模的大小一方面是一个相对概念。到底一个国家的疆域如何广阔才能被看做是幅员辽阔？到底人口达到何种数目才能算做人口稠密？这些都与人们的认识具有密切关系。而且随着科学技术的迅猛发展，尤其是互联网络的广泛普及，整个世界已经紧密联系在一起，"无边无际的地球，变成了小规模的社群——'地球村'"。在这种条件下，规模大小的问题，并非超越不了的障碍。另一方面，政治规模的大小与组织结构之间也存在一定关系。例如一个 50 万人的地方组织，显然在规模上要小于数百万人的地方组织。但在与中央政府的关系中，前者如果仅仅采用单一的纵向统治结构，而后者如果划分成许多具有地方参与特点的组织层级，并且与中央保持一种横向联系的话，那么前者可能会比后者更具疏离感。换言之，在中央组织和地方组织之间发展参与制度，进而强化二者间的横向联系，是解决政治规模问题的一个适当方式。显然，在参与民主理论家看来，若要克服困扰民主发展的庞大政治规模问题，参与制度比代议制原则提供了更为有效的解决方案。

第四，当代参与民主理论大都将参与民主的发展与公民社会建设紧密联系起来。在结社民主论者赫斯特那里，结社民主发展的前提条件之一就是公民社会的政治化。他认为，传统自由主义将公民社会视为非政治的私人领域范畴，将公民社会作为一种独立于国家的自发秩序，强调公民社会自治以及限制公共治理范围的观点，并未能有效解决公共领域和私人领域中等级权力的增长。相反，对于国家权力的限制如经济自由主义的私有化和减小国家干预范围，非但没有使控制权回到自由市场中平等竞争的个

① 　B. Barber, *Strong Democracy. Participatory Politics for a New Age*, University of California Press, 1984, pp. 245—251.

人手中，反而成为了大型等级组织如私有公用事业组织、半官方机构等的囊中之物。在这种条件下，福利、公共服务和经济生产受到自上而下的机构统治，政策决策成为少数管理精英的特权，作为雇员和消费者的公民没有任何选择权和控制权。若要改变这种状况，公民社会就不应被视为一种"私人领域"，而需要纳入一些"公共性"因素，需要整个社会的政治化，即将整个社会作为一种能够真正实现公共控制和人民控制的机构的联合体。企业、媒体、慈善组织等"私人"机构，以及医院、学校、大学等公共和半公共机构，尤其要在公民社会的政治化发展中发挥主要作用。①

对于公民社会在协商民主发展中所扮演的角色，也是协商民主论者探讨的焦点。特别是那些关注非正式、非组织形式公共协商的理论家，更加强调公民社会对促进协商的积极作用，认为对协商政治而言，公民社会在形成公共舆论，并将其传达到制度性决策论坛如法庭和会议等的过程中发挥着关键作用。值得指出的是，在那些主张有组织的协商论者的眼中，公民社会的作用并非如此明显。亨德里克斯（Carolyn Hendriks）就这样指出，虽然协商讨论使公民社会中的某些积极团体从共同体中学到很多东西，但在绝大多数情况下，就公共参与扩展到随机选出的公民这种观念而言，利益集团和激进主义的反应是消极的。②

第五，所有当代参与民主理论模式都不主张制度的替代，强调参与民主并非要代替代议制政治，而是对代议制的必要补充。各种理论模式大都看到了代议制本身存在的弊端，并且对代议制

---

① Paul Hirst, *Democracy and Civil Society*, in Paul Hirst and Sunil Khilnani（ed.），*Reinventing Democracy*, London：Blackwell Publishers, 1996, pp. 98—102.

② 转引自陈家刚《协商民主引论》，载《马克思主义与现实》2004年第3期。

政治呈现的诸多病态"症状"进行了详细描述和分析，但却并未由此得出以参与民主取代代议制政治的结论。巴伯反复强调，即使强势民主主张实行公民自治，"但却不必在每一层次上和每一事例中都实施公民自治"，公民自治并不是指"公民在中央和地方政府中参与所有议题的决定"①。赫斯特也多次指出，结社民主"不是要整个地代替现存制度，而是提供了一个使其缺陷能够得到改善的补充方案"②。

　　显然，各种参与民主的原则性设计着意淡化了理论的激进色彩，试图在现存制度框架内通过有限性的民主体制或治理方式的改革来完成社会变革的任务，因而在实质上并没有摆脱西方改良主义的理论窠臼。诚如参与民主理论家自己承认的那样，参与民主"既不是一场革命，也不是重建新社会，而仅仅是在现有政治实践以及公民选择指导下的一场综合性但渐进式的改革"③。

　　总之，80年代以来的参与民主理论是对早期参与民主理论的丰富和发展。它在积极汲取早期参与民主理论精华的基础上，进一步拓展了理论论证的深度和广度，并具体构建起参与民主的实践框架。同时，这一时期的参与民主，很大程度上也是对当代资本主义民主发展危机的回应，因此其理论和模式的架构，基本上是建立在修正代议制民主的缺陷，进而完善资本主义民主政治实践基础上的。也正是因为如此，导致其理论模式带有很强的改良主义色彩。但与此同时我们也应看到，参与民主毕竟是在新的时代条件下，对民主理论及其实践形式进行的新探索。它具体勾

　　① B. Barber, *Strong Democracy. Participatory Politics for a New Age*, University of California Press, 1984, p. 151, 262, 267.

　　② Paul Hirst, *Associative Democracy. New Forms of Economic and Social Governance*, Polity Press, 1994, p. 12.

　　③ Ibid, p. 13.

勒出民主政治的运行框架，突出了"参与"原则在民主制度构筑中的重要性。它提出的一些基本思想和理念，如工人参与企业管理、民主讨论和协商、发挥公民社会组织的作用等等，对当代资本主义的民主政治实践产生了积极影响。

第 四 章

当代西方参与民主的基本范式
——制度内的公民参与实践

在当代西方，参与民主不仅是一种民主思想和理论，也是一种现实的民主实践。在前面章节，笔者已从历史发展的纵向上系统探讨了作为一种思想和理论的参与民主的理论来源、发展流变及其主要观点主张，接下来将转而考察参与民主在当代西方的具体实践。

从现代西方民主发展的历史进程看，虽然代议制政治是民主政治的基本制度运作模式，但以公民直接政治、经济和社会参与为主要特点的直接参与形式，也一直作为代议制的必要补充机制普遍存在。尤其在20世纪的后30年，随着以代议制为核心的西方民主危机的加剧以及以"新"运动为代表的各种进步运动的发展壮大，西方民主无论在直接参与的程度、范围还是领域等方面都有不断扩大的趋势，直接参与的形式也日趋丰富和多样化。当代西方大众直接参与的发展，是多种因素综合作用的结果。体制外参与民主的推动，无疑发挥了相当重要的作用。在一定意义上，当代西方大众直接参与的发展就是参与民主的发展，是参与民主在体制框架内的实现。本章将对当代西方制度内的几种具有代表性的大众直接参与形式，即全民公决、工厂民主、公民社会组织参与、地方民主以及电子民主进行归纳总结，并揭示这些具体的体制内直接参与对当代西方参与民主发展的影响。

第一节　全民公决：公民的直接政治参与

所谓全民公决（Plebiscite or Referendum）①，是指拥有投票权的公民，对提交给他们的相关重要社会问题以投票表决的方式作出最后决定的一种民主实践形式。在当代西方各国，这是公民直接参与立法、决策活动的最主要的方式。它不仅有效地分割了代议制的立法权，而且削弱了政党在现代社会中的影响和作用，使政府的公共决策建立在更为广泛的人民意志基础之上。战后尤其是 20 世纪 80 年代中后期以来，全民公决在西方主要国家频繁使用，极大促进了公民直接政治参与的广泛发展。

一　历史起源与当代实践

全民公决的历史渊源，可以追溯至实行直接民主制的古希腊城邦国家。在当时，所有重大问题如维护公共秩序所需的法律结构、财政、税收和外交等，都是提交给出席公民大会的公民来考虑和决定。而对一些棘手的问题，则按照多数原则通过正式投票表决方式加以解决。这种公民大会表决的方式，成为当代西方全民公决的雏形。

全民公决的现代形式，以 16 世纪瑞士的公民投票为开端。那时的瑞士议会，经常要求代表就一些重大问题同他们的选民进行协商，并在此基础上投票表决。在英国资产阶级革命之后，以

---

①　Plebiscite/Referendum 通常译作全民公决、公民投票或公民复决。这两个词在英文中经常交替使用，其基本含义相同。但也有学者认为全民公决应包括两个层面，即"宪法规范下的公民投票"，它又可分为创议（initiative）和复决（referendum）以及一般意义上的政策性全民公决。还有的学者将 referendum 视作宪法所承认的常态制度，是一种建制内的投票；而把 plebiscite 作为在特殊政治条件下如针对独立、领土归属等进行的临时性投票，认为其具有非建制性投票的倾向。笔者在这里不作此具体区分。

代议制为政府形式的民主制度为西方各国广泛采用，间接民主迅速发展起来。但在此同时，作为直接民主重要形式的全民公决并未停止其发展和前进的脚步。自18世纪后半期以来，全民投票逐渐进入批准宪法、普通法以及选举执政官等重大事务的决定过程之中。1778年，美国的马萨诸塞州举行了批准州宪法的全民公决，这是世界上首次以公民投票方式决定法律问题的尝试。①随后这一民主形式在欧洲各国推广开来。进入20世纪，全民公决更是进入了决定领土主权、地区独立和归属、国内政策以及国际问题等更为广泛的领域。

然而总的来看，直到"二战"之前，全民公决只是一种偶然现象。战后尤其是60年代末以来，在西方国家广泛兴起的公民创议运动的推动下，全民公决趋于频繁发生。这一时期的全民公决主要包括全国性公决和地方性公决两个层次。从全国性公决看，主要发生在瑞士，仅在1970—1990年间，该国就举行了63次全国公决，平均每年全民投票3次。而在同一时期，澳大利亚、意大利和爱尔兰、丹麦以及法国，分别只举行过5次、7次、4次和2次全国性公决。② 90年代后，欧洲其他国家的全国性公决数有所增加。这与频繁出现的地区性议题，如决定是否加入北约、欧盟等密切相关。在21世纪伊始，欧盟的一些成员国还就是否批准《欧盟宪法条约》展开广泛公决。

在一些次国家层面如州政府和地方政府中就相关议题举行全民公决，在当代西方国家中比较普遍。例如，德国除了在1970年围绕是否建立巴登·符腾堡州问题举行过一次全国性的公民投

---

① Joseph F. Zimmerman, *Participatory Democracy. Populism Revived*, New York: Praeger Publishers, 1986, p. 35.

② Bruno S. Frey, "Direct Democracy: Politico-Economic Lessons from Swiss Experience", *The American Economic Review*, Vol. 84, Papers and Proceedings of the Hundred and Sixth Annual Meeting of the American Economic Association (May, 1994), p. 338.

票外，其他公民投票都是在州一级举行的。美国在州一级和地方政府的公决更是相当发达。美国的联邦宪法修正案需要在各州分别举行全民投票之后，才能决定是否通过；除特拉华州（该州的宪法修正案只要连续两次在州立法会中得到三分之二多数的同意，就能生效）外，各州的宪法修正案均需进行公决；有 24 个州以及无以计数的城市和乡镇允许公民进行新法律议案的创议；有 14 个州的宪法赋予公民对州政府官员的罢免权。①

二　内容与形式

从当代西方各国的实践看，全民公决的内容不仅包括国家和地区政治生活中的一些重大问题，也涉及与公民日常生活息息相关的诸多基本政策和决策问题。总体而言，当代西方国家的全民公决大致涵盖这样几个方面：

1. 相关法律的公决。所谓法律公决是指包括宪法法案在内的各种法律案在成为正式法律之前，交由公民投票以决定其是否成为法律。就法律体系来说，法律公决可分为宪法公决和普通立法公决两种。其中，宪法公决是为通过新宪法、宪法修正案或宪法性法律草案而进行的全民投票。这是现代西方国家盛行的公民投票形式。例如，美国的联邦宪法修正案需要分别在各州举行全民投票后才能生效；有的国家如澳大利亚的宪法，虽然没有必须经过全民投票的程序，但规定宪法修正案需要经过全民公决。而立法公决则是指为通过宪法之外的普通法律案而进行的公民投票。这种公决形式主要发生在欧美国家。如美国有二十多个州采用立法公决，爱尔兰和北欧国家也经常采用该公决形式。对相关

---

① 　See Joseph F. Zimmerman, *Participatory Democracy. Populism Revived*, New York: Praeger Publishers, 1986; and Elliott Abrams (ed.), *Democracy: How Direct? Views from the Founding Era and the Polling Era*, Rowman & Littlefield Publihers, 2002.

法律的公决赋予了公民制定和批准法律的权利，有效保障了公民的政治参与和切身利益，推动了西方国家公民直接参与的发展。

2. 国内政策问题公决。这是指对相关国家经济、政治和文化领域的重大措施或直接涉及人民生活和公民利益的问题进行全民投票。这类问题由于同普通公民的日常生活联系密切，因而其受关注程度以及公民的参与热情均较高，近年来呈现蓬勃发展的态势。例如，2000 年美国 42 个州所进行的超过 200 项公决中，绝大多数都是此类问题。其中占前十位的分别是动物保护、药品政策、教育、枪支控制、医疗、安乐死、同性恋权利、税收、双语教育以及环境改革等。有学者认为，这些公决问题代表了"包括保守主义、自由主义、自由意志主义以及民粹主义在内的各种政治议程"①。

3. 领土或独立问题公决。当代西方国家的领土问题公决，大多集中在国家划分行政区、变更辖区或组织新区等方面。德国、澳大利亚和意大利等国的宪法在对行政区变更的条件和程序作了明确规定的基础上，允许当地居民对该问题进行投票表决。独立公决主要发生在具有独立主权的联邦制国家。当代西方最著名的案例，就是加拿大魁北克省分别在 1980 和 1995 年举行的关于是否从加拿大联邦独立的公决。1998 年 5 月在北爱尔兰境内举行的公决也属于此类公决。

4. 地区和国际关系问题公决。这主要是指就参加或退出地区性或国际性组织和行动，以及批准或废除地区性、国际性条约而进行的全民投票。此种公决形式最多出现在欧洲国家。例如，瑞士自 1984—2002 年间，围绕加入联合国问题反复多次进行全民公决；1992 年和 1994 年欧洲许多国家就批准《马约》和加入

---

① Elliott Abrams (ed.), *Democracy: How Direct? Views from the Founding Era and the Polling Era*, Rowman & Littlefield Publihers, 2002, pp. 105—108.

欧盟问题举行全民公决；在21世纪初，法国、荷兰等国围绕欧盟宪法条约进行了全民投票。

　　针对上述问题展开的全民公决，根据其倡议主体的不同，可以分为由议会（政府）或公民提出两种形式。其中，当权者把某一议案交与公民进行表决的公决形式，称为全民复决（referendum）；公民在获得法定人数同意的基础上，提出议案，并通过政府组织进行全民投票的公决形式，则称为公民创议（initiative）。二者中更能体现公民积极参与精神的，是公民创议权的广泛使用。

　　公民创议是公民积极介入影响其日常生活基本问题的决策或改革的一种参与形式。按照创议的范围、内容、形式等的不同，主要可以分为全国性创议和州以及地方一级创议、宪法创议和法律法规创议、直接创议和间接创议等。前两种创议分类的含义不言而喻。而直接创议是指不经议会表决，直接提交给公民表决的创议形式；间接创议则需要经过议会表决过程。全国性创议在西方国家中并不普及。目前，它只在瑞士和意大利两个国家出现过。其部分原因在于全国范围的公民创议不易被采纳和通过。因为一方面，它要受到提议规模的限制。如瑞士联邦宪法规定，公民必须征集到5万人的签名或者23个州中8个州的提议，才能付诸公决；另一方面，多数国家的公民创议实行双重多数制，即议案的通过不但要赢得选民多数，还要得到多数州的赞同。

　　与全国性创议相比，地方层面的公民创议相对活跃。以美国为例。自1904年俄勒冈州首次进行全州范围的创议以来，24个州的公民提出了大约1900件创议案，并通过投票表决采纳了其中的787件，占创议总数的41%。总的来看，创议过程并非稳步发展，而是有很大波动。例如，受两次世界大战、经济萧条以及朝鲜战争的影响，各州的创议数从1911—1920年的291件下降至1961—1970年的78件。但是，自70年代公民创议运动大规模盛行，尤其是1978年加利福尼亚通过了著名的第13条建议——这是一项将加州的财产税削减将近 60% 的创议以来，人们再次意识到创议过程的重要性，此后 20 多年间的创议数有了成倍增长（参见表 4.1）。

除公民创议外，罢免（recall）也是公民积极参与政治实践的一种重要公决形式。与试图改变立法或纠正立法错误的公民创议不同，罢免是指通过一定数量的公民签名提出动议，经由全体公民投票来决定是否在某一现任官员任职届满前将其免职。这一公决形式最早可以追溯至古雅典时期的"陶片放逐法"和叙拉古的"榄叶放逐律"①。在现代西方国家，直接罢免制已经成为一项极为重要的民主政治制度。许多国家的宪法都明确规定公民享有直接罢免的权利。根据罢免对象的不同，罢免可以分为罢免议会议员、罢免政府官员以及罢免法院法官等形式。

表 4.1　　　　美国州一级的表决创议：最少运用和
最经常运用的时期

年　代	提出议案数	采纳议案数	通过率（%）
1941—1950	131	53	40
1951—1960	109	44	41
1961—1970	78	33	42
1991—2000	396	194	48
1911—1920	291	117	40
1981—1990	289	127	44

资料来源：cited in Elliott Abrams（ed.），Democracy：How Direct？Views from the *Founding Era and the Polling Era*，Rowman & Littlefield Publihers，2002，p. 104.

---

①　在古雅典，每年年初召开民众大会，由公民将其认为可能危害民主政治的人的名字记在陶片上。如果某人的得票超过半数，则被放逐国外 10 年。叙拉古的"榄叶放逐律"规定，公民可将应被放逐者的姓名写在榄叶上，达到一定数目时即通过放逐案，放逐期为 5 年。

在西方国家中，美国在州和地方一级实行公民直接罢免的历史和实践较为丰富。在美国，最初的罢免试验出现在 1903年的洛杉矶。1908 年，密歇根和俄勒冈成为首批采纳罢免州一级官员的州政府。到 2005 年，美国已有 18 个州规定可以罢免州一级公职人员，至少 36 个州可以罢免各级地方公职人员。总的来看，对地方公职人员的罢免力度要远远高于州一级。据统计，有大约四分之三的罢免公决发生在市议会或学校董事会中。而截至目前，只有两个州长（分别发生在 1921 年的北达科他州和 2003 年的加利福尼亚州）以及少量州政府官员和州议员被罢免。[①]

三 全民公决的利与弊

战后尤其是 70 年代以来，随着信息技术的发展以及传播手段的更新，特别是在蓬勃发展的公民创议运动的推动下，全民公决成为西方国家的普遍政治现象。从基本内涵看，全民公决表明所有具有选举权的公民都可以按照自己的意愿，通过投票的方式，表达对国家、地方事务的意见。相对于依赖多数代表主观认定的代议制民主而言，它更能直接和明确地体现、反映广大公众的真实意愿和需求。因此，虽然并非所有问题都适合经由公决方式予以解决，许多国家还是将一些重大的、根本性的问题提交公民投票表决，以弥补代议制政治代表性不足的缺陷。全民公决的盛行，标志着大众参与的政治文化取得了西方主流政治的承认，这对参与民主在当代西方的发展不无意义。

全民公决的实践，拓展了公民直接参与公共决策的机会，培养了公民的参与意识和参与经验，使广大公民意识到他们的

---

① 参见美国全国州立法会官方网站 http://www.ncsl.org/programs/legman/e-lect/recallprovision.htm，"Recall of State Officials"，Updated June 15, 2005.

投票能够对政府决策产生影响，相信他们拥有的权力能够罢免不称职的官员，从而增加了公民对政府事务的兴趣，推动了公民直接政治参与的热情和积极性。尤其是创议权的存在，使得更多的公民愿意走向投票箱。美国各州的统计数字显示，与那些没有创议权的州相比，承认创议权的州的公民投票率要高3—7个百分点。[①]

虽然全民公决对促进公民参与具有积极意义，但这种民主形式有一定局限性。全民公决是一种解决问题的特殊方式，是当代资本主义统治者为解决其面临的困境和危机，为实现自己的政治意志而采取的一种手段。因此，尽管形式上由全体公民共同决定，但全民公决不可避免地会受到各种政党和利益集团政治意志的牵制，甚至可能被独裁者和民族分裂主义分子利用，沦为野心家的政治工具。例如，希特勒和墨索里尼就是通过全民公决的所谓合法程序上台执政的；一些国家的民族分裂主义分子也曾利用全民公决来煽动民族情绪，挑拨民族关系，进行分裂国家的活动。

此外，全民公决本身也存在一些难以克服的弊端。有学者就对其是否代表多数公民的意愿提出了质疑。例如，针对多数公决只要半数同意即可通过的规定，托夫勒指出："百分之五十一的原则也是非常愚钝的，纯粹是定量的手段。用投票来确定多数，并没有告诉我们人们观点的性质。它可以告诉我们有多少人在某个特定时刻需要 x，但却没有告诉我们人们是否愿意用 x 来换取其他什么东西。"[②] 同时，学者们还对全民公决能否作为一种理性的政治选择予以普遍关注。在一些难以判断价值的议题如同性

---

① Elliott Abrams (ed.), *Democracy*：*How Direct? Views from the Founding Era and the Polling Era*, Rowman & Littlefield Publihers, 2002, p.105.

② ［美］阿尔温·托夫勒等：《创造一个新的文明：第三次浪潮的政治》，陈峰译，上海三联书店 1996 年版，第 95 页。

恋、安乐死问题，一些对专业技术和知识依赖性较高的议题如发展基因技术，以及一些与公民经济利益直接相关的议题如赋税、工资问题上，人们能否作出理性、正确的选择，许多学者提出了疑问。最后，全民公决实践产生的一些不良后果——如上述加州全民公决减税的案例，导致了加州政府的公共经费不足——更是加剧了人们对全民公决的怀疑。显然，在当代条件下，全民公决仍然面临是否适用尤其是在何种议题和范围内适用的争议与挑战。但无论如何，作为一种非常规化的公民政治参与形式，全民公决在政治层面上推动了直接参与行为的复兴，促进了当代西方大规模直接政治参与的实现。

第二节　工厂民主：经济领域中的直接参与

工厂民主，即工人直接参与企业管理、决策和监督的民主形式，是大众参与在基层企业中的具体实现。作为从事生产工作基本单位的工厂或企业，与人们的日常生活有着密不可分的重要联系。西方国家本就有着久远的工厂民主传统。"二战"以来，在各种有利条件的综合作用下，工厂民主更加成为一股势不可挡的发展潮流。各国广泛进行的工厂民主实践，孕育了多样化的工人参与企业形式。而工厂民主实践的丰富，也为参与民主的发展积累了宝贵的民主资源。

一　当代发展的历史进程

作为一种工人参与企业形式的工厂民主，并非资本主义企业经营管理的本质属性。它是工人争取自身权利的斗争、资本主义的工业关系调整以及新技术革命与企业经营管理技术变革的产物。

由资本主义工业革命推动建立的现代企业，在诞生之后的很长一段时间里，其工业关系一直处于尖锐的劳资对立状态：资本家亲自掌管企业的经营管理任务，而工人在生产中必须服从资本家的安排，没有任何自由处置权。在这样一种截然对立的工业关系中，工人经常通过怠工、破坏机器等手段来宣泄自己对工作境遇的不满情绪。后来，随着联合斗争意识的增强，工人开始组织起来采用集体罢工、成立工会、与资本家进行谈判等方式，争取自己的权益。但是，至少直到20世纪之前，工人阶级进行斗争的动机主要集中在提高工资、缩短劳动时间、改善劳动环境方面。在基本的生活工作需求没有得到满足的条件下，他们不可能去争取更具积极意义的自治权以及参与企业治理的权利。

进入20世纪后，随着经济的发展、企业生产的不断现代化以及工人工资福利水平的相对提高和劳动条件的相对改善，工人开始对劳动过程提出更高的要求。在逐渐发展成熟的工人运动和左翼（如共产党、社民党）的政治斗争中，工人参与企业管理被作为一项重要的经济斗争目标提了出来。他们不仅主张"工作自治"、"联合工作"和"联合决策"，甚至也要求参与企业的高层决策，特别是参与那些与工人切身利益相关的战略决策。不能否认，在当代西方，工人参与企业管理和决策权的取得，是其长期不断追求自身经济权利斗争的结果。

同一时期，资本主义框架内的工业关系调整，为工厂民主的发展带来了契机。在"二战"后的资本主义企业中，资本雇佣劳动、剥削劳动的本质虽然没有发生根本性变化，但在劳动和资本的关系中出现了一些有利于工人参与企业的重要调整。这一调整主要表现在两个方面：一方面是企业所有权和管理权的分离。两权分离是资本主义生产社会化发展的必然结果，但它在客观上也改变了早期资本主义企业由资本家个人说了算或者单凭个人经验进行管理的状况。两权的分离，使得那些富于管理知识、经验和技能的职业经理人掌握了企业的管理权。他们在企业的经营管理中，能够更多地关注调动工人的积极性和主动性，关注工人创造性潜力的发挥。实际上，正是在经历了两权分离的所谓"经理革命"之后，工人参与企业管理、决策的各种形式、制度在当代西方各国大规模地发展和建立起来。另一方面，60年代以来雇员持股计划的广泛推行，对工人参与的发展产生了直接影响。发展雇员持股，本来是为了解决经济滞胀、缓和劳资矛盾的一种手段。但这一计划也直接推动了工人参与企业管理的进程。通过掌握企业股票，工人在企业决策机构中获得了更多表达自己意愿的机会。在有的雇员持股企业中，雇员股东甚至拥有股份表决权。当然，由于企业雇员在整个表决权中往往只占极少比例，他们并不能在实质上左右企业的一些重要决策。但这些参与活动本身，丰富了工人参与企业的实践，从而极大推动了工厂民主的发展。

当代新技术革命的高涨，也使得工人参与成为企业发展的一种客观要求。随着作为新科技成果的生产工具和生产系统不断应用于企业中，企业的生产模式发生了巨大变化。其重要表现就是：简单重复工作的减少以及复杂性技能工作的增加。生产模式的改变，要求工人具有更高的技能、更强的责任心，要求工人能够更加积极地参与到企业的生产组织与管理中来。在这一前提下，工人参与首先就是要求工人能够对其所承担的工作享有一定的自由处置权。同时，也要求工人能够对与其相关的工作有必要的知情权和参与权。工人只有更广泛地了解企业的生产经营甚至财务状况，才能激起对更高层次决策参与的兴趣和愿望。显然，新技术的发明与应用有利于推进工人参与企业管理的多样化发展。

此外，企业经营管理思想和技术的进步，也极大推动了工人参与的积极性。在资本主义企业管理演变的进程中，大体经过了经验管理、科学管理、行为管理和现代管理等阶段。从整个发展趋势看，企业管理经历了从以物为中心向以人为中心的转变。在

190

资本主义企业建立之初，资本家集企业所有者与经营者于一体，往往凭借个人经验进行企业管理。进入 20 世纪后，随着社会生产力的发展以及企业管理的复杂化，以泰罗制为代表的、探讨如何使企业生产更为"科学化"的企业管理思想迅速兴起。科学管理强调企业中一切工作的规范化、标准化、制度化和科学化，主张管理者必须对工人施行强迫和控制，以保证整个生产机器的有效运作。这一管理思想指导下的资本主义企业，虽然极大提高了生产效率，但也面临着工人缺乏生产积极性、厌倦并抵触生产劳动等严峻问题。因此，从 30 年代开始，人们转而更多地关注工人在生产中的行为以及产生行为的原因，关注工人的需要、自我激励和行为的规律，关注社会环境、人际关系对工人的积极性的影响等。这样，行为科学应运而生。"二战"之后，在新科学技术推动下产生的现代管理理论，更加重视工人的社会需求和精神需求，强调工人的自我决策能力，主张企业领导者创造必要的条件和环境，鼓励工人参与企业决策，从而充分发挥其潜能。受这一管理思想影响的现代企业管理，为工人的工厂参与提供了更广阔的舞台和空间。

二 主要实践方式

"二战"之后，作为一种制度化的工人参与企业管理在西方各国迅速推广开来。工人参与的广泛推行，改变了资本家垄断企业经营管理的传统，使生产管理的自主权部分地转移到工人手中。这种部分意义的参与权的实现，是工厂民主发展进程中的重要进步。由于各国的历史文化背景、政治经济环境不同，工人参与企业民主管理制度的具体表现形式也各有差异。按照参与内容进行分类，工人参与主要包括以下四种方式：

1. 谈判性参与

这种参与形式以劳资集体谈判为典型，是目前西方国家普遍采用的工人参与管理的基本形式。

所谓劳资集体谈判，是指雇主代表和工人代表（工会组织）双方，依照法律或习惯，在自愿基础上进行集体谈判，进而签订集体合同的制度。集体谈判涉及诸多与劳动相关的问题。根据国际劳工组织的规定，集体谈判具体包括工资、工时、假期、解雇、学徒、福利、劳动安全与卫生、劳动争议等内容，而工资是其中最常见的主题。劳资集体谈判在西方国家有着很长的发展历史。在美国，早在18世纪时，这种工人参与形式就已经出现。最初的时候，只有在雇主自愿同意的情况下，才能进行劳资谈判。1935年美国通过了《瓦格纳法》，第一次确认工会有代表会员进行集体谈判的权利。依据这项法案，美国成立了政府所属的全国劳工关系局，主要负责保障工会集体谈判权，协调集体谈判过程中的劳资关系问题。在此之后，集体谈判作为一项制度发展起来，逐渐演变成为工会代表工人参与管理、维护工人利益的一项基本制度。

集体谈判制度的实施，一定程度上减弱了劳资双方的对立。在集体谈判过程中，工人代表不再是完全受制于雇主的劳动者，他们享有与雇主对话的权利，享有就工资、劳动条件等相关问题同雇主"讨价还价"的权利，这在很大意义上改变了以前雇主单方面决定企业一切的状况，保障了工人的参与权及其在企业中的地位和某些利益。

2. 咨询和监督性参与

工人的咨询和监督性参与，主要是通过参加本企业的企业委员会来实现的。企业委员会是目前欧洲诸国普遍采用的并经由法律规定的工人咨询、监督组织。在组织名称上，德国、瑞典、法国、奥地利、丹麦等国称为工厂委员会，英国则称为劳资委员会；在组织结构上，企业委员会基本上分为两种组成形式，即由资方代表与劳方代表按人数对等原则组成以及由全体职工选出的职工代表组成。企业委员会一般享有三项权利：一是咨询企业生产经营等相关情况的权利；二是对生产、技术以及工人生活福利和劳动条件等，提出建议的权利；三是对有关工人权益的法令、条例以及集体合同的执行情况，进行监督的权利。

工人通过企业委员会来对企业进行咨询、监督，这种情况在欧洲国家相当普遍。例如，在法国，按照劳工立法的规定，凡雇佣职工人数超过 50 人以上的公营和私营工商企业都必须建立企业委员会。企业委员会成员应包括本企业厂长或其代表，以及一个由职工组成的代表团。企业委员会的职能涵盖经济和社会两个方面。其中，经济职能包括收集并研究职工的合理化建议、参与咨询有关企业的人事管理以及总的经营方针、了解企业的利润收益情况，并就利润分配问题提出建议，等等。企业委员会的社会性职能，则主要是指企业委员会监督企业领导，改善职工的劳动、工作和生活条件。为了确保企业委员会能够实现上述各项职能，法国还规定，企业的厂长、行政领导每年至少一次向企业委员会提供有关企业经营活动以及企业今后发展计划的报告。1981年法国社会党上台后，通过了新的立法，规定企业资方应给企业委员会提供经费，其数量为工资总额的 0.2%。

3. 决策性参与

这种工人参与形式，主要是指在企业的董事会和监事会中设立职工代表，参与企业大政方针的决策。最具代表性的决策参与，是德国的"共同决定"制度。共决制是德国工人参与企业决策的一个独具特色的制度，主要是指在企业监事会中设立职工代表，参与企业重大问题的决定。在德国，监事会并非一般的企业监督机构，它拥有决策和监督双重职能，享有巨大权利，如批准企业的生产经营政策、监督企业的经营管理、任免企业经营执行机构的成员、审查企业财务和营利情况以及批准投资计划，等等。在监事会中，职工监事具有与资方监事相同的权利和义务。通过实行监事会中的职工代表制，工人把自己的代表选入监事会，代表职工提出意见，与资方代表共同决定企业重大生产经营决策问题，从而实现企业共决。

在西方其他国家，法国和瑞典的工人决策参与也有一定典型性。它们的工人参与管理、实行共决，是通过董事会内的职工代表制来实现的。瑞典规定，在雇佣 100 人以上的企业中，代表大多数职工的地方工会应委任两名职工代表和两名候补人员参加公司董事会。后来一项经过修改的法令又决定凡雇佣 25 人以上职工的企业都得实行职工董事制。在法国，规定国营企业的董事会，必须由国家代表、经济界代表和职工代表组成。其中，职工代表由所在国营企业的工会选举产生；而私营企业中的董事会，则需按照人数对等的原则由股东代表和职工代表组成。1982 年通过的法律规定，职工董事不仅有咨询权，而且有表决权。

4. 直接管理性参与

这种参与形式主要发生在最基层的企业组织。它通常是以班组为单位或以兴趣爱好为线索由职工自愿进行的参与形式。其活动一般围绕生产、质量、成本、合理化建议等方面展开。在美国，工人的直接管理参与主要是在自我管理小组、质量管理小组、劳动生活质量小组中进行。在自我管理小组中，由小组的职工直接参加制定生产或工作目标，并根据预期的目标进行自我控制，自主决定完成任务的方式和方法。小组有权分派工作和监督劳动质量，有权决定工时，并从人事部门挑选人员，甚至可以提出解雇意见。质量管理小组通常由 10—20 名职工自愿结合组成，在车间一级开展活动，民主决定小组的活动内容，就提高产品质量和劳务质量等问题，讨论提出的各种方案，并从中作出最佳选择。劳动生活质量小组，关注的是奖励的正效激励作用，注重鼓励工人的合作精神，强调共同解决小组生产中存在的问题。从现实实践看，这些基层的直接参与管理活动，对于提高劳动生产率，对于改善工人的劳动态度以及促进工人生产的积极性，发挥了不容忽视的重要作用。

三　工厂民主的优长与局限

依据参与民主理论的看法，参与民主的一个基本特征，就是公民直接参与工厂等社会关键制度的管理。个人只有直接参与工厂事务，才能实现对日常生活的真正控制。也只有通过工厂中的广泛参与，公民个人才能有机会学习资源生产和控制中的重要事务，进而能够学会评判国家问题以及政治代表的表现，并在特定时候参与国家范围的决策。[①] 显然，工人直接参与工厂事务，是参与民主发展的重要基石之一。

从战后几十年西方国家的工厂民主发展看，以工人参与企业管理、决策为主要特征的工厂民主，对推动参与民主的发展具有积极意义。这种积极意义，主要表现在促进了工人包括民主能力和工作能力在内的自身素质的发展与完善。正是通过广泛的工厂民主实践，工人才有机会学习新的技能、从事各种更为艰巨的工作、在工作环境中自由表达自己的意见、参与指挥和组织某些工作过程。[②] 有学者在对不同工作背景下不同种族人群所作的大量调查研究后这样指出，工人参与企业的管理和决策，"能够显著地减少滥用管理权的现象，能够增加工人的技能和自治，能够培养工人对工作的更大的自豪感"[③]。所有这些能力的增强，对于

[①]　See Carole Pateman, *Participation and Democratic Theory*, Cambridge: Cambridge University Press, 1970.

[②]　Joyce Rothschild, "Creating a Just and Democratic Workplace: More Engagement, Less Hierarchy", *Contemporary Sociology*, Vol. 29, No. 1, Utopian Visions: Engaged Sociologies for the 21st Century (Jan. , 2000), p. 209.

[③]　Randy Hodson, *Working with Dignity*, Cambridge: Cambridge University Press, 2000, p. 200, cited in Joyce Rothschild, "Creating a Just and Democratic Workplace: More Engagement, Less Hierarchy", *Contemporary Sociology*, Vol. 29, No. 1, Utopian Visions: Engaged Sociologies for the 21st Century (Jan. , 2000), p. 212.

促进工人的更大范围的参与行为，无疑将产生重要影响。

当然，西方国家发展工厂民主的主要目的，并非为了培养积极的参与性公民。虽然工厂民主客观上限制了资本家的权力，打破了资本家在企业中单方面说了算的局面，促进了劳动者与管理者之间的对话与协商，但任何工厂民主形式，都是从企业利益出发来设计的。发展工厂民主的目的，主要是为了调节劳资关系、调动工人的积极性、激励工人为企业的发展作出更大的贡献。在这一前提下出现的工厂民主，不可能实现参与民主的"完全参与"的发展目标。同时，建立在私有制基础上的资本主义企业，也不可能实践真正意义的"工厂民主化"。诚如林德布洛姆（C. E. Lindblom）指出的那样，"工业的民主化并非是很久以前已经实现的事情……在保护财产的宪法秩序下，政治民主对财产所有制特权的挑战仅仅是边际性的。对比之下，工业的民主化迅即、直接和绝对地打击了这些特权"①。换言之，在私有制度下，工厂民主化是损害私有制统治基础的方案，它对财产所有制特权的威胁是更为直接的、绝对的，因而也最易招致私有财产者的强烈反对。在这种条件下，真正的完全意义上的工厂民主化没有实现的可能。与多数参与民主形式一样，只有在根本消灭了剥削制度的前提下，工厂民主的发展才能获得更为广阔的空间。

第三节　公民社会组织：组织化的公民参与渠道

公民社会组织（Civil Society Organizations，CSOs）的迅猛发展，是 20 世纪末世界政治进程中的一个显著现象。在当代世界

---

① ［美］查尔斯·林德布洛姆：《政治与市场：世界的政治—经济制度》，王逸舟译，上海三联书店 1994 年版，第 258 页。

各国，各种形式的公民社会组织层出不穷，产生了巨大的社会影响，以至于有学者将其重要性与 19 世纪末民族国家的兴起相提并论，认为当前的人类社会正置身于一场"全球性的社团革命"之中。① 作为掀起这场革命的源头，西方国家公民社会组织的发展引人瞩目：公民社会组织不仅数量众多，而且在促进经济发展、维护公民权利、推动政治进步的过程中承担着日益重要的作用。从民主发展的角度看，正是因为公民社会组织的大规模崛起，才使得广泛的公众参与获得了坚实的组织载体。在当代西方国家，通过公民社会组织参与政策决策、地方治理等，已成为大众直接民主参与的一种重要方式。

一 什么是公民社会组织

在西方理论界，并没有一个关于公民社会组织的统一定义。从字面含义上看，公民社会组织，可以认为是对公民社会中各种组织和团体的笼统称谓。如果按照这一解释，公民社会组织就涵盖了除国家（包括政党）和市场之外的所有组织与团体，即不仅包括被政治学家们传统上称为利益集团（interest groups）的全部组织，如关注本团体直接物质利益的各种工会、专业协会（例如由医生和律师组成的协会）、行业协会，以及表达社会整体价值利益的公共性利益集团如维护环境、人权、妇女事务、残疾人权利、同性恋权利的公益性事业组织；也包括许多其他形式的并非旨在推进具体政治性议程的组织，如宗教组织、学生团体、文化组织、体育俱乐部以及医疗保健组织，等等。这些公民社会组织，都具有一些相似的共同特征，如组织性、私有性、非营利性、自治性和自愿性等。

---

① ［美］莱斯特·萨拉蒙：《非营利部门的兴起》，载《公民社会与第三部门》，社会科学文献出版社 2000 年版，第 243 页。

在当代西方，诸多与公民社会组织相类似的概念也相当流行，例如非政府组织（non-government organizations，NGOs）、非营利组织（non-profit organization）、志愿组织（voluntary organization）和第三部门（third sector），等等。这些说法与公民社会组织含义相近，在许多条件下可以相互替代。之所以存在许多不同称谓，很大意义上只是由于各国使用习惯的差异。正如有学者指出的那样，关于称谓问题，"这当中很少或根本没有明确的理由。虽然每一词汇都是从一定的文化中产生的，它的使用可以追溯到特定的社会、经济和政治环境，但……找不到简明的分辨办法"①。

但如果我们仔细加以对照区分，可以看到不同称谓强调的重点仍然存在些微差异。例如，非政府组织，主要是相对于政府而言的。就概念本身看，非政府组织主要强调的是其作为非国家行为主体的性质；非营利组织与营利组织即企业相对应，强调其宗旨的非营利性；志愿组织强调的是公民对某些社会问题的关注和支持的志愿精神，它既包括个人和组织参与某一社会事件并提供服务及知识的志愿行为，也包括个人和组织在开展具体活动时放弃或减少个人利益的志愿捐献的道德理念。志愿组织体现了个人的人生观或组织的价值观以及为了实现某一志向的自我实现精神；而第三部门则是指与公共部门、私人部门相对的另一部门，强调的是其非公共性和非私人性。

与上述概念不同，公民社会组织是以独立于国家的公民社会为组织基础，关注的是社团组织与公民社会的密切关系。在当代公民社会理论中，大都把各种类型的公民社会组织视为公民社会的核心要素，甚至有学者还将其等同于公民社会本身。例如，戈

---

① ［美］D. 路易斯：《非政府组织的缘起与概念》，载《国外社会科学》2005年第1期。

登·怀特（Gordon White）就认为，公民社会组织"是国家和家庭之间的一个中介性的社团领域，这一领域由同国家相分离的组织所占据，这些组织在同国家的关系上享有自主权并由社会成员自愿结合而形成以保护或增进他们的利益或价值"①。显然，公民社会组织的称谓，更加强调社团组织与国家相分离的、带有明显公民社会特点的自主性和自治性，强调基于共同利益基础上的公民结成社团，并通过社团组织来参与公共事务。从参与民主研究的角度看，这个概念更能综合的准确反映出作为带有明显自我治理和公共参与精神的参与民主的特点与实质，因而笔者使用公民社会组织一词来概括当代西方大众组织化的参与渠道。

二 发展演变与参与方式

公民社会组织，并非只是一个当代现象。甚至早在18世纪，英美等主要西方国家中，就已经出现了地方性和全国性政治社团的雏形。到19世纪末20世纪初时，一些重要的政治性社团组织在西方各国逐渐建立起来。例如，在英国，各种专业性的团体如英国医学协会、全国教师联盟等蓬勃发展；在美国，也相继成立了全国商会、全国制造商协会、全国医学会、全国有色人种协会、全国农场主联盟等全国性的政治组织。除了各种政治性团体之外，其他各种五花八门的公民社会组织也大量涌现。诚如托克维尔对这一时期美国社会中的社团组织所描述的那样："不仅有人人都可以组织的工商团体，而且还有其他成千上万的团体。既有宗教团体，又有道德团体；既有十分认真的团体，又有非常无聊的团体；既有非常一般的团体，又有非常特殊的团体；既有规

---

① ［英］戈登·怀特：《公民社会、民主化和发展：廓清分析的范围》，载《公民社会与第三部门》，社会科学文献出版社2000年版，第3页。

模庞大的团体，又有规模甚小的团体。"①

以公共利益为目标的公民社会组织，大规模兴起于 20 世纪 60 年代前后。它们是风起云涌的新左派运动和新社会运动的产物。此后的 20 多年间，着眼于全国乃至国际问题的社团组织，如各种核裁军运动、援助活动、环境运动、公民自由运动、动物权利运动组织等，在西方国家广泛发展起来。这些组织团体的兴起和壮大，拓展并丰富了公民社会组织的内涵。

进入 80 年代以后，形形色色的公民社会组织得到迅猛发展。公民社会组织的发展，一方面表现为数量的急剧增多。据统计，在美国，只有 18% 的人未参加任何社团组织;② 在法国，其公民社会组织从 1961 年的不到 1.8 万个，迅速增加至 1990 年时的 6 万多个，且每年还在以大约 6000—7000 个新组织的规模继续增长;在德国，每 100 万人口中拥有的社团数量从 1960 年的 160 个增加到 1990 年的 475 个，翻了将近 3 倍;而在公民参与率最高的瑞典，甚至拥有约 200 万个社团组织，整个社会建立起每 100 万人口就有 2300 个社团的稠密的社会联系网络。另一方面，公民社会组织的发展也体现为公民社会组织在社会生产生活中的作用和影响不断增强。在当代西方各国，公民社会组织已发展成为一支重要的经济和社会力量。它不仅为社会就业提供了更多的岗位（参见表 4.2）：根据包括美英法德等主要发达工业国家在内的 22 国的统计数字显示，公民社会组织在 1995 年雇佣的人数相当于 1900 万个支薪的全日制工人，这意味着等于这些国家最大私营企业 330 万人的就业总和;而且在促进各种社会福利服务如教育、卫生保健、社会服务等方面发

---

① ［法］托克维尔：《论美国的民主》，董果良译，商务印书馆 1988 年版，第 635 页。

② Peter Levine, *The New Progressive Era. Toward a Fair and Deliberative Democracy*, Rowman & Littlefield Publishers, 2000, p. 76.

挥着日益重要的作用。①

关于公民社会组织在当代社会飞速增长的原因，著名政治学家萨拉蒙（Lester M. Salarmon）从"四次危机"和"两次革命性变化"的角度作出了阐释。② 在这些危机和变化中，与发达国家公民社会组织增长直接相关的，主要体现在以下方面：（1）70 年代后的经济滞胀，使得"二战"以来由国家主导的社会福利政策遭受一系列严肃质疑。现代福利国家面临前所未有的发展危机。减少国家干预和控制的范围，以有组织的公民社会活动来替代国家的社会服务职能，日益成为人们的普遍共识；（2）简单依靠私有市场来解决所有问题的新自由主义，在近 20 年间引发了全球性的金融危机以及各种社会问题的持续出现。各种公民社会组织在寻求介于仅对市场信任和仅对国家信任之间的"中间道路"中，愈益展现出其战略上的重要性；（3）随经济发展而出现的环境的恶化以及其他攸关人类生存和发展的重大问题，如核战争的危险、公民权利和自由的维护等，推动人们对相关问题投入更多关注的目光。而政府在回应危机方面的无能为力，使得人们选择组织起来以实现自己的倡议；（4）通讯技术的革命性变革，为人们的相互交流和联系提供了更为便捷的渠道。与这种发展相伴而生的大众教育水平、文化素质的普遍提高，也使得民众的组织与动员比以往更加便宜。

按照世界银行的分类标准，公民社会组织的功能包括保护穷人的利益、减轻苦难、保护环境、提供社会服务，等等。③ 为了实现这些基本功能，公民社会组织主要通过影响政府决策以及推

①　[美] 莱斯特·M. 萨拉蒙等：《全球公民社会——非营利部门视界》，贾西津等译，社会科学文献出版社 2002 年版，第 6—37 页。

②　[美] 莱斯特·M. 萨拉蒙：《非营利部门的兴起》，载《公民社会与第三部门》，社会科学文献出版社 2000 年版，第 249—252 页。

③　*Categorizing NGO*s, in http：//docs. lib. duke. edu/igo/guides/ngo/define. htm.

动社区建设等方式来积极展开活动。

表 4.2　　1995 年西方主要发达国家公民社会组织就业数据表

（包括志愿者和宗教）

单位：%

国　家	活　动　领　域												占总就业（非农业）的比例
	文化	教育	卫生保健	社会服务	环境	发展	倡导	慈善中介	国际	宗教	职业	其他	
美　国	7.2	14.9	27.5	17.7	0.8	3.2	4.0	0.8	0.3	19.7	3.1	0.9	14.5
奥地利	6.3	6.7	8.7	48.1	0.3	0.0	3.4	0.0	0.6	3.6	1.1	21.3	5.9
芬　兰	31.9	12.1	12.8	15.2	0.7	1.6	16.4		0.4	2.3	6.1	0.4	6.4
法　国	28.4	13.9	8.7	25.9	4.7	4.5	1.8	0.6	2.3	5.2	4.1	0.0	10.1
德　国	17.7	6.8	19.6	24.4	2.5	4.0	2.9	1.4		10.2	3.8	5.7	8.8
英　国	22.2	20.5	6.5	12.9	2.0	10.1	1.4	1.0	1.9	19.2	1.2	0.9	12.8
荷　兰	16.6	22.4	27.8	19.7	2.0	1.6	2.9			4.0	1.7	0.0	19.4

资料来源：转引自［美］莱斯特·M. 萨拉蒙等《全球公民社会——非营利部门视界》，贾西津等译，社会科学文献出版社 2002 年版，第 516 页。

　　有学者把公民社会组织影响政府决策的内容归为四类，即改变政府或国际政府间组织的工作议题；在冲突各方间进行斡旋；使政府更为透明和负责，进而树立其合法性；在其他组织力量不足时，将问题的解决付诸实践。[①] 所有这些内容，都是通过制度化或非制度化两条参与途径实现的。所谓制度化参与，即公民社会组织作为政策过程的主体，自愿参与政策方案的提出、政策的制定、执行以及评估等各阶段，通过合法程序参与政策过程或影响政策决策的参与方式。非制度化参与，是指通过非正式方式影响政策形成的参与方式。其主要做法包括游行示威、召开研讨

[①]　P. J. Simmons, "Learning to Live with NGOs", *Forgein Policy*, Issue 112（Fall 1998）, p. 84.

会、发表讲话、发布消息和评论等。非制度化参与的目的，是通过宣传自己对相关问题的看法主张，来争取公众的了解和支持，以形成舆论压力，从而影响政府的决策。当前以公共利益为目标的各种公民社会组织，主要就是通过这种方式，来参与并影响政府决策的。

公民社会组织的另一重要参与活动，体现在参与承担具体的社会服务和社会管理工作方面。在当代西方，公民社会组织在整个社会的公共服务体系中发挥着举足轻重的作用。据统计，在美国，公民社会组织的活动遍及半数以上的医院以及大学；在英国，涵盖了20%以上的初中和高中教育；在瑞典，40%的新建或翻修的居民房屋由公民社会组织提供服务；在法国，公民社会组织承担着三分之一的儿童日常护理以及55%的居民护理。近年来，随着许多西方国家将地方自治政府的部分权力向基层社区下放，由社区居民组成的各种公民社会组织，如邻里法人、邻里协会、邻里社区协会等，在社区服务和管理中的作用愈益重要。它的活动广泛涉及开拓社区服务功能、建立服务体系以及推动社区各类服务业全面发展等方方面面。目前，在许多国家的社区建设中，公民社会组织似乎正朝着致力于建立一种无所不包的服务体系方向发展。它们以满足社区居民的要求为宗旨，力求使社区服务达到"老有所养、幼有所托、孤有所扶、残有所助、贫有所济、难有所帮、学有所教、需有所供"全方位发展的新境界。正是因为各种公民社会组织在社区内的积极组织、管理，给人们的日常生活带来了极大的方便和保障。

三　公民社会组织的参与优势

通过公民社会组织实现大众对政治和公共社会生活的参与，是当代西方参与民主发展的一个主要趋势和特点。在公众的参与活动中，形形色色的公民社会组织承担着组织媒介的重要作用。

正是由于公民社会组织的存在，使得本来分散、零乱的个人参与，发展成为一种组织化、系统化的规模参与。与纯粹的个人参与相比，大规模的组织参与富于理性、目标明确、社会影响广泛，从而更有利于维护个人利益、实现群体价值。

公民社会组织对参与民主发展的意义，是在培养和完善公民美德方面具有不可低估的重要作用。公民具备参与、协作等美德，是参与民主发展的必要前提和条件。而公民的参与、协作精神，很大程度上是通过各种自愿性协会组织的培育、塑造来实现的。早在一百多年前，托克维尔在阐释公民美德的含义时就这样指出，公民美德首先意味着一种自愿合作的意识，而这一意识的形成反过来需要一种理性的互信、一种协商的能力、一种明智的自利判断。在民主国家中，所有这些都是通过协会来实现的。①

在现代西方社会学中，强调社会组织具有促进互利基础上的协调与协作特征的"社会资本"理论，用一个全新的概念重新诠释了托克维尔的观点。在这一理论看来，如果人们从属于某一协会，他们就能够建立起一致的政治思想和价值，能够学会在公开场合发表自己的意见。同时，参与自愿性的协会，也能够培养公众对他人的道德关注，以及实现通过私人经济行为和简单投票所不能形成的公共精神。所有这些社会资本，都有助于推动民主政治的健康发展。②

不可否认，公民社会组织为培养公众的政治参与水平或曰公民的参政技巧提供了必要的渠道。在公民社会组织中，公众能够获得大量实践参与行为的机会，如在组织中发言、演讲或参加决策会议等。这些行为对推进公众的政治参与具有双重意义：一是

---

① ［法］托克维尔：《论美国的民主》，董果良译，商务印书馆 1988 年版，第635—640 页。

② Peter Levine, *The New Progressive Era. Toward a Fair and Deliberative Democracy*, Rowman & Littlefield Publishers, 2000, p. 75.

公众在这些行为中学会了更多的参与政治体系所必需的参与机制和技巧，而这些技巧在实践中能够转化为更多的政治参与行动；二是这些参与行为本身就具有教育意义，因为它使得参与实践者清楚地看到了参与的有效性和重要性，从而有助于提高公众参与的自愿性、自觉性。

此外，公民社会组织在吸引公众参与方面，也具有自身的独特优势。与政党等争取上台执政的传统政治组织不同，公民社会组织的目标是通过其活动影响政府政策以维护本组织的利益，或实现本组织所追求的社会理想。这种组织形式更易于将共同利益群体或具有相似价值观的人群组织起来，也更能够激发起组织群体的参与热情。尤其是近年来由于政党威信的下降而导致政党危机频现，人们似乎更愿意通过各种社会组织来表明自己的观点，向政府施加影响，以实现自己的目的。在当前西方各国，虽然公民社会组织并不能取代政党的政治功能，但必须承认，公民社会组织的政治参与已成为国家政治生活不可缺少的组成部分。

第四节　地方民主：地方治理中的公众参与

地方民主，是指社会公众的自治参与，以及通过各种途径参与地方政府对公共事务治理的一种民主实践形式。地方民主主要发生在地方政府层面或地方行政的过程之中，它是地方政府管理形式民主化的一个标志性成果。在当代世界，一个国家只有一个中央政府和一套中央政府体制，但却可以有多个地方政府和多种地方政府管理形式。因此，作为地方政府管理形式变革途径和结果的地方民主，其发展呈现多样性特征。多样性地方民主的发展，极大促进了参与民主实践形式的丰富和完善。

一　地方民主与地方政府变革

在当代西方，地方民主的发展与地方政府的变革有着密不可分的联系。从地方民主本身看，它既是地方政府变革的主要途径和方式，也是其管理结构转型的一个重要结果。在地方政府管理方式和结构不断变革与更新的基础上，产生了多种多样、形态各异的地方民主实践形式。

当代西方地方政府的变革涵盖许多方面：不仅包括地方政府公共政策的变化，而且包括地方政府本身治理结构的变革；不仅有技术方面的更新，也有制度领域的深层变化；不仅包括政府与行政关系的调整，还包括政府与市场、政府与社会关系的重新定位；不仅包括政府权力与公民权利的调适，也包括政府权力的内部转移。在这诸多调整和变革中，与地方民主发展密切相关的，主要涉及地方分权改革、地方自治的巩固与发展、多中心地方治理体制的建立以及地方电子政务建设等方面。①

首先是地方分权改革。当今西方国家的政治体制主要包括联邦制和单一制两种形式。就联邦制国家而言，实行地方分权是国家建制的一项基本原则。但在 20 世纪的大部分时间里，由于强调中央调控的凯恩斯主义盛行，联邦与州政府之间的纵向分权体制受到了很大限制。例如在美国，罗斯福新政结束了中央与地方彼此独立的二元联邦主义，转而实行合作联邦主义，通过分类补助、管制和无预算项目等方式，使州与地方政府很大程度上成为了联邦政策的执行工具。直到 80 年代，随着新自由主义取凯恩斯主义而代之，成为西方国家的主导政治思想，地方分权改革才被提上了议事日程。在新自由主义看来，正是因为推行凯恩斯主义和福利国家政策而导致财政赤字急剧增大，使中央政府陷入了

---

① 电子政务建设的情况，将在本章第五部分进行详细分析，这里主要阐述前三个方面的内容。

严重的财政危机，所以它主张减少中央政府对经济生活的干预和财政支出，强调中央政府向地方政府下放权力，实行地方分权，建立"小政府"。

在新自由主义的推动下，西方各国相继进行了分权改革。在联邦制的美国，自1980年里根就任美国总统后，面对庞大的联邦财政赤字，开始向各州下放权力，重新确立了自己照料自己的联邦主义。在单一制国家中，法国的改革引人注目。在1982年3月通过《权力下放法案》以后，法国从立法入手进行了一系列法律、法规改革，将中央的权限逐渐向地方转移。这些法律法规实施后，法国政府的集权程度不断降低，中央和地方的权限得到了明确划分。尤其是在2003年，法国对宪法进行了修改，重新定义国家与领土单位关系的性质，宣称法国是一个"地方分权"的国家，从而进一步扩大了地方自主权。

地方分权改革的一个直接实践后果，是推动了地方自治制度的巩固与发展。地方自治（local autonomy），是指在国家监督下，由地方居民直接选举产生地方自治机关，自主管理地方事务的一种地方管理模式。地方自治在西方有着源远流长的历史传统。早在盎格鲁—萨克逊时代的乡村中，人们就有明确的责任、义务之分，具备了早期的自治观念。在漫长的历史发展中，西方各国进行了大量的地方自治实验，积累了丰富的地方自治经验。在实践地方自治的过程中，通过组织选举、直接请求、实施请愿、居民诉讼和信息公开等方式，极大促进了公民和公民社会组织参与地方政府事务管理，推进了地方民主的发展。在当代西方各国进行的地方分权改革，进一步巩固了地方自治权，加强了地方政府的自主性，从而对地方民主的发展产生了重要影响。

20世纪八九十年代，全球化浪潮的迅速蔓延，给地方民主带来了新的发展机遇。因为全球化的发展使得地方权力和职能愈益分散化，呈现出多中心地方治理的发展趋向，从而能够推动更多的社区、邻里等公民社会组织参与到地方管理实践中来。所谓多中心地方治理，是指在地方各个层次、各个区域同时进行调节，由包括公共部门、私人部门以及第三部门在内的多个主体同时供给公共产品和服务的一种地方管理形式。多中心地方治理的主要特点，是吸纳了更多的组织和单位参与到地方管理中来。地方发展不再单纯地依赖作为正式政治体制的地方政府对地方进行统治（government），而是由不同行为主体共同分担责任，完成对地方社会的治理（governance）。多中心地方治理实现了从"统治"到"治理"的地方管理方式的转变。显然，治理相对于统治的显著优势，是推动了政治国家与公民社会合作进行社会管理的过程，使得社会管理更具合法性、有效性和参与性。

多中心地方治理模式的出现，对地方民主发展具有积极影响。早在60年代，主张政治分散化的公共选择理论就已明确指出，分散化的权力单位能够使公民参与最大化，能够方便政府对公民的要求作出反映。[①] 而在多中心地方治理论者看来，把集体选择性问题尽可能地在较低治理层次解决，使更高治理层次主要承担辅助性功能，将更加有助于拉近地方政府与人民之间的距离，恢复草根民主和公共精神。从当代西方的民主实践看，多中心地方治理模式的兴起的确极大提升了公众的民主参与热情，促进了地方层面公众参与的发展进程。

二 地方民主的实践形式

地方民主在西方社会有着悠久的历史。如果追本溯源（在广义上），古雅典时期的公民大会可以认为是地方民主的最初源头。近代以来，在推行地方自治的基础上，西方各国进行了大量

---

① Joseph F. Zimmerman, *Participatory Democracy. Populism Revived*, New York: Praeger Publishers, 1986, p. 136.

的地方民主建设实验，孕育出众多的地方民主制度，如建立并实践公民参与地方决策的公共听政会（public hearings）、公民咨询委员会（citizen advisory committees）制度、乡镇会议等。20世纪尤其是70年代后，随着信息技术革命、政治民主化、经济全球化的迅猛发展，以及各种形式的社会运动推动，地方民主获得了更大的发展空间，出现了许多新的地方民主实践形式，这主要体现在两个方面。

一方面，在地方公职人员的选举中，许多国家改变了原来由地方议会选举市长的间接选举方式，转而实行能够反映更多民众真实意愿的市长直接选举方式。例如，在传统上，英国地方政府的组织结构一直是模仿中央政府实行一元化体制，市长由间接选举产生。2000年，英国通过了《地方政府法案》，对地方政府组织结构改革提出了新的要求，规定地方议会应由直接选举产生的市镇长、主席和议员组成。地方政府虽然可以在直选执行机关市镇长—内阁制、直选市镇长—议会经理制、领导人—内阁制三种组织框架中选择一种作为地方治理模式，但市长应由直接选举产生。根据这一立法，2000年5月大伦敦地区举行第一次直接选举，产生了大伦敦议会和市长；2004年6月又进行了第二次直接选举。在德国，当地居民直接选举地方行政首长的方式，在德国南部诸州一直十分流行。两德统一后，几乎所有的市长都是由居民直接选举产生的，甚至有的州长也是由居民直接选举产生。在美国的城市组织中，主要有"强市长制"和"弱市长制"两种形式。在"强市长制"下，市长是由选民直接选出的。

另一方面，非选举形式的公众参与也取得了长足进步，更多的地方居民被吸引到公共政策决策中来。在英国，加强公民参与的形式主要包括民意调查、社区调查或社区需求分析、固定样本调查、公民陪审、召开寻求共识的会议、协商式民意测验、公民投票、设计行动计划、兴办邻里论坛、召开网络会议，等等。① 1999 年，英国还出台了《地方政府（最优价值和财政）法》，明确要求英格兰和威尔士的地方政府必须征询居民意见，以不断改进地方政府的服务质量，使之更加经济、有效。同时，强调地方政府有责任将所有规划的申请进行公告，并征询居民对规划方案的意见。据英国地方政府联合会的调查，在英格兰和威尔士，在起草 2001—2002 年财政年度计划时，90% 以上的地方政府通过公民投票、调查问卷和咨询等方式，征求了当地居民的意见。在美国，公民在地方政府区域内参政议政的渠道也多种多样。例如，地方居民可以自由地参加各种公共听证会，或旁听地方政府的任何会议，并在允许的情况下公开在会议上发表自己的观点；建立公民咨询委员会（citizen advisory committees），在公民与公共官员之间架起了相互沟通的桥梁；通过各种公民社会组织，参与政府的日常决策，等等。

随着分权改革的深入以及自治制度的巩固，在北美和欧洲的许多国家中，一种以社区或邻里为基础的地方民主正在日益发展起来。社区或邻里，是地方社会的基层单位。它在地方治理中发挥着重要作用，既是政府为公众提供服务的一种有效方式，也是公众参与公共事务管理的基本途径。正如有学者指出的，"'社区'是实现强大的组织统治以及解放政治的纲领的一种工具"②。当代西方许多地方政府在地方治理过程中，适应时代发展的需要，逐渐将公共事务的治理权和控制权授与社区，自己不再直接提供公共服务，转而主要执行掌舵、监督和筹集资金等责任。与此同时，社区也从政府机关附属机构的地位中解放出来，转而成为真正的群众性自治组织。从民主发展的角度看，社区自治促进

---

① See Robert Leach and Janie P. Smith, *Local Governance in Britain*, New York: Palgrave Publishers, 2001.

② Robin Hambleton etc. (ed.), *Globalism and Local Democracy*, Palgrave Macmillan Ltd, 2003, p. 165.

了公众自我管理的自觉性，推动了以公众参与为主要标志的地方民主的实践进程。

在西方国家中，美国的社区自治相对比较完善。目前已经形成了地方政府、社区委员会、社区组织三位一体的社会化社区管理模式。其中，政府和社区委员会承担着监管、考核、资金提供、培训、动员、组织等职能；社区组织是社区服务的具体承担者，通过如组织居民进行治安保卫和卫生维护，提供就业技能训练，组织杂活服务队，组织男童子军油漆房屋，组织青少年修剪草坪，付钱给小孩让他们给老人干杂活，组织本地区护士提供护理服务等，来满足居民的日常生活需要。在社区生活中，公民主要通过四种方式参与社区活动：（1）社区会议。其主要内容包括社区委员会主席汇报前一阶段的工作、传达政府的政策动向、提出下一阶段的工作计划等；（2）社区听证会。主要就涉及本社区公共利益的、与社区居民日常生活密切相关的热点和难点问题展开讨论，以为大家提供一个相互了解和沟通的机会；（3）竞选社区专业委员会委员。社区居民无论有无实际工作，都可以参加竞选；（4）社区志愿服务。据统计，美国每年大约有 9 千万人次的志愿服务者从事社区服务工作，参加志愿服务是居民直接参与社区管理的最重要途径之一。

三 地方民主的价值与问题

从上文的分析可以看出，在长期的地方自治进程中，当代西方国家已经逐步形成了一套较为系统、完备的地方民主发展模式。虽然地方民主实践的具体方式存在差异，但总的来看，各国地方民主建设大都在朝着减少政府的直接管理、促进公众的积极参与、发挥公民社会组织的作用、构筑多渠道的公民参与体系的方向发展。地方民主的实践，一方面推动了政府职能的转变，帮助政府从具体而烦琐的社会服务事务中解脱出来，减轻了政府的社会管理负担和压力；另一方面，也吸引更多的公民参与到地方、社区事务的组织和管理中来，促进了公民的自我决策、自我管理和自我服务，使大众参与的民主制度在基层地方组织中真正得以实现。

就地方民主本身而言，它是一个从属于地方管理形式变革的范畴，是地方事务由政府间接管理向着大众直接自主治理转变的民主化改革的重要结果。按照地方民主支持者的说法，大众直接参与地方事务决策以及对政府进行监督，是民主的参与和平等精神的体现，是草根民主和公共精神的恢复与发展。但在实质上，这种民主和公平的参与本身，却并非地方民主实践的直接目的。换言之，地方民主虽然客观上产生了诸多有利于促进公众参与政治的结果，但其实践基点却是建立在强化和完善现有统治体系需要之上的。正如多中心地方治理理论指出的那样，地方民主的目标是为了发展和完善政府的善治，拉近地方政府与人民之间的距离，依靠多元治理主体通力合作共同解决地方性问题。同时，从当代西方国家的地方民主实践看也存在一些问题，其中最为突出的就是在建立多渠道公众参与的同时，如何实现政策决策的高效率。目前，在各国地方民主的实践中普遍存在着决策周期冗长、议而不决、效率低下等问题。这些实际问题，恰恰正是参与民主反对者质疑扩大公众政治参与的重要理由之一。显然，如何有效解决这些问题，也成为公众直接参与能否在地方层面进一步扩展的关键。

第五节　电子民主：信息时代的参与途径

电子民主，是随着信息通讯技术的发展尤其是互联网的广泛应用，而在西方各国发展起来的公众直接参与的实践形式。按照西方理论界流行的解释，电子民主是指利用新的信息通讯技术加

212

强民主，改善民主决策过程，促进公民参与的方式。电子民主的发展，不仅创造了更为多样化的公众参与途径，扩大了公民参与的范围，而且极大挖掘出民主本身的潜能，对公众参与的民主治理形式的实现产生了重要影响。

一 当代西方的电子民主实践

自1964年电子计算机在美国诞生，尤其是60年代末互联网兴起以来，新信息技术浪潮席卷全球。随着新信息通讯技术的迅猛发展，利用技术手段来推动和促进民主建设，大力发展电子民主，逐渐成为西方各国的普遍共识。总体上看，当代西方国家的电子民主实践一般是从政府机构、政府服务的信息化改革即电子政务的实践开始的。

（一）电子政务：电子民主的前奏

在当代西方，电子政务（e-government，也有人译作是电子政府），是指利用互联网等新信息通讯技术作为新的服务手段和平台，改革传统行政管理方式和程序，以实现政府对居民和企业的直接服务。从概念本身看，电子政务从属于政府行政和管理方式、方法改革的范畴，是政府机构及其服务朝着电子化、信息化方向发展的一种趋势和结果。但与此同时，电子政务也体现了一个民主化发展的过程。它实现了政务公开，加强了政府的责任感和透明度，促进了公众对民主制度及其过程的信任。因此在更泛化的意义上，电子政务与电子民主的联系密不可分。作为电子民主的前奏，它直接推动了电子民主的发展进程。

美国是世界上电子政务最发达的国家。美国政府早在20世纪90年代就提出了"信息高速公路"的概念，随后又率先在全球提出了发展电子政府计划，并授权联邦管理与预算办公室领导实施。2000年，前总统克林顿宣布建立第一家政府网站。2001

年，布什总统启动了政府改革计划，将电子政务作为计划的重要内容。美国电子政务发展的特点是"网站多、内容全、网连网"。据统计，现在全美已建立的政府网站超过202万个，可以搜索到的分站点超过5100万个。各政府网站的功能和层次分明。按照用户的不同，可以分为政府—公民、政府—商界、政府机构之间以及政府内部四大类型。从层级上看，又可以划分为联邦、州与市县三级。每一级政府网站的服务内容各不相同，彼此之间分工明确。其中，Tirstgov. gov 作为联邦一级的网站，是美国联邦政府唯一的政府服务网站。该网站整合了联邦政府的所有服务项目，与许多政府部门如立法、司法和行政部门，以及各州政府和市县政府网站都建立了链接。任何企业和公民，通过这个网站可以找到所有美国政府部门提供的服务。在当今美国，电子政务已渗透到大众的日常生活中，越来越多的与政府打交道的事情可以在网上得到解决。

英国的电子政务建设晚于美国，但却有后来居上的发展态势。1996年英国政府颁布了相关电子政务的第一个重要政策性文件——《政府服务的电子传输》，此后又相继制定了《信息时代公共服务战略框架》和《21世纪政府电子服务》等一系列规划，提出了建立"以公众为中心"的政府，提高政府的工作效率和改进服务方式等改革战略和发展目标。为实践这些发展规划，英国政府在中央任命了电子大臣，全面领导和协调国家信息化工作，并在联邦政府各部门都相应设立电子大臣一职。此外，还在内阁办公室下建立了电子特使办公室，专职负责国家信息化工作。与此同时，英国政府大力开发知识管理系统，在全世界率先实现了所有政府部门内部、部门与部门之间在同一个交互系统上协同工作、知识共享；努力缩小数字鸿沟，促进发展全民上网。为了让尽可能多的英国家庭能够通过互联网与政府打交道，英国政府在 2000 年还特别设计了"在五年内使每个英国家庭都能上网"的宏伟规划。在政府的积极举措和调控下，英国的电子政务建设取得了很大成就。按照电子商务大臣亚历山大的说法，在中央政府为公民和商业所提供的 521 项服务中，到 2001 年 6 月时"已有 218 项实现了在线服务，而到 2002 年和 2005 年时将分别有 384 项和 517 项服务实现上网"①。

其他西方国家的电子政务建设也富有成效。例如，加拿大在 1999 年发布了国家电子政务战略计划，提出到 2004 年底实现政府所有信息和服务全部上网之后，在总理的亲自领导下，由财政部部长直接负责电子政务工程的实施。在推进电子政务的过程中，加拿大罕见地采用了"自上而下"的实施思路，提出了"统一政府"的发展策略，由财政部统一负责跨地区和跨部门的电子政务整合，并主要从建立政府在线以及发展基础设施和体系两大方面着手组织电子政务的实施。在近年来国际咨询公司埃森哲（Accenture）进行的多次综合测评中，加拿大的电子政务建设均名列前茅。德国电子政务的发展模式与加拿大类似，在内政部的总体负责并协调规划下，取得了许多成功经验。譬如，德国在电子政务的发展中坚持中央集中统一规划原则，将联邦政府各部门的所有职责进行了分化组合，制定了基于互联网的职能联合策略。同时，建立了自己的门户网站 bund. de，通过网站向公众提供政务服务。此外，它还通过加强信息网络安全保护、公务员培训以及提供法律保障等措施，为电子政务的发展提供有利的外部环境。

（二）电子民主的组织形式

电子民主是电子政务发展的必然产物。因为电子政务追求的

---

① Catherine Needham, "The Citizen as a Consumer: E-Government in the United Kingdom and the United States", in Rachel K. Gibson etc. （ed.）, *Electronic Democracy. Mobilisation, Organisation and Participation via New ICTs*, Routledge, 2004, p. 50.

目标，不仅是实现政府与公民间的电子服务与电子交易，它更需要吸引公民参政议政，与政府官员进行实时互动交流。在电子政务的发展过程中，电子民主越来越受到西方各国政府的关注。

从当代西方国家的实践看，电子民主的发展主要表现在两个方面，一是大力推行电子投票（e-voting）；二是发展电子参与（e-participation），运用新信息通讯技术作为有力工具来推动公民参与公共决策。

电子投票，即利用先进的电子仪器、设备如触屏投票机、交互式语音应答技术、基于 PC 的系统、公共信息台、交互式数字 TV、使用手持移动设备通过短消息服务投票以及互联网来投票和计算选票。当前，由于受到技术本身发展的限制，许多西方国家的电子投票大都局限于通过设立在固定地点的电子投票系统进行。例如，英国在 2000 年 5 月地方选举中，在三个地区采用了电子投票与电子计票，在两个地区采用了电子计票。法国在 2002 年 4 月的总统大选中，首次在国家性大选中试行电子投票。16 名正式候选人都建立了为自己造势的网站，介绍个人简历、宣传政治主张、竞选纲领，推销自己，并利用电子邮件和网上聊天室与选民沟通，以增强自己对选民的吸引力。在 4 月 21 日到 5 月 5 日的选举投票中，巴黎和其他三个地区进行了电子投票试验。同年，在 6 月举行的议会选举中，也试行了电子投票。美国在 2004 年大选中，受 2000 年选票计票失误的影响，联邦政府拨巨款更换了选举设备，并首次在马里兰州、华盛顿特区、宾夕法尼亚等州全面启用电子投票系统。

在通过网络进行选举投票方面，美国和瑞士走在了前列。在 2000 年 3 月亚利桑那州民主党举行投选总统候选人的活动中，在美国政治选举史上首次采用互联网技术，让州内 82 万多民主党党员上网推选他们心目中的总统候选人。瑞士日内瓦州政府也在 2001 年推出了一个电子投票网站，鼓励本州居民尝试在线投票，以借助互联网来降低政府在印制、分发和邮寄选票过程中的投票开支，从而减少政府的财政负担。此外，利用新技术发展远程电子投票计划也开始起步。例如，英国政府已计划采取远程电子投票方案，开展电子注册工程，主要是对公民的远程选举进行电子注册，以确定公民是否有法定的选举权。同时着手开发统一的、稳定的、适用于国家所有选举的电子注册标准系统，确保公民在进行远程投票时的安全性与可靠性。

电子参与是发展到更高层次和阶段的电子民主形式。在电子参与过程中，公众不再只是政策的被动接受者或消费者，而是积极的参与决策者或是决策生产者。公众能够利用网络等新技术手段，表达自己对相关政策的意见、参政议政、进行公众协商。当然，电子政务的发展，即公众可以通过更为便捷的渠道获知政府信息，为电子参与提供了必要的条件。

当代西方国家的电子参与尚处于起步阶段，但具有很大发展潜力。在电子参与方面，欧洲诸国的发展相对更为迅速。2000 年 11 月，英国内阁颁布法令，宣布英国公民可以对放在"英国在线"（UK Oline）门户网上的政府文件进行咨询并提出意见。同时，网站还建立了一系列的政策论坛，以供公民对政府政策进行讨论。公民可以在论坛里自由地发表见解，相互交流。许多政府部门在门户网上都建立了相关部门的政策讨论专区，公民可以就感兴趣的政策法规进入论坛。瑞典政府在 2000 年颁布的瑞典民主发展报告中，提出了超越传统的协商机制，在 21 世纪促进公民对社会发展的参与和影响的宣言，强调要利用信息技术来加强公民社会，推动参与民主的发展。此后，瑞典政府在一些地方单位进行了电子参与实验，如 2000 年 9 月在拥有 20000 居民的小城卡利克斯（Kalix）就城市规划问题展开电子协商，以及 2001 年在斯德哥尔摩的诺马尔姆区（Norrmalm）围绕公园修缮问题进行了两次电子协商等，引起了世界各国媒体的关注。① 芬兰政府早在 1998 年就通过了一项旨在所有政府层面推动公民参与的决议，该决议促使各政府部门制定了相应的发展规划。其中最具代表性的，是财政部在 1999 年发布的规划。该规划的重要内容，是设计建立了一个政府部门网站 otakantaa. fi（otakantaa 意为"把你的观点与我们分享"），旨在为公民参与中央政府的议题协商提供一个讨论平台。基于良好的运作实践，芬兰政府在 2001 年 3 月将该网站扩大为所有政府部门倾听公众心声的网络空间。②

二 电子民主的发展前景

随着新信息通讯技术的发展而诞生的电子民主，促进了信息公开和共享，拓展了公众的参与渠道，激发起公众的参与热情，为公众的直接政治参与开辟了更为广阔的前景。

电子民主发展的直接后果之一，是使信息更为透明，获得信息的渠道更为便捷，在很大程度上改善了公众对公共部门讨论决策的了解。利用新信息技术手段，公众可以方便地得到政府信息及发展动向，并全面掌握相关决策的背景、影响及其实践，从而为其积极参与公共决策以及就相关问题阐述自己的观点奠定了知识基础。

电子民主发展的另一后果，是推动了公众之间、公众与政府之间的协商与对话，从而在促进公众的直接政治参与方面表现出极大潜能。新信息技术成为在公众与政治之间架设的一座桥梁。互动电视、互联网等新的互动媒体的出现，不仅能够清晰地反映公众的政治态度及其思想倾向，而且为其相互间的对话、交流提

---

① Ann Macintosh, "Using Information and Communication Technologies to Enhance Citizen Engagement in the Policy Process", in *Promise and Problems of E-Democracy. Challenges of Online Citizen Engagement*, OECD, 2003, pp. 106—110.

② Ibid, p. 125.

供了崭新的平台。在实践中，这种相互交流一方面能够扩大政治对话的范围，并通过使某些问题成为公众焦点的方式来激发公众参与讨论，从而在讨论中培养人们的政治意识，提高人们政策决策的能力和水平；另一方面，公众与政府间的交流、对话，也有利于政府更好地决策以及执行决策。因为公众从其作为普通公民的真实生活出发对政府相关决策提出的意见和建议，为政府提供了更为完善、更具可行性的政策选择。正如有学者指出，"互动媒体能提供相互间的对话，这种交流有助于回归苏格拉底时代真正的'对话'。信息技术将提供新的方式来建立共识，并将使公民的参与制度具有活力"①。

从当代西方的实践看，电子民主的发展还极大促进了公众政治参与的热情。在网络投票方面，由于在线民意测验和投票技术的发展，一些国家的投票率大大提高。例如，瑞士在 2002 年和 2004 年进行的两次网络民测投票中，投票率增加了 25%。有资料显示，在这增加的选票中，老年人的比例要远远高于年轻人。② 显然，新信息技术尤其为行动不便的人群提供了更多的便利条件，从而有利于推动政治参与朝着更加成熟、完善的民主程序方向发展。

就目前而言，电子民主的发展仍处于起步和实验阶段，尚未能替代传统的民主参与方式。其原因，一方面在于当前的技术发展并不能彻底解决网络投票和参与的安全性（尤其是网络黑客的恶意攻击）、可靠性、准确性以及私密性等问题；另一方面在于数字鸿沟即网络资源占有的不平等的广泛存在。电子民主能否得到更大范围的推广，依赖于技术本身的发展与完善，以及互联

---

① ［美］安德鲁·卡卡贝兹等：《凭借信息技术重塑民主治理》，转引自《现代传播技术与深度民主》，载《政治学》2005 年第 1 期。

② *E-Democracy*, Seminar Report Organized by E-Government Unit, Information Society Directorate General, European Commission, February 12—13, 2004, Brussel, p. 9.

网络在不同社会阶层尤其是低收入的所谓下层阶级中的普及程度。当然，电子民主毕竟只是民主实践的一种工具和手段，无论形式上如何完备，它都不能为公众直接参与的发展提供一个最终的解决方案。阻碍公民参与的更为决定性的因素并非技术上的，而在于社会、文化、组织和制度方面。从根本上说，在发展参与民主的过程中，政府以及公民的参与意识和能力普遍提高的意义，远远大于技术发展本身。

第　五　章

当代西方民主与新社会运动
——制度外的公众参与运动

　　除了制度内的直接参与实践外，当代西方大规模的公众参与行为也体现在制度外的社会运动之中。20 世纪 60 年代运动、新社会运动以及全球正义运动等当代西方"新"运动，为积极的公众政治参与提供了广阔的实践舞台。与制度内的直接参与相比，制度外的社会运动参与不是一种具有普遍合法性的参与方式，但却能对现存民主结构和秩序形成更为直接有力的挑战和冲击。实际上，正是在"新"运动的公众参与行动中，参与民主的理念和精神得以塑造和倡扬。这种制度外的参与民主，深刻影响和改造着当代西方民主的发展进程。

　　本章主要是对作为制度外公众参与形式的当代西方社会运动的分析和考察。在前面章节已经对 60 年代运动和新社会运动作出系统辨析的基础上，本章着重对 90 年代以来的全球正义运动进行评析，对当代西方社会运动发展的三个阶段相似性、连续性和发展趋势进行归纳总结，并将进一步探讨社会运动对当代西方民主尤其是参与民主发展的积极影响。

第一节　全球正义运动：构建反新
自由主义的集体行动

1999 年，在世贸组织西雅图会议上，爆发了一场似乎全新的大规模社会运动，包括环保人士、工会成员、人权支持者、学生、女性主义者在内的约 5 万人聚集西雅图，抗议世贸组织会议，与警察发生激烈冲突，吸引了媒体的广泛关注。"西雅图之战"以及随后在华盛顿、魁北克、日内瓦、意大利等地发生的抗议活动，全面彰显了这场被称为"运动中的运动"的公众参与运动的力量。这些抗议活动以国际金融机构及其推行的新自由主义政策为斗争靶向，指责其造成了发展中国家的贫困，加重了妇女和家庭的负担，破坏了环境，降低了劳动水平。最初，人们因为这场运动的反全球资本主义导向而称其为"反全球化运动"。后来，运动的参与者逐渐将他们的事业界定为"全球正义运动"（global justice movement），因为其主要目标是推进全球正义而非仅仅反对全球化。全球正义运动将许多不同的运动形式结合起来，动员起广泛的公众参与，构建起跨国范围的反新自由主义集体行动。

一　全球正义运动的源起

90 年代末以来，西方国家连续发生的大规模国际性抗议活动引起了世界的关注。然而，这些抗议行动并非针对国际机构及其自由贸易和货币政策采取的第一次集体行动。追根溯源，稍早时期出现的一些全国性和地区性的社会运动，已经孕育了全球正义运动的萌芽。这些运动比较零散、高度异质，但都具有一个共同特征，即反对全球资本主义，支持人们不受国际金融机构和跨国公司的影响自主决定其未来的权利。

在整个 80 年代，全球各地反抗新自由主义的集体行动此起彼伏。这一时期，有大约 23 个国家发生了总罢工或大规模抗议，反对国际货币基金组织和世界银行推动的"结构调整计划"——该计划要求发展中国家在增加私人生产和贸易的同时，削减社会计划并将服务和投资私有化。国际非政府组织"福音2000"（Jubilee 2000）在全球进行运动动员，号召发达国家以及世界银行减免第三世界国家的债务。在欧洲，许多运动运用直接行动方式抗议削减社会福利和针对移民的种族主义。一场支持小农经济和可持续农业发展的欧洲农民运动广泛动员起来。1988年，来自全欧的约 8 万人举行游行示威，抗议国际货币基金组织的柏林会议。在北美，反对"加拿大—美国自由贸易协定"运动，对构建美、加、墨三国抗议行动者的跨国联系网具有重要意义。尽管运动以失败而告终，但正如阿瑞斯（Jerry M. Ayres）指出的，"加拿大运动运用的联盟形式扩散至美国和墨西哥；在反对'北美自由贸易协定'的斗争中，三国行动者之间建立的合作性联系为更广泛的全球正义运动奠定了基础"①。

进入 90 年代，地区性的集体行动得到加速发展。在拉美地区，哥伦比亚土著居民反对美国西方石油公司的石油开采计划运动以及巴西的"失地工人运动"，产生了重要社会影响。随着《北美自由贸易协定》的生效，墨西哥的恰帕斯爆发了著名的"帕萨塔运动"。运动抗议政府取消保护咖啡价格、废除为当地农民提供公共用地计划等新自由主义政策，获得了国际国内社会的广泛支持。1995 年 12 月，法国爆发了自 1968 年 5 月风暴以来最大规模的游行示威，工人、学生、女性组织等举行罢工，抗议政府的保险改革计划，支持福利国家。在多伦多，成立于 1992

---

① Jerry M. Ayres, "Framing Collective Action against Neoliberalism: The Case of the 'Anti-Globalization' Movement", *Journal of World-Systems Research*, 10, 1, 2004, p. 28.

年的"社会正义网"（Metro Network for Social Justice）将城市服务的减少等地方性议题与自由贸易和新自由主义经济政策联系起来，联合工会、以社区为基础的社会服务机构、住房和反贫困行动者、女性主义者共同开展抗议活动。在伦敦，最初只是抗议修建高速公路的反路运动，逐渐发展成为更具广泛意义的反企业批判。反路运动的参加者与其他反文化组织一起，共同推动了以维护公共空间为斗争目标的"收复街道"派对在全球的展开。①1998年5月，一场全球性的街头派对同时在世界各大城市举行，极大地唤起了人们对运动权力的觉醒。

正是这些地区性的运动动员，使得全球性抗议运动的大规模崛起成为可能。90年代末以来，全球正义运动频繁上演。虽然由于"9.11"事件的发生，抗议运动曾经暂时中断，但在2002年初又重新活跃起来。有学者这样指出，"事实上，在美国入侵阿富汗和伊拉克之后，因为全球反战人士的加入，运动的规模更加扩大了"②。近年来，全球正义运动的组织规模越来越大，参与人数越来越多，影响范围越来越广，以至于被有的学者称做是一场新型的"自下而上的全球化"③。

全球正义运动之所以在八九十年代出现，原因有多方面。从宏观背景看，新自由主义的全球扩散及其带来的破坏性后果，全球化在伦理道德上的负效应以及互联网的发展普及，是推动运动兴起的主要因素。

全球正义运动出现的最直接、最主要的原因，是里根政府和撒切尔政府为应对经济滞涨而大力推行的新自由主义经济政策。以复兴传统自由主义理想，减少政府对经济社会的干预为主要经

---

① 参见"收复街道"的网站：rts. gn. apc. org

② Suzanne Staggenborg, *Social Movements*, Oxford University Press, 2008, p. 127.

③ Donatella Porta et al. , *Globalization from Below：Transnational Activists and Protest Networks*, Minneapolis：University Press of Minnesota Press, 2006, pp. 14—15.

济政策目标的新自由主义经济政策，虽然在短期内取得了一定成效，但随着这一政策在全球范围内的极端式推进，也给世界经济的发展带来了巨大威胁和破坏。对发达国家本身而言，新自由主义政策造成了社会不平等扩大，工人阶级内部竞争加剧，工作和生活条件恶化，失业率上升，社会福利减少，再分配制度遭到破坏；而世界银行、国际货币基金组织等国际金融机构在发展中国家推行的新自由主义"结构调整"，也使各国民族工业的发展遭到沉重打击，经济安全、民族独立和国家主权不断弱化，与发达国家的经济差距越来越大。同时，新自由主义浪潮使得大多数政府控制其国内经济、金融活动的能力被大大削弱，金融泡沫在全世界迅速膨胀，连续出现的金融危机给全球经济造成了致命性打击。在不断恶化的经济形势面前，不同地区的、致力于实现不同目标的各种社会运动逐渐意识到新自由主义与全球经济变化的关系，并将全球出现的社会、经济、政治问题与新自由主义的兴起联系起来。新自由主义成为全球抗议运动的一个共同的斗争靶标。

全球化发展带来的伦理道德上的负效应，是全球正义运动兴起的深刻的内在根源。20世纪80年代以来，全球化的加速推进，带来了伦理道德的一系列变化。一方面，全球化使市场处于主宰地位，造成了个人主义、消费主义的盛行，很大程度上破坏了休戚相关的各种社会关系，如家庭、邻里、社区和村庄等。另一方面，看不见的市场之手也日益渗透到政治进程之中，取得了对国家制度和意识形态的统治地位。尤其是新自由主义和个人主义的意识形态，将公民的职能"削弱到消费者的水平"，使"权力和社会经济不平等的问题非政治化，同时把全球化所造成的负担转嫁给家庭、个人或地方社区"。随着全球化的发展，市场化、私有化和达尔文式的资本主义竞争已经淹没了平等、公正和扶助弱者的社会价值观。用诺贝尔经济学奖获得者赫伯特·西蒙（Herbert

A. Simon）的话来说就是，新自由主义全球化使人们都变得十分贪婪，一切朝钱看，"松懈"了使社会得以存在的"群体忠诚感"。全球正义运动正是对全球化的伦理道德悖论的实践回应，它试图重建对社会道德和伦理的信仰，恢复全球正义秩序。

新技术尤其是互联网的普及，促进了人们对上述议题的觉醒，提升了运动全球动员的潜力。互联网是全球正义运动参与者主要的战略工具，运动参与者利用互联网在全球范围内廉价而高效地传送信息，协调全球抗议行动。通过进行网上交流，来自不同文化和地区的行动者团结起来，确立共同的斗争目标，创新战略策略。波尔塔（Donatella Porta）等对 2001 年日内瓦八国峰会以及 2002 年佛罗伦萨欧洲社会论坛上抗议行动的研究发现，互联网在运动的后勤组织以及文件和思想的传播中扮演着重要角色。除了运用互联网协调抗议行动以及作为运动相关信息的资料来源外，运动参加者还通过在线请愿和"网上罢工"（许多人在预设的时间同时点击某一网站，堵塞网站通道）等共同行动将互联网本身作为一种抗议方式。同时，运动的参加者也通过互联网，如积极参与在线论坛讨论相关议题和思想并形成新的社会联系等，建立了他们的集体身份。[①] 有学者这样指出，互联网的运用"将不同国家和地区的反新自由主义集体行动框架"结合在一起，通过名单服务器、电子邮件、网站和面对面的网上会议，来发展对新自由主义的批判。[②]

二　动员框架与结构

全球正义运动的动员框架可以简单归纳为一个主题，两个目

① Donatella Porta et al. , *Globalization from Below: Transnational Activists and Protest Networks*, Minneapolis: University Press of Minnesota Press, 2006, pp. 96—111.

② Jerry M. Ayres, "Framing Collective Action against Neoliberalism: The Case of the 'Anti-Globalization' Movement", *Journal of World-Systems Research*, 10, 1, 2004, p. 19.

标。一个主题，即反对新自由主义。新自由主义及其破坏性后果既是全球正义运动产生的原因，同时也为运动的广泛动员构建了一个诊断各种社会问题的"框架"。这一"具有广泛包容性、愈益带有跨国特征的诊断框架"，将世界范围内各种不同类型的问题，如福利减少、失业、发展中国家的债务负担、国际经济的不稳定等，都归结到新自由主义上，将新自由主义视为一切经济、政治、民族、社会、文化问题的根源所在。各种不同形式的社会运动在反新自由主义的斗争主题下动员、联系起来，例如各种生态组织关注国际货币基金组织和世界银行的新自由主义计划如何导致了热带雨林的破坏，女性组织强调新自由主义政策加剧了发展中国家女性的贫困，等等。这些形形色色的抗议运动逐渐汇聚成一股全球性的反抗行动潮流。有学者这样描述了新自由主义与运动的关系，新自由主义政策使抗议运动的参加者拥有了一个共同的集体身份，即"反对新自由主义、寻求社会和环境正义以及自下而上民主的全球行动者"①。

在反新自由主义的共同主题下，全球正义运动将斗争矛头直接指向两个主要目标：一是全球著名的跨国公司，如耐克、麦当劳、微软、星巴克、壳牌石油等。运动的参加者认为，这些顶尖的跨国公司是当今全球化资本主义的象征。与同类企业相比，它们最有技术水平、最有经济规模，但唯利是图的本性也最突出，因而造成的消极社会影响也更大。在他们看来，跨国公司的消极影响主要涉及违反民主原则、破坏生态环境、践踏人权、弱肉强食、唯利是图、剥削劳工、破坏文化的多样性，等等。90 年代以来，全球正义运动频频发起针对这些跨国企业的集体行动，其中产生广泛影响的包括基本生活工资运动、公平贸易运动和反血

---

① Donatella Porta et al., *Globalization from Below: Transnational Activists and Protest Networks*, Minneapolis: University Press of Minnesota Press, 2006, p. 58.

汗工厂运动。基本生活工资运动最先出现在美国。在工会和社区组织领导下，运动推动多个美国城市通过了《基本生活工资法》，规定企业工资水平要高于联邦最低工资。后来，运动逐渐扩散到全球，呼吁世界各地的跨国公司为工人提供足以维持其在本地生活标准的工资水平。公平贸易运动主要致力于为捍卫处于经济劣势的生产者获得公平的产品价格，并推动为性别公平、环境可持续发展以及安全的工作条件而斗争，英国的"替代贸易国际联盟"是运动的组织协调者。① 反血汗工厂运动在工业化国家得到了工会、教会、学生的普遍支持。这一运动鼓励消费者抵制血汗工厂中生产的产品，敦促企业对供应商进行"劳动规约"检查，并试图对供应商的遵守情况进行监督。在过去十几年间，运动多次发起针对跨国品牌企业的斗争行动，抗议其供货商工厂中恶劣的工作条件。运动在实践中取得了一定成果，许多跨国企业如耐克、可口可乐等，为了保护自己的名声，对运动的要求作出妥协，制定了相关生产准则。

全球正义运动的另一斗争目标，是世界银行、国际货币基金组织、世界贸易组织等大型国际组织。这些国际组织被运动的参与者视为西方国家向全球推行新自由主义的支柱和工具，认为它们代表全球资本主义制造和强化了国家内部以及国家之间不平等的结构模式。多数运动的参加者希望对它们进行改造，使其承担更多的经济责任，也有一些极端的运动分子主张彻底打碎以这些国际组织为主体的现行国际经济体制。从实践看，反对斗争主要以各种形式的抗议活动为主。凡遇到一些重要国际会议，如世贸组织会议、国际货币基金组织和世界银行会议、八国峰会和世界经济论坛等，全球正义运动人士都要组织示威、游行、静坐、集会、递交请愿书、举办研讨会等抗议活动。同时，运动也在会议

---

① 参见"替代贸易国际联盟"网站：www.ifat.org

举办地组织一些社会论坛、人民论坛等"平行峰会"，如针对亚太经合组织的"亚太人民论坛"，针对联合国"千年首脑会议"的"非政府组织论坛"，针对"达沃斯世界经济论坛"的"世界社会论坛"，以及针对"地球首脑会议"的"全球人民论坛"等，与这些国际会议分庭抗礼。有学者这样指出，尽管这些国际机构经常代表的是全球资本主义的利益，但它们也"为全球资本主义的反对者进行运动动员提供了机会空间"①。的确，近十几年来，随着这些国际机构及其活动，特别是高层国际峰会的激增，相应的抗议斗争得到迅速发展（参见表5.1），逐渐汇聚成一场全球性的反抗运动潮流。

在共同斗争主题和目标的动员框架之下，不同层面的社会运动在共同的集体行动中联合起来。为了说明这些集体行动的动员过程，盖哈特和罗切特（Jürgen Gerhards and Dieter Rucht）将整个抗议活动的动员结构划分为"微观动员"和"中层动员"行为者两部分。② 微观动员行为者（micromobilization actors），是指工会、环境、宗教、邻里、学生、和平和女性等各种组织，它们的主要功能是将个人动员起来参与抗议活动。中层动员行为者（mesomobilization actors），是各种运动参与组织的协调者，是各层面运动参加者之间的桥梁和纽带。通过建立集体行动框架，将众多单个组织集结起来，汇聚成集体力量，共同从事某一议题的抗议活动。在已经拥有相当稠密微观动员网络的当代西方社会，有效的中层动员行为者的存在具有相当重要的意义。它有助于将运动议题与地方、国家和国际层面的议题联系起来，有助于推动

① Sidney Tarrow, *The New Transnational Activism*, New York: Cambridge University Press, 2005, p. 26.

② Jürgen Gerhards and Dieter Rucht, "Mesomobilization: Organizing and Framing in Two Protest Campaigns in West Germany", *American Journal of Sociology*, 98, 3 (Nov.), 1992, pp. 558—559.

各种微观动员的协调与整合。在全球正义运动中，各种国际非政府组织和联盟网络承担着"中层动员"的职能。"阿塔克"和"人民全球行动"是这其中较有影响的两个组织。

"阿塔克"（Attac），即"争取开征托宾税援助公民行动协会"，于1998年由法国《外交世界》月刊以及几大左翼杂志共同发起成立。其宗旨是"提供有关金融统治的各种信息，并在国家、区域和国际三级开展反对金融统治的斗争"。"阿塔克"在成立之初只有几千人，其最初目标也只是要求开征托宾税，以便在全球化的条件下反对经济自由主义的泛滥和金融垄断集团的统治。但随着布迪厄、德里达和帕赛等学界泰斗的介入，协会的组织网络不断扩大，不仅得到了国内各党派、工会、社会团体的广泛支持，而且在全球超过50个国家建立了分部，拥有成员9万之众，逐渐发展成为具有世界影响的组织。

表 5.1　　　　　　　峰会期间的抗议行动及参与人数

世界贸易组织部长会议		
1998	瑞士日内瓦	2000—3000
1999	美国西雅图	50000—70000
2001	卡塔尔多哈	1000
2003	墨西哥坎昆	2000—3000
国际货币基金组织/世界银行年度会议		
1998	美国华盛顿	2000—3000
1999	美国华盛顿	1000
2000	美国华盛顿	7000—10000
2001	美国华盛顿	取消
2002	美国华盛顿	40000—50000
2003	美国华盛顿	1000
2004	美国华盛顿	2000—3000

八国峰会		
1999	德国柏林	800—1000
2000	日本冲绳	25000—30000
2001	意大利热那亚	50000—60000
2002	加拿大卡尔加里	2000—3000
2003	法国依云	25000—27000
2004	美国萨凡纳	1000—2000
世界经济论坛		
2000	瑞士达沃斯	1000
2001	瑞士达沃斯	2000
2002	美国纽约	3000
2003	瑞士达沃斯	1000

资料来源：Bruce Podobnik and Thomas Reifer（ed.），*Transforming Globalization*：*Challenges and Opportunities in the Post 9/11 Era*，Leiden，Boston，2005，pp. 60—61.

"人民全球行动"（Peoples' Global Action，PGA），源于"萨帕塔"1996年召集的全球草根运动会议，当时来自40个国家的6000名代表在该会议上宣称将建立一个"反对新自由主义的集体斗争和抗议网"。1998年，PGA在日内瓦正式宣告成立。依据其解释，PGA主要具有五个特征：（1）明确反对资本主义、帝国主义和封建主义；反对所有促进破坏性全球化的贸易协定、机构和政府；（2）反对包括家长制、种族主义、宗教原教旨主义在内的所有形式的统治和歧视，支持所有人的尊严；（3）采取一种对抗态度，因为在这些充满偏见和非民主的机构中，游说活动不可能产生重要影响；（4）呼吁采取直接行动与不合作主义，支持社会运动维护被压迫人民的权利以及构建全球资本主义地方替代的抗议斗争；（5）组织的哲学以非集中化和自治为基础。① 行动的主要任务是对世界各地非集中化的"全球行动日"进行协调。90年代末以来，行动发起了多次针对世贸组织、国际货币基金组织/世界银行和八国峰会的全球行动日，抗衡新自由主义的世界秩序，支持社会和环境正义。

　　严格地说，全球正义运动的这些跨国联盟，并非真正意义的有严密结构的"组织"，在一定意义上，它们只是运动进行交流和协调的工具。"阿塔克"的成员认为其组织结构具有独创性和创新性。② 它是一个没有等级制的联盟，全国委员会指定斗争的总议题并建议可能的运动领域，各个地方网络在与中央的行动方针保持相对一致的基础上独立运作。协会内的成员和组织被鼓励对各种观点进行讨论交流，影响相互的战略选择。从协会的组织动员看，很大程度上依靠电子网络的力量。"阿塔克"非常重视电子交往在现代社会斗争及其内部政治生活中的作用：协会拥有200名翻译，用10种语言制作宣传材料；特定领域的专家撰写分析资料和讨论文章；重要事件上传网络，以使其成员充分掌握相关信息。阿塔克的网站起先被视为专家的资料库，后来成为行动者的工具，最后变成了协会的展示中心。网站提供相关政治行动和游行示威的信息，发起请愿，组织在线会议。"人民全球行动"的结构同样松散。为方便草根运动的参与，整个联盟采取非集中化的结构模式。它甚至没有一个明确的领导层，其唯一的中央决策机构是定期选举产生的召集人委员会，负责组织会议以及进行运动的交流沟通。联盟主要通过每次集会时修改"动态文件"（即没有定稿还可以修改的文件）等来建立参与者的集体身份。在这个过程中，运动参与者可以挑战任何权威，可以通过

---

　　① 参见人民全球行动网站：http：//www. nadir. org/nadir/initiativ/agp/en/in-dex. html

　　② Vincenzo Ruggiero，"'Attac'：A Global Social Movement？"，*Social Justice* 29 no. 1/2，2002，pp. 50—51.

以新的方式重构合作基础来建立相互间的信任。有学者对此作出这样的评价，尽管参与"人民全球行动"的各运动间仍然存在差异，但它们"愈益将自己视为一种彼此联系的反新自由主义全球斗争的一部分"①。

三　运动形式的正规化

从运动的斗争形式看，八九十年代的全球正义运动主要采取的是非常规化、非连续性的直接行动方式，如前文指出的在国际组织召开会议期间举行公开的游行示威、集会等抗议活动。在实践中，正是因为采取了这些具有轰动效应的街头直接行动，全球正义运动才引起了整个世界的普遍关注，也才吸引了越来越多的参与者。但随着运动的不断深入，单纯的街头斗争开始逐渐显现其固有的缺陷。一方面，抗议行动只是提出了问题，并未解决问题，甚至也没有提出如何解决问题的方案。这极大限制了运动本身的实践意义。正如罗兰德·布雷克尔（Roland Bleiker）指出的："全球抗议运动是否具有政治意义，不在于它是否反对现存政策，而在于它在创建一个更美好的世界方面是否作出了贡献。"② 另一方面，街头抗议行动中暴力倾向的蔓延，也在侵蚀着运动的群众基础。尤其是"9.11"事件后，直接行动中的暴力因子更加成为运动进一步发展前行的阻碍。在这种情况下，一些运动内部的有识之士开始对运动的组织形式进行反思，尝试在直接抗议行动之外寻找一条正规化的、能够把运动继续推向前进的理性的斗争方式。世界社会论坛的建立，就是这种探索的具体的实践成果。

---

① Lesley J. Wood, "Bridging the Chasms: The Case of Peoples' Global Action", cited in Suzanne Staggenborg, *Social Movements*, Oxford University Press, 2008, p. 130.

② Roland Bleiker, "Activism after Seattle: Dilemmas after the Anti-Globalization Movements", *Pacific Review*, Volume 14, Number 3, October 2002, p. 154.

世界社会论坛是巴西劳工党倡导，由全世界非政府组织、知识分子和社会团体代表参加的一个大型国际会议，其根本目标旨在反对自由市场控制的全球化以及"新自由主义的过分做法导致的灾难、不平等和不公正现象"。世界社会论坛的出现，是与世界经济论坛相抗衡的产物。自 2001 年 1 月起，当每年年初世界经济论坛召开之际，世界社会论坛也会同期召开，与世界经济论坛进行远程对话和抗辩。迄今为止，世界社会论坛已经连续召开了九届年会。其中前三届和第五届在巴西阿雷格里港举行。2004 年的第四届年会在印度孟买举行。在首届世界社会论坛上，来自约 120 个国家和地区的 1 万多名代表与会。会议就免除第三世界国家债务、加收资本流通税、创建自由贸易协定的替代方式、农业家庭化等问题进行了探讨，并商讨制定了《世界社会论坛原则宪章》，规定了论坛的组织形式、基本原则、主要目的和斗争方式。在第二届世界社会论坛上，123 个国家和地区的1.5 万名代表与会。会议着重分析了经济全球化进程中存在的问题并提出了一些合理建议，确认论坛的长期主旨为"另一个世界是可能的"。第三届世界社会论坛吸引了 150 多个国家和地区的近 10 万名代表与会。会议的一个突出特点是对美国发动的伊拉克战争进行了强烈声讨。132 个国家和地区的 8 万多名代表参加了第四届世界社会论坛，反对美国的霸权主义、促进和平以及反对全球化带来的不公正和不平等是本届论坛关注的焦点。第五届世界社会论坛，吸引了 135 个国家的 15 万各界人士参加。与会者就维护和平、消除贫困、普及教育、保护弱势阶层权益、新的社会经济发展模式等问题进行了广泛讨论。2006 年举行的第六届年会首次没有设立中心会场，而是分别在马里的巴马科、委内瑞拉的卡拉卡斯和巴基斯坦的卡拉奇三个会场举行。2007 年，第七届年会在肯尼亚首都内罗毕举行，这也是世界社会论坛首次把会场完全设在非洲国家。来自 100 多个国家和地区众多非政府组织的 8 万多名代表参与了论坛。该届论坛议题包括艾滋病、种族歧视、自由贸易、妇女儿童权益、减债与消除贫困等各种发展和社会问题。2008 年的第八届年会在墨西哥城召开。与前几届社会论坛不同，该届论坛不再举办某一固定地点的聚会，而是由世界各国的参加者在所在国组织相应活动，这些活动集中在 1 月 21 日至 26 日在世界各地举行。在会议期间，共有来自 80 个国家的 700 多项活动在世界各地举行。2009 年的第九届年会在巴西帕拉州首府贝伦市举行，来自 150 个国家和地区的 10 多万名代表，讨论了有关金融危机、环境保护和气候变化等问题。

随着世界社会论坛的影响日益扩大，作为其地区化发展组成部分的欧洲社会论坛，近年来也逐渐吸引了人们的注意。欧洲社会论坛是由第一届世界社会论坛会议发起召集的。虽然二者在许多行动中相互配合、协调，但欧洲社会论坛与世界社会论坛并非一种从属关系。正如《世界社会论坛准则章程》中指出的，它之所以推动各种地区性论坛的举办，是为了"激励各种决策机构和运动在地区和国家层面上思考全球公民意识问题"，更是为了便于讨论地区内的战略策略问题。从 2002 年 11 月在意大利佛罗伦萨举办第一届论坛至今，欧洲社会论坛已经召开了五届会议。第二届论坛于 2003 年 11 月在法国巴黎郊区圣丹尼斯举行。第三届论坛于 2004 年 10 月在英国伦敦举行。第四届论坛于 2006 年 5 月在希腊雅典举行。第五届论坛于 2008 年 9 月在瑞典的马尔默召开。欧洲社会论坛对欧洲范围内反对资本主义统治的战略、策略问题进行了广泛探讨，并在会议期间通过组织游行示威等形式，彰显了欧洲范围内正义运动团结斗争的力量。

作为全球正义运动的一种全新斗争形式，世界社会论坛及其衍生的各种论坛会议的日益壮大，给运动带来了新的气象，极大推动和促进了运动的发展前进。首先，论坛为全球正义运动形形色色的参加者提供了一个平台和空间，使得不同组织和团体能够加强交流和团结，这有利于运动进一步协调行动，统一斗争目标，更好地发挥联合斗争的力量。同时，论坛以其不断增长的辐射力和影响力，起到了强大的社会动员的作用，激励着越来越大的人群投入到各种形式的全球正义运动之中。此外，论坛也体现了对西雅图之后运动的暴力倾向的悖反，它运用一种合法的方式来表达对新自由主义全球化的不满，并试图通过积极的思想交流和讨论，为当前陷于新自由主义泥沼的世界发展寻找一个替代方案。这些论坛会议正是以其独具的理性和反思，代表了全球正义运动正规化、制度化的发展方向。不可否认，在当前轰轰烈烈的全球正义运动中，世界社会论坛等正规化机制正在发挥着越来越重要的影响力。

四 成就与挑战

全球正义运动显然取得了很大成功。通过在国际金融机构和政府组织峰会上举行大规模的静坐、集会、游行示威，它将对新自由主义的关注提上了公共议程，增强了公众对国际贸易和货币政策及其危害，如对工人的剥削和对环境的破坏的认识。通过世界社会论坛等"平行峰会"的建立和实践，也为发展新自由主义批判提供了创新性的斗争策略。正是在以反对新自由主义为目标的抗议行动中，全球正义运动构建了一个动员框架，把全球反抗新自由主义协定和机构的各种不同形式的运动及组织紧密联系在一起，从而推动了当代西方新一轮社会运动浪潮的激荡蔓延。

这些抗议和反峰会行动在理论和实践上都产生了积极影响。从理论上看，运动在学界引发了热烈讨论，各个领域的研究者从不同角度竞相发论，掀起了一场蔚为壮观的新自由主义批判浪潮。对新自由主义的学术批判并非始于全球正义运动，但运动的发展却直接推动了学术批判热潮的出现。90年代以来西方出版了大量批评新自由主义的文章和书籍。这些著作的作者不一定是全球正义运动的直接参与者，他们大都只是从纯学术的角度对这一问题进行论证。同时，他们的反新自由主义也展现出多层面性。例如，从价值观念和意识形态来看，他们反对西方国家在全球范围内强行推行其政治、经济模式；面对新自由主义带来的财富日益集中和贫富悬殊日益扩大，他们反对西方国家主导的贸易自由化和金融自由化；面对跨国公司对民族国家政治、经济及文化主权的日益侵蚀，他们要求限制跨国公司的极度扩张；面对新自由主义给发达国家带来的失业率提高、产业空洞化、福利国家制度难以维系的矛盾，他们反对单一的市场主导经济；而基于贸易、投资的自由化造成全球环境的日益恶化，他们要求贸易、投资与环境三者之间的协调发展，维护地球生态的可持续性，等等。这些源自政治、经济、社会和文化等学术上的新自由主义批判，与全球正义运动具有共同的反对目标，但比运动本身更加理智、客观，也更多了一些理论深度。从这个层面上说，学术上的新自由主义批判反过来也为全球正义运动提供了更深刻的理论依据。

从实践上看，西雅图及其后的抗议行动，的确对国际机构和政府间会议的改革议程产生了一定的实际影响，推动其朝着更具开放性和包容性的方向发展。作为大规模抗议行动的结果，一些国家领导人呼吁在签订贸易协定以及作出其他全球决策的过程中要更多地向公众开放。如美国前总统克林顿在接见西雅图世贸组织抗议者，倾听其对世界贸易自由化的意见时指出，人们之所以要进行抗议，部分原因在于他们被排除在世贸组织的协商过程之外。与之类似，加拿大国际贸易大臣皮埃尔·佩蒂格鲁（Pierre Pettigrew）在西雅图抗议期间发表声明提出，现在是把被排除在外的组织纳入到协商之中的时候了。[①] 而抗议行动所指向的各种政府间会议的议程设定，也一定程度上受到了影响。例如，2001

---

① Suzanne Staggenborg, *Social Movements*, Oxford University Press, 2008, p. 133.

年7月在日内瓦召开的八国峰会，就将艾滋病和非洲发展问题纳入会议议程，并邀请南非总统和世界卫生组织总干事在会议上讲话，以展现峰会对广泛性全球议题的关注，等等。

在取得明显成就的同时，全球正义运动也面临着巨大挑战。一方面，在运动内部，不同组成部分有不同的人员构成和关注重点。尽管反新自由主义的动员框架为构成全球正义运动的不同运动和组织建立了某些共同基础，但联盟实际的维系并非易事。正如约翰·尼尔森（John Nelson）指出的，"参加运动的派别在纲领内容上差异很大，就是在各个派别内，也有不同的甚至是相互矛盾的思潮。很难在反抗阵线中有一个具有约束力的共同纲领"；"没有一个有决定意义的、考虑到这种公开矛盾的纲领和战略，运动就只能局限在各种要求的折磨之中"①。另一方面，运动在战略策略上的差异仍然存在。其中最突出的，表现为改革还是废除国际机构的矛盾。同时，运动内部在具体策略问题上也面临冲突。尤其是"9.11"事件发生后，抗议事件中出现的一些暴力和野蛮的无政府主义行为，在运动内部造成了巨大分歧，一些相对温和的组织试图与这些暴力倾向划清界限。此外，虽然运动对推动国际机构和政府间组织提出负责任的议题及其民主化发展进程起到了一定作用，人们也开始对这种跟随超国家性组织举办的会议四处行走，进行直接抗议的所谓峰会草蜢（summit hopping）的抗议行动提出质疑，怀疑其到底能够产生多少实际影响。特别是在"9.11"后，为躲避抗议行动，国际会议的举办地越来越偏远，这使得组织大规模的抗议活动变得越来越困难。运动需要寻找一种长期性的、新的斗争策略，世界社会论坛显然是这种探索的尝试。然而，随着论坛的规模和影响不断扩

---

① ［德］约翰·尼尔森：《反对全球资本主义：新社会运动》，载《国外理论动态》2006年第11期。

大，论坛本身存在的一些问题也不断显现出来，如作为松散的集合体，没有一个权威的中央权力机构，从而不能有效开展协调一致的行动；论坛内部不同派别之间充满矛盾和分歧，使论坛面临分裂的危险；组织机构缺乏民主与开放性，违背了论坛追求的目标，等等。这些问题制约着论坛的潜能发挥，同时也对运动的未来成长和力量提升具有消极影响。

总的来看，全球正义运动的挑战与机遇并存。随着新自由主义政策推动资本主义基本矛盾的不断激化，尤其是金融危机负面影响的进一步显现，必将给这一运动带来更为广阔的发展空间。然而，运动自身因由环境的变化和斗争实践进行战略策略的调整和创新，对运动继续存在和发展的影响更为直接。诚如尼尔森所言："问题是这样一种运动如何能长期延续下去。"①

第二节　当代西方社会运动的发展阶段与比较

20 世纪 60 年代以来的西方社会，社会运动此起彼伏，高潮迭起。从以民权运动、反战运动和学生运动为标志的 60 年代运动，到 70 年代后轰轰烈烈的环境运动、女性运动、同性恋运动、反核抗议运动，再到 90 年代以来高擎反新自由主义大旗的全球正义运动，当代西方社会运动经历了 40 多年的历史变迁，在政治、经济和社会生活的各个方面深刻地影响和改造了当代西方社会。从宏观上看，60 年代后的西方社会运动是一个连续的发展过程，运动的各个阶段之间存在诸多不同于传统社会运动的、能够动员起广泛公众参与的相似性。此外，运动在演进中也展现出体现其发展连续性的一般特点和趋势。

---

① ［德］约翰·尼尔森：《反对全球资本主义：新社会运动》，载《国外理论动态》2006 年第 11 期。

一 20 世纪 60 年代后西方社会运动发展的三个阶段

关于何谓社会运动，西方理论家有着不同解释。例如，希德尼·塔罗（Sidney Tarrow）将其界定为"建立在共同目标和社会一致性基础上，在与精英、对手和权威的持续性相互作用过程中形成的集体性挑战"①。约翰·威尔逊（John Wilson）在《社会运动导论》一书中这样指出："社会运动是有意识的、有组织的集体活动，旨在通过非制度化的方式引发或阻止社会秩序的大规模变迁。"② 戴维·波普诺（David Popenoe）则认为："现代社会最为显著的特征之一是，为了促进社会和文化的变迁，今天的人们更愿意进行集体的、有目的的行动。伴随而来的最重要的方式之一就是社会运动。"③ 无论如何界定，社会运动一般具有这样几个特点：它是一种反对现存统治秩序的异议政治；产生于制度外；有许多个体或组织参与；是一种集体性行动；寻求或反对的是某些特定的社会变迁。

自 60 年代以来，西方社会运动呈现明显高涨的发展态势。从历史发展的纵向看，这一时段的社会运动主要可以划分三个发展阶段，即 60 年代运动、70 年代后的新社会运动以及 90 年代以来的全球正义运动。我们在前面的章节中已经分别对各个阶段的运动进行了详细考察和分析，在此作一简单小节：

第一阶段是主要发生在 60 年代的抗议运动，亦即有学者所谓的"60 年代抗议周期"。60 年代运动最早可以追溯至 50 年代

---

① Sidney Tarrow, *Power in Movement: Social Movements and Contentious Politics*, 2nd edn, Cambridge University Press, 1998, p. 4.

② John Wilson, *Introduction to Social Movement*, New York: Basic Books, 1973, p. 5.

③ ［美］戴维·波普诺：《社会学》，李强译，中国人民大学出版社 1999 年版，第 610 页。

中期的反文化运动或"嬉皮士运动"。在当时的西方社会，出现了一批以奇装异服和怪异行为反抗传统的年轻人，他们鼓吹远离社会，提倡"新生活"、"新文学"和"新艺术"，他们用吸大麻、听爵士乐等极端方式，对资本主义文化价值观和生活方式发起挑战。随着反越战运动和黑人民权运动的兴起，反文化运动与之汇合成一股强劲的反叛运动潮流，对西方社会的文化安排、公共舆论、政府政策等各个方面形成强烈冲击。同时，这些反叛运动也为新左派运动的崛起奠定了基础。新左派运动，尤其是作为其主要实践形式的学生运动，主导着整个 60 年代运动的发展方向。到 60 年代末时，随着学生运动的激进化转型，新左派运动最终演变成为一场席卷西方世界的造反运动。1968 年被称为"街垒之年"（the year of the barricades）。以法国的"五月风暴"为开端，青年学生发动的造反运动从巴黎蔓延到其他西方发达国家的大学，并进而扩大到整个社会。这场由战后一代人引发的造反风暴，震撼了整个西方社会。

随着运动高潮的到来，作为一种集体行动的 60 年代运动逐渐走向衰落。然而，运动从各个方面深刻影响着此后出现的抗议行动，例如 60 年代运动的许多领导人和参与者仍在制度内外参与新的社会运动；新运动仍然在采用 60 年代运动运用的一些策略，如民权运动创造的静坐策略；60 年代运动的主框架和新的文化理解仍然影响着新一代抗议行动者；甚至 60 年代运动的反对者也仍然可能在继续反对新的运动，等等。也正是在这一意义上，拉封丹将 60 年代运动尤其是 1968 年的新左派学生运动视为新社会运动的先兆。进入 70 年代，随着争取妇女权利运动、绿色和平运动和反核运动的大规模兴起，当代西方社会运动步入了第二阶段，新社会运动阶段。在随后的 20 多年中，西方国家反对堕胎和家庭暴力，反对各种形式的生态破坏、反对核污染与核威胁的抗议行动绵延不断，构成了当代西方波澜壮阔的新社会运动潮流。

90 年代以来全球正义运动在世界各地的迅速蔓延，标志着当代西方社会运动进入了一个新的发展阶段。运动参加者集结在反新自由主义的旗帜之下，或在全球各大城市发动以反对新自由主义全球化为主题的跨国大型群众抗议；或组织召开"平行峰会"，与国际金融机构和政府间会议相抗衡。与先前的社会运动相比，全球正义运动展现出一些全新的发展特点，如斗争主题非常突出，直接指向新自由主义意识形态；参与群体更为广泛，涵盖了受全球化冲击的、遭受"社会排斥"的大量边缘人群；采用互联网等一些新形式的斗争手段，来进行运动的动员与整合，等等。

从总体上看，60 年代运动、新社会运动和全球正义运动仍然归属于一般概念的西方社会运动范畴，它们具有笔者在上面所指出的作为社会和政治变革工具的社会运动的共同特点。但与此同时，源于当代西方社会结构和阶级关系的变化以及新形式的社会矛盾和冲突，这些运动也展现出区别于传统社会运动的一些相似性，展现出自身政治发展的一些独特性。正是这些相似性，使得当代西方社会运动构成了一个连续发展的整体；而也正是这些独特性的存在，使得当代西方社会运动成为最能有效挑战现存权力和权威的、最有可持续发展潜力的反体制运动。

二　宏观上的相似性：比较分析

60 年代运动、新社会运动与全球正义运动，具有内在不可分割的密切联系。这种联系不仅表现在出现时间上的前后相继，也体现在斗争手段、指导思想、组织结构等诸多方面。它们呈现出与传统社会运动相区别的一些共同特征，主要表现在：

第一，都以"非暴力抗议"作为主要斗争手段。60 年代运动受甘地主义的影响颇深，坚决反对传统工人运动的暴力革命方式，主张采取以非暴力和所谓文明抗衡为主要特点的抗议方式。在《休伦港宣言》中，新左派明确指出，"在社会变革和互换中，我们发现暴力方式是格格不入的，因为这一方式通常要求人类或人类社会将其斗争目标转化为非人性化的憎恨。在运动中，必须取消暴力方式，发展那些鼓励将非暴力作为一种冲突条件的地方、国家和国际制度"①。虽然在运动末期，运动的许多行动背离了《休伦港宣言》的宗旨，出现了某种程度的暴力化转型（这种暴力主义显然与有组织、有纲领、有领导的传统工人运动的暴力革命不同，它更多的表现为一种极端无政府主义和恐怖主义行为），但在总体上，非暴力主义是 60 年代运动的主要行为方式。

新社会运动也是非暴力思想的坚决支持者。运动的各个团体、组织大都奉行非暴力主义斗争策略，主张走和平的渐进的社会变革之路，反对任何形式的暴力斗争，不论是无产阶级的暴力革命还是极端主义者的恐怖行为。在实践中，各种新社会运动大都把非暴力作为自己政治斗争的主要手段，在斗争中一般采取静坐、示威、阻断、市民抵抗等非暴力形式，并未走向武力对抗。

在全球正义运动兴起之初，主要斗争形式仍然延续了非暴力主义，虽然偶有暴力行为出现，但运动的绝大多数行动采取的都是和平的非暴力方式。21 世纪前后，随着抗议斗争的迅速发展，运动中的暴力行为出现了升级的倾向。少数极端分子的暴力行动，导致了示威者与警察发生冲突，甚至造成伤亡。例如，2001年 6 月瑞典哥德堡欧盟峰会期间，4 万人示威发生骚乱，警方实弹镇压造成至少 3 人受伤。同年 8 月，八国峰会在意大利热那亚召开，10 万人举行示威游行，与警察发生激烈冲突，导致 1 名

① Massimo Teodori (ed.), *The New Left: A Documentary History*, London: Jonathan Cape Thirty Bedford Square, 1970, p. 168.

青年死亡。2002 年 9 月，西方七国财长华盛顿会议期间，有几十名示威者打砸花旗银行总部，并在闹市区投掷烟幕弹，导致数百人被捕。鉴于这种混乱局面，一些运动的协调性组织在"组织上更有序，行为上更节制，示威中不失控"的原则基础上，对抗议活动进行了调整。近年来，随着"9.11"后国际会议辗转到一些偏远地区举行，大规模的抗议行动受到了极大限制，从而也在很大程度上降低了暴力事件的发生频率。从作为一个周期的全球正义运动的发展来看，非暴力显然是运动的主流斗争方式。

第二，都具有多元化的指导思想。无论是 60 年代运动、新社会运动还是全球正义运动，都没有统一的意识形态指向。它们所奉行的是指导思想的多元主义，而且这种多元性表现出明显的实用主义倾向。60 年代运动的价值观念是无政府主义、马克思主义以及自由主义等不同意识形态的思想拼盘。萨金特（Lyman Tower Sargent）就把无政府主义和马克思主义作为新左派的两种主要思想来源，认为"从马克思主义那里，新左派借用了它对当代社会的批判和它的许多具体的革命英雄形象。从无政府主义中，新左派则吸收了它的许多主要目标"[1]。

新社会运动也涵盖了几乎所有的当代主要意识形态。如作为新社会运动主要形式的生态运动，就包括了生态社会主义、绿色资本主义、生态自由主义以及生态原教旨主义等意识形态。但总体看来，无政府主义在新社会运动中占主流地位。诚如有学者指出的，"在多元化的旗帜下，新社会运动主流意识形态显现出无政府主义的本色"[2]。

---

① Lyman Tower Sargent, *New Left Thought: an Introduction*, Homewood, 1972, p. 154.

② 陈林、侯玉兰等著：《激进、温和还是僭越？——当代欧洲左翼政治现象审视》，中央编译出版社 1998 年版，第 443 页。

由于参与者的背景和构成复杂，参与运动的动机多种多样，要达到的目标也大不相同，全球正义运动的意识形态非常庞杂。有学者认为运动主要建立在七个区别很大的思想或运动基础之上，即农民组织、妇女运动、环保运动、土著和印第安族、工会反对派小组、和平运动以及其他群体如美国的"公众公民组织"和"福音2000"。① 全球正义运动显然是囊括了民族主义、无政府主义、自由主义、社会主义、民主主义等多元思潮的一个大杂烩，这与强调主导意识形态和明确指导思想的传统社会运动存在巨大差异。

　　第三，都具有非中心化、分散化的发展特点。60年代运动、新社会运动和全球正义运动都没有统一的组织和领导，在组织形式上展现出相当程度的非正式性和松散性。60年代运动从一开始就表现出与传统社会运动迥然相异的一些斗争特点，如拒绝统一的、严密的组织中心，崇尚非标准、多样化与分散化，强调个人价值②等等。诚如拉封丹所说，60年代反权威的抗议运动基本上已经形成了自主的、分散的、网络状的社会运动组织结构。

　　新社会运动也对自发的、分散的、参加者不负任何强制性义务的运动方式表现出深深的偏好。在新社会运动中，流行的是直接民主的方式，无论对环境破坏的抗议、对妇女权利的争取、对种族歧视的斗争，都不是像传统运动那样由来自上面的领袖集团的策划所发动，而更像是参加者随时随地激发的即兴之作。

---

　　① ［德］约翰·尼尔森：《反对全球资本主义：新社会运动》，载《国外理论动态》2006年第11期。

　　② 60年代运动表现出明显的个人主义色彩和倾向。即使在许多情况下是通过集体来采取行动，但也经常体现着鲜明的个人取向和独立意识。例如，新左派就将政治问题定义为个人问题，认为政治问题就是研究一个人如何才能在机械化、官僚化和非人性化的社会中实现个人的"真实性"。正是从这一认识出发，"嬉皮士"和所谓"退出世俗社会者"的极端个人主义行为，被新左派认为是能够充分实现个人"真实性"的行动方式。

全球正义运动的组织形式更为松散。凯米莱里（Joseph A. Camilleri）这样指出，运动主要是建立在参与、代言人、网络、自愿、自助以及捐款的基础之上，因此在组织上表现为非正式性、临时性、不连续性、缺乏前后呼应性和平等主义等特点。① 从运动实践看，许多全球正义运动的组织者根本没有固定的组织机构，一般是志同道合的个人组织起来，或若干非政府组织联合起来。多数抗议活动通过网络进行联系，在预定的时间、地点汇集开展联合行动。运动组织大多在活动中，或者在网络上招募新成员。许多人以个人身份参与抗议活动，即便是集合在一起，也缺乏指挥，缺乏协调。有人这样描述世界社会论坛："将世界社会论坛看作一种'集会'而不是'会议'可能更准确。没有统一的集中点，没有共同的任务，论坛更像一个大家庭，而不是一个有组织的整体。"②

第四，都是一种反体制而非反制度的所谓文化抗议运动。西方理论界关于当代社会运动的一个主要共识，是认为在"二战"以后，西方资本主义社会发生了一场"无声的革命"，其结果是推动西方社会实现了从物质主义价值观到后物质主义价值观的转向。这种价值观的转向，在很大意义上是由"欲望的膨胀"造成的，具体表现在当人们充分享受了"丰裕社会"所带来的富足生活之后，逐渐感到自己的自由、自尊、自主等自我价值受到异化和威胁，从而开始尝试寻求良好的自然环境、自我实现和政治参与等后物质主义价值。

无论是60年代运动还是新社会运动，都是在这一高度工业化、物质主义的西方资本主义"丰裕社会"中出现的社会、政

---

① ［美］约瑟夫·A. 凯米莱里：《主权的终结？——日趋"缩小"和"碎片化"的世界政治》，李东燕译，浙江人民出版社2001年版，第234页。

② 李东燕：《反全球化现象分析》，载李慎明、王逸舟主编《2003年：全球政治与安全报告》，社会科学文献出版社2003年版，第211页。

治和文化现象，是一个"饱和社会中的典型现象"①。它们大都反对资本主义的工业化逻辑及其后果，诸如人的异化、生态失衡、性别压抑和奴役等等，并试图在对物质主义和日常生活的批判与抗议中，建立以生命、平等、个人主义价值实现以及参与和人权为基础的"新政治"、"亚政治"或"身份政治"。这种"新政治"带有浓厚的文化抗争色彩，它反对的是资本主义在体制层面出现的问题，而非资本主义制度本身，更非主张用一种新的社会制度取资本主义而代之。

源于全球化进程的全球正义运动，同样也是一种反体制的文化抗议运动。无论是针对跨国公司和国际金融机构的直接行动，还是集结在反新自由主义旗帜下的各种"单一目标运动"，如争取动物权利、反对砍伐森林、反对建筑水坝、反对转基因作物或争取土著人权利等，都是要求在不触动资本主义制度的前提下进行某一方面的体制改革，而非主张彻底推翻资本主义制度。与传统上以阶级斗争为核心和寻求制度替代为目标的社会运动不同，当代西方社会运动显然不是对根本制度进行挑战的一种去阶级化的文化抗议运动。

三　当代西方社会运动的发展特点与趋势

在具有本质以及诸多形式上的相似性的同时，各运动之间的连续性也显而易见。后面发生的运动很大程度上是前一运动的继续、发展以及延伸和深化。在动员范围、活动领域等各个方面，后一运动都拥有比前一运动更为强劲的发展潜力和势头。同时，在组织形式和斗争方式上，运动也展现出自身的发展特点和趋势。

---

① ［苏］戈尔巴乔夫等：《未来的社会主义》，殷叙彝等译，中央编译出版社1994年版，第59页。

第一，运动的参加者范围越来越广。60年代运动的参与者主要是青年人，尤其是青年学生。青年人富于激情、活力，但同时也具有心理状态不稳定、不成熟的特点。这一特点决定了他们虽然能够积极参加运动并推动运动的展开，但却对自己的斗争目标并不十分清楚。他们感兴趣的往往只是运动本身。此外，由于参加运动的青年学生大都出身于富裕的中产阶级家庭，没有沉重的经济压力，因此这种单凭兴趣和热情投入运动的特点就更为突出。而一旦青年学生们告别青涩的韶华，离开学校进入社会，并在社会中稳定而舒适地生活下来，他们也就不会再继续参加运动，甚或被社会所同化，成为运动发展的阻力。有学者就曾经一针见血的指出："新左派几乎完全是一个青年男女的运动……有着很高的中途退出率，大多数青年激进分子在达到30岁以前就已经离开这场运动。"①

关于新社会运动的参加者，国内外理论界存在争论，有两种观点比较突出：其一是认为运动的支持者主要是"新中间阶级"，由于这一阶层大多服务于那些受国家财政支持的部门如学术、艺术以及公共事业机构等，而不必受企业利润动机以及生计问题的束缚和困扰，因此他们能够积极参加到运动之中；其二是认为新社会运动的参加者不是按照阶级而是以对社会议题的共同关注、不是按照共同的结构定位而是以共同价值来界定的。例如，皮查多（Nelson A. Pichardo）就认为新社会运动的参加者主要有三个来源，即新中间阶级、部分传统中间阶级（农场主、店主、工匠等）以及那些处于劳动力市场之外的"外围人群"（学生、家庭主妇和退休人员）。② 无论如何归类，新社会运动的

---

① Christopher Lasch, *The Agong of the American Left*, London, 1970, p. 187. 转引自赵林《美国新左派运动述评》，载《美国研究》1996年第2期。

② Nelson A. Pichardo, "New Social Movements: A Critical Review", *Annual Review of Sociology*, Vol. 23, 1997, pp. 416—417.

参与人群在数量、"质量"（相对更为理性、成熟）上都比60年代运动有了很大增长和提高。

与先前的运动相比，全球正义运动参加者的成分相对更加庞杂。全球正义运动和新社会运动的参加者存在一定交叉，如环保主义者、生态主义者和女权主义者等新社会运动的成员，也是全球正义运动的重要组成力量。但全球正义运动明显比新社会运动容纳的人群更广。那些所在国家、所处地位和追求利益并不相同的人们，由于在新自由主义全球化的迅速发展面前感到被抛弃、排斥、失落或不知所措，于是便在反新自由主义的旗帜下聚集起来，为捍卫人类尊严，追求全球正义而展开共同斗争。在运动中，既有传统的工人阶级，也有工会组织及其活动分子；既有左翼组织和民主派人士，也有各种新社会运动的成员；既有激进人士和右派分子，也有许多失业者及其他弱势的边缘化人群。诚如德伯在分析西雅图事件的参与者时指出的，"这里有来自全国的宗教团体、妇女团体和大学生们。这里有动物权利团体和小商业协会。这里有马克思主义者和无政府主义者、民主党人和共和党人、国际主义者和地方生物主义者、自由主义者和保守主义者，白领和蓝领，同性恋者和异性恋者。这里有来自富国的人们，也有来自穷国的人们。甚至一些美国的政府官员……"①。

第二，运动的活动空间越来越广阔。与多数社会运动一样，60年代运动很大意义上以传统国家为斗争目标和指向，且基本局限于一国范围之内。虽然60年代欧美主要国家的运动形势此起彼落、此消彼长，但尚未能相互呼应、相互支持，整个运动呈现各自为战、各国为战的状态。也正因为如此，对于60年代运动的研究，通常是以国别研究为主要线索。

---

① ［美］查尔斯·德伯：《人高于利润》，钟和译，中信出版社2004年版，第158页。

与 60 年代运动不同，新社会运动的一个重要特点，是其地区化、国际化发展态势。这是由新社会运动的斗争主题决定的。新社会运动关注的诸多议题，无论是环境问题、妇女权利问题，还是和平问题等等，都是突破了国家界限的全球性问题，根本不可能在一国的政治框架内得到解决。因此，新社会运动强调通过地区化和国际化的联合行动来实现其斗争目标。在实践中，这一发展特点也为新社会运动赢得了更为宽广的发展空间。

作为一种与新自由主义全球蔓延针锋相对的运动，全球正义运动从一开始就展现出与生俱来全球斗争特点和倾向。一方面，随着抗议行动如影随行般跟随国际会议的召开游走于全球各地，整个世界都成为运动的主战场。另一方面，随着运动的规模不断扩大，涉及的国家和地区越来越广泛，全球运动的相互呼应也越来越明显。[①] 例如，在 2000 年，为了避开抗议者，世界贸易组织在卡塔尔的多哈举行会议，尽管当地没有发生大规模抗议活动，但在英国、法国、日本、印度、泰国等地则在同一时间发生了不同规模的抗议活动；2001 年，6 万人在加拿大魁北克举行反对美洲自由贸易区协定的活动的同时，美洲其他国家也发生了抗议活动，等等。此外，作为全球正义运动的重要组织形式之一，2001 年世界社会论坛成立以来，随着参与人数、组织规模和社会影响的扩大，其广泛性、全球性发展特征也越来越明显。全球正义运动显然是一场世界运动，以至于有学者认为这场运动是"反全球化"的全球化。

第三，运动从单一、分散趋向确立共同目标的联合斗争。60年代运动发生在战后资本主义发展的黄金时期，当时的经济发展相对稳定、社会矛盾并不十分突出，而且资本主义发展的破坏性

---

① 庞中英：《全球化、反全球化与中国》，上海人民出版社 2002 年版，第 347页。

后果如环境恶化等尚未充分表现出来。60 年代运动很大程度上只是官僚化统治下（无论是校园还是社会统治）大众压抑情绪的宣泄和反映。因此，运动的主题相对抽象、统一和集中，即反对官僚统治和压迫，要求复兴民主理念和精神。而在运动形式上，主要表现为围绕反战、学生运动、民权等展开的反资本主义异化统治的抗议行动。

与 60 年代运动不同，新社会运动主要存在于西方经济繁荣的中断期。70 年代中期以来，西方社会危机不断、矛盾重重。结构性失业、"劳动危机"、社会福利国家危机、生态环境危机、民主权利危机等等，社会矛盾和问题在经济社会各个层面展现出来。新社会运动将其斗争触角延伸至社会矛盾的方方面面。与之相对应，新社会运动的组织形式也更为丰富和多样。一般而言，它既包括"城市社会斗争、环境或生态运动、女权运动、同性恋解放、和平运动以及与学生和青年激进主义相联系的文化反抗"① 等相对成熟的运动形式，也包括争取动物权利运动、反堕胎运动、消费运动等形形色色的日常生活的抗议运动。运动形式的多样性，为新社会运动争取了更大范围的支持人群以及更多的积极参与者。但是，运动目标的分散和独立也制约着运动的实际效力，德伯这样指出，新社会运动策略存在很大局限，"它在本国不能争取到政治权力，也不能阻止极端保守的运动的兴起……里根革命和全球化的策略强化了公司在本国和全世界的权力，身份运动既缺少先见之明又缺乏组织才能，不能团结起来进行抵抗"②。

全球正义运动是伴随新自由主义全球化的扩张而出现的运

---

① C. Boggs, *Social Movements and Political Power*, Philadelphia, PA: Temple University Press, 1986, pp. 39—40.

② ［美］查尔斯·德伯：《人高于利润》，钟和译，中信出版社 2004 年版，第 162 页。

动。在迅猛推进的全球化面前，任何运动都不可能单凭一己之力作出回应。各种运动形式确立共同的斗争目标，采取共同行动联合斗争成为不可避免的选择。全球正义运动正是这样一场明确组织起来挑战新自由主义并对公司主导的世界体系设想替代机制的运动。它既超越了单个国家，也超越了单个议题，将不同国家的追求不同斗争目标的运动集结在反抗新自由主义的旗帜之下，寻求各种不同运动的相互联姻来创造一个市场驱动更少而正义更多的世界。这一运动虽然在组织形式上仍然没有摆脱松散、分散的发展特点，但与新社会运动相比，斗争目标相对集中、明确，表现出明显的相互呼应和联合斗争倾向。

第四，运动经历了从制度外到制度化再到制度外的转变。60年代运动是典型的制度外运动。运动产生于对主流文化、对现存制度的不满与批判，对少数民族处境的同情，对和平的渴望。在实践中，它主张用激进手段进行社会改革，试图从制度外挑战资本主义官僚统治。正如拉封丹在《社会主义与新社会运动》一文中分析的那样，当时的学生运动主要采用的是非传统的、从美国学来的"公民集体非暴力反抗"的行动方式，包括从充满幻想的示威到静坐或煽动性即兴演出，再到有节制的破坏规则等形式。①

新社会运动在兴起之初主要采取的是制度外的或对抗性的集体行动，运动经常运用的是一些传统型抗议行动如呼吁、宣讲、签名以及示威、游行集会等。随着运动的推进，常规化的合法手段越来越成为其主要的行动形式选择。一些新社会运动团体，如环境运动团体、女性运动团体等，从制度外社会抗议团体转变成为制度内社会政治决策的压力团体或游说团体。有的新社会运动甚至接受了它

---

① ［苏］戈尔巴乔夫等：《未来的社会主义》，殷叙彝等译，中央编译出版社1994年版，第65页。

曾经最为反对的政党政治，如在生态运动中发展起来的绿党。制度化显然是 80 年代后新社会运动发展的一个重要特点。

与新社会运动不同，全球正义运动坚决反对制度化行为。独立、多元和行动是运动团体的主要行动原则。因此，尽管全球正义运动的斗争形式多种多样，但在这一原则指导下，运动采取的几乎完全是制度外的行动方式。全球正义运动的组织团体，如阿塔克、人民全球行动等，不是政党，也不愿意组织"政党阵线"。它们反对制度内的游说活动，也反对制度化的选举逻辑和选举博弈，不推选任何候选人参与选举。团体的正式代表，被赋予类似"心脏刺激器"的民主推动者，而非政治发言人或选举候选人的角色。有学者对全球正义运动的这种行动方式给予了高度评价，认为"这使得这次运动成为一个全球联合，也反映了它开放、质疑和青春的精神"①。

从这些社会运动在长时段内的发展特点和趋势可以看出，当代西方社会运动具有明显的发展性和成长性。运动的参与人数、运动规模和活动空间一直呈现不断扩大的趋势。在此基础上，运动在政治上日益显现出巨大的影响力。时至今日，以文化抗议形式出现的新形式的社会运动已经成为动员最广泛社会参与，影响西方公共决策和全球治理机制的一种最具潜力的积极力量。

第三节　社会运动与民主发展

作为当代西方最显著的社会政治现象之一，20 世纪 60 年代以来蓬勃发展的社会运动给西方社会带来了全方位的影响：不仅对传统的政治、经济、文化制度形成了直接挑战，也对人们的思

---

①　[美] 查尔斯·德伯：《人高于利润》，钟和译，中信出版社 2004 年版，第 163 页。

维方式、价值观念、心理状态产生了强烈冲击。从民主发展的角度看，当代社会运动的层叠推进，给西方社会的民主结构和民主秩序造成了长期性、持续性的影响。它引导着公众舆论的支持方向，加强了相关议题的立法决策，促进了新的决策方式和决策领域的建立，推动了民主理论的创新和参与民主模式的具体实践，很大程度上影响着西方民主的发展进程，改造了当代西方的民主政治景观。

一　社会运动对公共政策的影响

归纳社会运动理论家波尔塔和戴安妮（Donatella Della Porta and Mario Diani）的说法，社会运动的目标主要可以分为两类：一是无法磋商的要求（nonnegotiable demands），即那些界定了运动自身特点的、不能更改的、不能协商的要求。每一运动都有独特的、指向特定领域的斗争目标，如环境运动要求保护环境；和平运动反对战争文化；学生运动批判教育中的权威主义；女性运动反对歧视女性；全球正义运动批判新自由主义全球化，等等。这些运动目标是构筑运动的集体身份的基础，具有很大的象征意义。即使运动参加者在其他要求上愿意进行协商，甚至在某些议题上可能取得部分胜利，但如果这种不可磋商的要求没有实现，那么运动仍然被认为是失败的。例如，被视为"战略上具有挑战性、政治上复杂、相对成功的""福音 2000"运动，尽管"有效地迫使债权政府在减免第三世界的部分债务上作出了一定让步"，并"促使公众史无前例地关注政府的宏观经济政策"，但许多运动参加者仍然对政府和国际机构的回应感到不满，认为没有完全实现运动的既定目标。[①] 二是与这种无法磋商的要求相

---

① Donatella Della Porta and Mario Diani, *Social Movements: An Introduction*, Blackwell Publishing 2nd, 2006, p. 230.

对的，一些具体的或阶段性的斗争要求。例如，以"构建另一可能的世界"为总目标的全球正义运动，可以划分出一些特定的斗争要求，如反对公共服务和公共商品的私有化；要求联合国进行民主改革；甚至反对修建大坝以及要求赋予政府在紧急情况下生产低成本药品的权利，等等。社会运动长期的和最终的斗争目标，是实现无法磋商的要求。但在中短期内，大多数社会运动往往聚焦政治体系的运作，倾向于推动公共政策作出某种程度的改变，以实现其阶段性的斗争目标。

社会运动对公共政策的影响，主要依据社会运动推动决策过程各个阶段的实际变化来评估。舒梅克尔（Paul D. Schumaker）将政治体系对运动要求的回应区分为五个阶段①，即接触回应（access responsiveness），政府机构愿意倾听运动关注的议题；议程回应（agender responsiveness），将运动的要求形成议题，列入政治体系的议程之中；政策回应（Policy responsiveness），将运动的建议制定为法律；输出回应（output responsiveness），确保立法的充分实施；以及影响回应（impact responsivenss），运动的不满得到缓解。从现实政治实践看，社会运动对后两个阶段的影响相对难以判断。"输出回应"容易受到各国的执法能力等主观因素的影响，尤其对需要在国家层面上保证立法实施的一些跨国规范而言更是如此。一些国家拒绝签署或实施防核武器扩散条约以及控制气候变化的《京都议定书》就是很好的例证。而立法在实施过程中带来的实际变化更加难以判断，带有很大的不确定性，有时甚至与人们的预期相反。因此，社会运动对公共政策的影响主要体现在前三个阶段，或者简单的说表现在两个层面，即推动新议题的兴起和相关法律的制定上。

---

① Paul D. Schumaker, "Policy Responsiveness to Protest Group Demands", *The Journal of Politics*, 1975, 37, pp. 494—495.

一方面，旨在传播新的思想理念以及为新的身份承认而斗争的当代西方社会运动，在引导舆论导向，制造轰动效应，激发公众关注方面拥有自身独特的优势。正如有学者指出的，"将批判性团体所描述的慢性问题转换成吸引媒体关注的尖锐问题，是社会和政治运动的任务"①。在实践中，社会运动似乎更能有效地将新议题纳入公共讨论，使之成为政治议程的主题。波尔塔等人对西雅图事件后全球正义运动的研究发现，运动非常成功地将社会不平等以及跨国决策的透明性问题纳入了公共议程之中。2001年6月，在热那亚八国峰会召开之前，全国民意测验显示，45%的意大利人支持运动的观点。而后来进行的一次民意调查再次表明，绝大多数意大利人支持运动的目标，例如在取消第三世界债务、为全世界工人建立平等的经济和工作条件、无条件反对战争、废除避税场所、禁止生产转基因食品、引入托宾税以及移民自由流动等问题上，分别有81%、80%、74%、70%、70%、64%和55%的支持率。总的来看，在对全球正义运动的态度上，19%的受调查者非常认同，59%的人表示认同，而只有16.1%的人表示反感。② 近年来，全球正义运动所关注和抗议的议题，相继进入了国际、地区和国家层面的政治议程。如一年一度的八国峰会，正朝着越来越关注全球性问题、关注属于"低位政治"的各种现实以及带有战略性和全局性的长线问题，如气候问题、经济问题、粮食和能源安全问题等的方向发展。这些关注点与全球正义运动的抗议主题不谋而合，反过来也在一定程度上表明社会运动在推进政治领域或公共领域的议题讨论和设定方面确实能

---

① Thomas R. Rochon, *Culture Moves: Ideas, Activism, and Changing Values*, Princeton: Princeton University Press, 1998, p. 179. Cited in Donatella Della Porta and Mario Diani, *Social Movements: An Introduction*, Blackwell Publishing 2nd, 2006, p. 232.

② Donatella Della Porta and Mario Diani, *Social Movements: An Introduction*, Blackwell Publishing 2nd, 2006, p. 232.

够发挥显著作用。

另一方面，社会运动在促进利益表达，向一国内部的政治机构施加压力，促成社会权利的立法方面也具有不可替代的重要性。正是在女性运动的冲击下，西方发达国家出台了一系列男女平等的立法。如英国在 1969 年通过了《离婚改革法》，1970 年通过《夫妻财产法》，赋予妇女在婚姻和财产方面的平等权利。1970 年通过《同工同酬法》，1975 年通过《反性别歧视法》，保障了妇女在劳动就业等方面的平等权利。80—90 年代，一批男女平等的法案相继通过，妇女基本上取得了平等地位。近几十年来，美国等一些国家还陆续围绕性骚扰问题立法，这同女性主义运动的努力息息相关。同性恋立法的出台，与同性恋运动的积极推动也是分不开的。1988 年，瑞典首开世界先例，通过立法，赋予同性恋伴侣包括纳税、继承及其他相关福利。1990 年丹麦通过《同性恋法》，同性恋者可以结婚，并享有一般夫妇一样的权利。其后十余年，挪威、冰岛、荷兰等国纷纷效仿，如 2001 年生效的《荷兰民法典》就将婚姻法定位为"是异性或同性的两人之间所缔结的契约关系"，承认婚姻制度也适用于同性之间。而美国的一些州，如马萨诸塞、新泽西等，也为同性恋婚姻敞开了大门。相关环境方面的立法，虽然早在 19 世纪就被提上了议事日程，但其"爆发式"发展却出现在 70 年代以后。从控制区域污染的环境立法，到"可持续发展"理念下鼓励预防污染以及环境退化的全方位环境保护立法也纷纷出台。这些相关立法的形成，与环境运动的推动显然存在密切的联系。

二　社会运动与政治程序的变化

社会运动的斗争目标不仅限于单一的公共政策，在许多情况下，它们对作为整体的政治体系的运作方式也能够产生重要影响。社会运动对政治程序的作用，主要是通过游说等制度化的活动来实现的。尽管与政府和公共官僚机构的接触不一定会对公共政策的实施产生直接影响，但正如有学者指出的，这些活动确实有利于信息收集以及抗衡反运动的压力集团。①

从现实实践看，当代西方社会运动与政治体系的交往日益频繁。运动参与者要求当权者倾听自己的声音，要求获得法律上的承认，展现了作为"自下而上"民主制度的一些典型特征。而面对社会运动的严厉指责和抗议，西方国家也不得不更加深入思考如何应对民主发展的危机。在它们所设计的诸多方案中，通过扩大公民参与来补充、完善代议政治，例如增加政府的透明度，争取更多人参与到决策中来；加强政党和政府与非政府组织的合作、协调；在政府与市场之间培育更广泛的公民地带，等等，成为重要的"填补民主赤字"的举措。到20世纪末，社会运动一定程度上实现了其所要求的政治权力去中心化，推动了政治决策方式的多元化，在公共机构中引入了更多的大众控制。这主要表现在两个方面：

首先，在社会运动的影响下，作为代议制民主补充机制的直接民主，在公众日常生活中的作用愈益突出。各种社会运动利用其影响力和号召力，将更多的直接参与因素纳入相关议题的立法等活动中。例如，在离婚、流产、性歧视等问题上，女性运动在许多情况下能够直接呼吁人们运用立法创议或公决等形式，来废除现存法律或推动一些跨国性条约的实施。实际上，正是在这一过程中，全民公决等直接民主形式逐渐成为当代西方普通公民直接表达意愿的重要工具。

其次，社会运动也促进了新的公共政策发展领域的形成。在

---

① Carlo Ruzza, *Europe and Civil Society*：*Movement Coalitions and European Governance*, Manchester：Manchester University Press, 1998, Cited in Donatella Della Porta and Mario Diani, *Social Movements*：*An Introduction*, Blackwell Publishing 2nd, 2006, p. 233.

许多国家，行政的去中心化主要是随着新的参与决策的渠道的形成而出现的。这些新的决策领域在公开性、持续性以及权力大小上存在差异，但具有两个共同特征，即它们的合法性并非建立在代议制民主的原则之上；同时，它们也比制度性的决策领域更加公开和透明。在社会运动的推动下，主要形成了这样几个决策参与的新领域：

一是各种形式的专家委员会。这些委员会通常是以社会运动提出的各项议题为基础建立的，社会运动的代表可以作为观察员参与委员会。其中比较著名的一些委员会，包括在70年代的美国，前宾州州长斯克兰登（William Scranton）主持的"校园暴力总统委员会"，其主要任务是调查发生在全国各地的校园暴力事件，提出和平解决冲突的办法；以及斯卡曼（Scarman）勋爵在对80年代英国的一些城市暴乱进行调查过程中领导建立的委员会，在德国围绕"民主国家的青年抗议"建立的调查委员会，等等。在西雅图事件后，还出现了一些由独立专家构成的委员会，负责调查全球化的社会影响（如德国的议会委员会），以及跨国抗议事件中的警务行为（如关于西雅图事件的西雅图市议会委员会）。尽管这些专家委员会的权力有限，但通过媒体网络以及发布相关事件的报告等方式，它们与公众舆论建立起广泛联系。

二是相关社会运动议题的各种协商机构。如在许多国家建立的一些相关女性和生态议题的国家部委、地方政府机构等。这些机构往往是常设性机构，有自己的预算和政策实施权。在运动动员的压力下，管理性的行政机构也建立起来。它们将运动参加者视为潜在盟友，一些特定的公共机构甚至吸收了部分运动积极分子为其工作人员。这些机构与社会运动的代表接触频繁，通过正式或非正式渠道协调特定社会运动的需求；机构与运动有时会发展出某些共同利益，并与运动代表联合起来向政府施压，以增加相关政策领域可以获得的公共资源。机构与运动的合作可以采取从咨询到纳入委员会等多种形式。

三是国际政府组织与社会运动确立的非正式协商渠道。非政府组织作为这种非正式联系渠道的作用，在频繁的决策协商以及参与政策实施中获得承认。例如，取得了联合国咨询和协商地位、在90年代时已拥有1500个成员的"非政府组织会议"（CONGOS）；在欧盟中，同欧盟议会以及其他机构进行非正式信息交流的各种类型的协会组织等，在这一过程中发挥了重要作用。除了获得一定程度上的制度承认外，某些特定议题的非政府组织还能够得到资金方面的支持，或是参与到国家或国际政府主导的一些发展计划中。如在世界银行中，许多非政府组织就在参与管理超过一半的紧急援助和人道主义援助计划资金。随着在公众舆论中的威信等"软实力"的不断增长，非政府组织在国际决策各阶段的影响越来越大。通过代表边缘社会群体的利益，通过将公众的注意力转向跨国事务的实践过程，非政府组织促进了国际机构的多元化进程，推动其朝着更加透明、公开的方向发展。

三 社会运动与参与民主实验

除了在上述领域发挥积极作用外，社会运动还直接推动了制度内各种形式参与民主实验的展开。例如尤其表现在地方层面上，建立在普通公民参与公共事务讨论原则基础上的一些协商领域的发展，如美国和英国的公民陪审团、德国的规划单元（Planungzelle）①、丹麦的共识会议（80年代起在丹麦被广泛采

---

① Planning Cell，这是德国协商民主论的先驱、社会学家彼得·蒂娜尔（Peter Dienel 1978）提出的一种让普通公民参与城市规划的方法，即将随意从市民中挑选出来的一组人当做一个"规划单元"，成为一个规划小组进行公共事务的协商讨论，这是一种类似于公民陪审团的参与民主方法。

用，主要用于公共卫生方面的公众参与）、法国的城市会议，等等。

近年来，在诸如此类的参与民主实验中，最著名的莫过于"参与式预算"（participatory budget）。参与式预算最早在 80 年代末出现于巴西的几个城市，其中综合影响最为突出的是世界社会论坛的发祥地阿里格雷港市（Porto Alegre），该市进行的参与式预算被联合国评价为"保证管理透明的最富有创新性的措施之一"①。所谓参与式预算，是由市民广泛讨论、监督和最终决定地方财政预算的安排。这一实验将普通民众纳入城市资源的优先性确定和分配的年度预算之中，通过为公民需求的表达创造公共空间来强化公众参与。每年 3—6 月间，公民与政府间都要进行广泛互动。大规模的城市集会和分散化的邻里集会，围绕资金支出的优先性以及选举一些主题性委员会的代表进行讨论和投票。其后，每一主题性委员会选举产生"参与式预算委员会"的代表。在 7、8 月的时候，城市专家与委员会代表一起将公众的要求转换成具体的规划。在 11—12 月间，代表们开会起草预算建议和投资计划，供城市委员会讨论和表决。

参与式预算是一种直接民主形式。在参与式预算中，公民直接参与公共预算的决策和控制，而不是间接地由其他团体来代表。全体公民通过公共预算会议的方式自由而普遍地进行公共事务的直接参与。有学者这样描述这种直接参与方式的意义，"公民的参与不限于每四年一次的投票选举，它更深入地延伸到决定和控制公共行政管理的很多关键环节。公民已经不再是传统政治体系的简单附属物，只是在偶尔的选举中进行偶尔的参与，而是

---

① 杨雪冬：《在狂欢中抗议——感受 2003 年的世界社会论坛》，载《国外理论动态》2003 年第 4 期。

成为公共领域中永久的主动参与者"①。同时，参与式预算也没有简单地否定代议制，城市委员会和主题性的参与式预算委员会，如交通、医疗和社会保障、文化、教育、休闲、经济发展和城市发展等代议制机构，仍然被赋予一定权力。显然，参与式预算是直接民主与代议制民主相结合的一种当代参与民主的实践形式。

有学者把参与式预算的拓展划分为三个阶段：（1）1989—1997 年间，局限于巴西少数几个城市的实验；（2）1997—2000年，巴西参与式预算的巩固阶段，期间共有 130 多个城市实施了参与式预算；（3）2000 年至今，参与式预算开始扩展到巴西之外的国家和地区。② 在西方发达国家中，目前在实施或实验参与式预算的国家，主要包括北美的加拿大以及西班牙、意大利、德国和法国等欧洲国家。

从实践上看，社会运动与当代西方制度内的参与民主实验是一个互动的发展过程。各种形式的社会运动在上述参与民主实验中发挥了积极作用。社会运动的相关行为者，有时作为关键参与者，有时作为外部支持者，直接参与了这些实验的进程。在某些情况下，社会运动甚至是决定实验成功与否的重要前提。如在加拿大，就将各种社会运动、社区组织和自愿团体等网络为参与式预算提供支持，作为成功实施参与式预算所需要的基本条件之一。同时，各种参与民主实验的深入推进，对社会运动的发展也能产生积极的反作用。有学者在评价参与式预算对民众组织过程的影响时就这样指出，"这种普遍参与的形式鼓励那些没有任何组织背景的公民带着他们特定的需求去

---

① 许峰：《巴西阿雷格里市参与式预算的基本原则》，载《国外理论动态》2006 年第 6 期。

② 陈家刚：《参与式预算的兴起与发展》，载《学习时报》2007 年 1 月 29 日。

262

参加会议。在参与式预算中形成的这种共同经验，经常能使公民在他们自己生活的社区中找到其他能够组织起来的方式，因而也加强了民众的组织过程"①。此外，作为参与式预算实践典型的阿里格雷港市，也在全球正义运动中扮演着重要角色——该市是世界社会论坛的发源地。这显然绝非一种偶然现象，这里深刻体现着参与民主实践对社会运动的巨大影响。诚如波尔塔和戴安妮指出的那样："参与式预算不仅代表着对个人参与的赋权，同时也为社会运动的发展提供了一个斗争的舞台。"②

通过上面的分析，可以简单把当代西方社会运动与参与民主的关系归纳为这样两个方面：一方面，作为公众大规模直接政治参与载体的当代社会运动，由于体现了公众自发地、直接参与同其自身密切相关的政治社会事务的参与民主精神，因此其本身就是参与民主在制度外的一种具体实践；另一方面，运动也促进了参与民主思想理念的形成以及发展、传播，当代社会运动裹挟着这种崭新的、倡导大众参与的民主理念，以一种自下而上的方式实践地推动了当代西方的参与民主发展进程。对于这后一问题，下文将进行更为深入的理论探讨。

①　许峰：《巴西阿雷格里市参与式预算的基本原则》，载《国外理论动态》2006 年第 6 期。

②　Donatella Della Porta and Mario Diani, *Social Movements: An Introduction*, Blackwell Publishing 2nd, 2006, p. 225.

第 六 章

当代西方参与民主的理论分析

作为 20 世纪后半叶兴起的一种新型民主形式，参与民主在当代西方民主政治发展中的作用和影响日益突出。它不仅以其独具特色的思想理念对当代西方的主流意识形态造成了极大冲击，而且在实践中推动着西方民主政治的发展进程。在廓清参与民主的理论和实践发展脉络的基础上，本章将从解析其产生和发展的社会及思想背景入手，对当代西方参与民主进行综合性的理论评析。通过系统分析、梳理参与民主产生的社会和理念根源，揭示参与民主的实质，考察参与民主对当代西方民主的作用和影响，归纳参与民主的积极意义及其存在的问题和缺陷，并以此为基础探讨参与民主在当代西方的发展走向和未来前景。

第一节　参与民主的成因与实质

从前面章节对参与民主理论和实践形式的分析可以看出，参与民主是一种自发性的大众直接参与政治经济和社会事务的民主形式。这种民主形式呈现这样几个突出特征：（1）草根大众性。参与民主更加强调民主中的"人民"概念，致力于发展的是一种能够表达绝大多数人或者作为整体的普通民众意志的政治。它所代表的主体不是少数人，而是广泛性的普通大众；（2）自发性。参与民主是普通大众的自发自愿的参与，而不是被动卷入，更不是被迫参与；（3）自下而上性。参与民主倡导基层民主参与，这不仅包括传统基层政治领域，也扩展到工厂企业等"非政治"领域，以及社区、学校、协会等基层社群。它尤其强调基层参与对培养民众直接参与经验的意义，主张在此基础上发展大众对更大范围内国家社会事务的参与；（4）直接参与性。参与民主的参与是一种直接参与，强调具体层面的直接参与和整个社会层面的代议政治的有机结合；（5）平等协商性。参与民主的过程是建立在平等基础上的协商、讨论过程，并通过协商讨论对决策发挥影响。

带有鲜明特点的参与民主并非凭空产生，它的出现具有重要的社会和理念根源。从社会层面看，参与民主是当代西方社会的新变化推动的结果；从理念层面看，参与民主与"新"运动中出现的社会多元主义政治思想有着密切联系。参与民主正是在当代西方社会层面的新变化以及社会多元主义理念基础上产生和发展起来的。

一 社会根源

当代西方社会层面发生的新变化表现在许多方面，与参与民主发展直接相关的主要包括社会构成的变化、社会矛盾和冲突的变化、社会运动形式的变化以及社会吁求的变化等几个相互联系的内容。参与民主的出现，正是当代西方社会层面的这些新变化在理论和政治上的反映。

1. 新社会力量的崛起

在 20 世纪的后 30 年里，西方社会发生的重要变化之一，是经济结构的调整和改变。随着经济结构的变化，传统的阶级结构、社会结构重新分化组合，出现了以"新中间阶层"以及边缘阶层（或社会弱势群体）为代表的多元化的新社会角色和社会成分。当代西方参与民主的兴起和发展，以这些新社会力量和社会成分的出现为前提，是这些多元社会力量的多元利益和多元呼求的体现。

在新信息产业革命的大力推动下，当代西方的经济结构发生了急剧变化。表现在产业结构上，第一产业即农业的比重在不断缩小；第二产业即工业由20世纪50—60年代的上升到逐渐下降，出现了传统制造业不断衰落，而新兴的尖端工业不断上升的发展趋向；第三产业即服务业得到迅猛发展。到20世纪末，从第二产业中崛起了以信息产业为代表的高科技产业群，并逐步成为主导性产业。与产业结构的变化相适应，当代西方的就业结构也依次从第一、第二产业向第三产业和信息产业倾斜，出现了农业劳动人数锐减，工业劳动人数增长缓慢，而服务行业以及新信息产业从业人员大大增加的局面。

随着经济结构的变化，当代西方国家的社会结构和社会关系也发生了很多新的变化。社会结构的新变化，一方面表现在两大传统的对立阶级内部出现了诸多变化，例如随着物质生产部门或非物质生产部门中新阶层与新集团的出现，工人阶级内部呈现扩大化和多层次化的发展趋向；而由于当代西方资产阶级除了垄断资产阶级和中等资产阶级两大阶层外，还出现了属于垄断资产阶级经济利益与政治利益代理人的高级经理和高级专家、官员等新阶层，资产阶级内部也日益复杂化和多层次化。另一方面，社会结构的新变化更为集中地体现在新中间阶层的迅速崛起。

新中间阶层，是相对于小业主、小商贩、手工业者和自由职业者为代表的传统中间阶层而言的。它的包含范围广泛，职业结构复杂，无所不在地充盈于当代西方企业、政府部门、文化传播机构和学校之中。一般来说，新中间阶层主要由三部分人组成，即随着社会经济体系由福特主义演化为后福特主义而产生的白领雇员，如大企业公司里的中级经理、技术专家等；随着福利国家制度的建立，政府机构扩充而产生的各类专职雇员、中级官员；以及在教育、医疗、科研和法律等领域就职的人员。随着现代国家机器的膨胀以及私人企业公司机构的扩展，当代西方发达国家新中间阶层的人数增长迅速。据统计，1950—1970 年间，在美国制造业中的中级经理人员增长 23%，同一时期，服务业的经理人员与中央和地方政权机构中的中级官员几乎增长 2.2 倍。在英国，1951—1961 年，中级经理和行政管理人员增长 1.5 倍，1961—1971 年又增长 50%，从 63 万增加到 94 万，1981 年达到 128 万。在法国，1954—1980 年，这类新的中间阶层人数由 125.2 万增至 351 万，在经济活动人口中的比例，也由 6.5% 增至 16.3%。在联邦德国，受政府和大企业雇佣的中级官员和中级管理人员，1950 年有 114.9 万人，1970 年增至 235.5 万人，在全国经济活动人口中的比例由 1961 年的 6.9% 增长到 1980 年的 11.5%。①

　　新中间阶层是当代西方的官僚体制和正规化企业科层管理体制所造就的重要的、崭新的社会力量。新中间阶层之所以重要，是因为虽然仍处于被雇佣的地位，但他们却占据着社会运转的控制部门，行使着社会管理和企业管理的职能，是实现社会控制和生产管理的不可替代的部分。新中间阶层之所以是崭新的社会力量，是因为这一阶层本身呈现出不同于传统受雇佣阶级阶层的多元化发展的新特点。例如，与传统工人阶级不同，他们的职业分散、独立性强，不受生产线、劳动场所和机器的束缚，从事着创造性的、相对自主的劳动；他们掌握现代知识，易于接受新思想和新观点，彼此之间没有一致的目标和共同的主张；他们主要是凭借个人的智慧、知识、技术与能力来取得社会地位，等等。多元化新中间阶层的出现，是当代西方新变化的突出现象，它从一

---

① 许平：《当代西方国家社会分层变化分析》，载《历史教学》2001 年第 8 期。

个侧面深刻体现了当代西方社会结构多元化、社会利益多元化的新发展。

此外，边缘阶层在新产业革命后的扩张性发展，也是当代西方社会结构多元化发展的一个重要表征。边缘阶层，是那些在现代化过程中被边缘化，为现代化过程付出了代价的人群。他们游离于传统阶级阶层之间，随着经济地位和职位的变化而在各个阶级阶层间上下流动。边缘阶层既包括无业者和失业者，也包括一些持股人和食利者，以及流浪者、同性恋者、少数族裔、外来移民，等等。边缘阶层的扩大，对既有社会结构形成了有力冲击，使得当代西方的社会阶层、社会成分更为多元，更为复杂。

形形色色的新中间阶层与边缘阶层，显然是异于传统阶级角色、阶级力量的新的社会力量。也正是因为如此，他们在关怀重点、价值取向、政治态度、社会吁求等方面展现出不同于传统阶级利益、阶级诉求的多元发展的新特点。而从实践看，作为参与民主衍生来源的这些多元利益和吁求的形成，与当代西方社会矛盾和冲突的新变化有着密不可分的联系。新中间阶层和边缘阶层的多元利益和诉求，正是对新社会矛盾和冲突作出的回应。

2. 新社会矛盾和冲突的出现

在战后西方，社会总体上处于一种相对稳定的发展态势，并没有出现如大萧条时期那样的大规模危机。但是，这种相对稳定并不意味着资本主义本身存在的各种矛盾都得到了解决。相反，由资本主义基本矛盾所导致的各种问题，如劳资矛盾、贫富差距、失业等等仍然相当突出。同时，随着现代化进程尤其是经济全球化的发展，也出现了许多新的社会矛盾和问题。与传统的矛盾和冲突不同，这些新社会矛盾和冲突源自新社会力量对当代西方社会政治、经济、社会发展现状的不满，是新社会力量不满足于现有生活质量、自我实现以及公民自由等状况的反映。因此，这些矛盾和冲突很大程度上不是阶级的、意识形态的，而是文化

268

层面和社会层面上的。总的来看，对当代西方新社会力量造成影响和冲击的新社会矛盾和冲突主要表现在以下方面：

（1）社会统治的异化

第二次世界大战后，西方资本主义国家为了摆脱经济危机以及由此而来的合法性危机，加强了对经济和社会的干预及控制。其重要表现就是官僚机构权力的大规模扩张。官僚机构权力膨胀的结果，强化了官僚统治权力的社会存在，造成了哈贝马斯所谓的"体制"对"生活世界"的"殖民"。这种高度复杂的体制强制不仅限制了个人自由和权利的实现，也束缚着个人自我塑造的可能性。同时，由于科学技术的发展而出现的机械化、数据化、工业标准化以及生活方式商业化等等，极大压抑着人的本性，使人丧失了自我认同，发生了异化。另外，随着物质生活和教育水平的不断提高，人们进行自我选择的能力也大大增强了，从而出现了个人自主决定、自我塑造的个人主义化、多元化的发展倾向。在这种情况下，诚如拉封丹所说，必然出现"以人类对自主决定的不断增长的需要为一方与以同样不断增长的对系统控制、对社会过程的技术调节和监管的需要为另一方之间的新的冲突"①。

（2）生态等后物质主义问题兴起

生态问题、女权问题、和平问题等非政治性、非阶级性的后物质主义问题，并非一些新出现的问题和现象，但是在20世纪六七十年代后却作为突出问题和矛盾表现出来。这些问题的广泛兴起，一是因为随着当代社会政治经济的发展，这些问题在社会生活中日益显现出重要性。例如，作为新技术革命的负效应之一，生态问题如能源短缺、人口爆炸，资源枯竭、环

---

① ［苏］戈尔巴乔夫等：《未来社会主义》，殷叙彝等译，中央编译出版社1994年版，第63页。

境污染等，已构成一种全球性的问题，是当代人类面临的一个主要危机。在当代，维持生态平衡、加强环境保护，已成为人类生存和发展的必需。同样，在冷战背景下，裁军、核威胁等和平议题，攸关人类前途命运，因而必然引发广泛关注。二是因为随着战后经济的持续繁荣增长，人们的生活相对富裕安定，西方人的价值观也逐渐出现了转折。这主要表现为从关心经济和人身安全等传统的社会政治议题，更多地转向关心"生活质量"，即从关心物质价值转向关心后物质价值。正是在这种背景下，后物质主义问题的重要性愈益凸显，成为引发新的社会矛盾和冲突的源泉。

（3）全球化带来的冲击

20世纪末迅速蔓延的全球化浪潮，根本上是由西方发达资本主义国家推动的。但随着全球化进程的加速推进，西方资本主义在获得巨大利益的同时，也不可避免地在其内部引发了新的矛盾和冲突。一方面，在工作岗位的竞争中，各国为了吸引投资者，竞相降低自己的社会福利标准，以使本国的生产成本与其他国家相比更加有利，从而在一定程度上损害了本国民众的权益;① 而另一方面，由于劳动力具有相对可流动性，而跨国公司为了获取竞争优势，又在全球重新配置资源，因此发达国家中的劳工权益不同程度地受到损害，从而造成了包括边缘阶层在内的本国劳工同外来移民或劳工的矛盾愈益突出。经济全球化的发展，显然极大侵害了新中间阶层、边缘阶层等新社会力量的权益，必然引发他们的不满和抗议。按照吉尔平（Robert Gilpin）的说法，全球化时代的资本主义在加速发展变化的同时，正面临着前所未有的新危机，而其根源在于"资本主义在自己的内部

---

① ［德］托马斯·迈尔：《社会民主主义的转型》，殷叙彝译，北京大学出版社2001年版，第77页。

树立了敌人"①。

3. 新抗议行动的发展

在新的社会矛盾和冲突面前，新兴社会力量从自身利益和要求出发，进行大规模抗议行动的动员和整合。在当代西方的斗争实践中，新抗议行动经历了从五六十年代以反文化运动为主要特点的新左派运动，到70年代后以生态运动、妇女运动、和平运动等大规模抗议运动为主要代表的新社会运动，再到90年代以来在西方国家此起彼伏的全球正义运动的发展演变。三种运动出现在战后西方社会发展的不同时期，在许多方面呈现出与时代发展相联系的自身特点，但在根本上却有着内在的逻辑性、连续性和发展性。就其实质而言，三种运动都是当代西方新矛盾、新危机的现实反映；而从运动本身的发展特点来看，三种运动很大程度上都体现为一种多元性的文化抗议行动。

新抗议运动之所以是一种文化抗议运动，决定于运动自身的发展特点。从运动的人群构成上看，由于抗议行动的参加者构成复杂，并不从属于某一单独的阶级，没有共同的阶级利益，因此他们实际上并不是按照阶级属性，而是依据多元性的"问题"，例如生态问题、妇女问题、同性恋问题、种族问题、移民问题、核问题等等划分成一个个具有特色政治认同的团体，来展开抗议行动；从运动的组织形式上看，与传统的阶级组织和政党组织不同，新抗议行动的社会组织一般是自愿的组合，尊重个人自由和个人选择，没有强制性的集体行动。不仅各个组织之间联系松散，其内部关系也相当松散，从而展现出相当程度的分散性、多元性；从运动的斗争方式上看，绝大多数新抗议行动不是暴力行动，而是采取以非暴力和所谓文明抗衡为特点的和平抗议方式，

---

① ［美］罗伯特·吉尔平：《全球资本主义的挑战》，杨宇光译，上海人民出版社2001年版，第10页。

反对任何形式的暴力斗争，把非暴力主义作为斗争手段和策略；从运动的斗争取向上看，新抗议行动——例如作为新抗议行动主要形式的民权运动、生态运动、女权运动等等，不是建立在传统左、右政治划分基础之上，与阶级利益、阶级政治的发展取向相左，主要是以"后物质主义"的文化性议题为斗争取向。

4. 新吁求的提出

与新社会力量、新社会矛盾冲突以及新运动形式的发展特点相对应，新社会力量的新吁求的最突出的特征，就是非意识形态性。这些新吁求，与传统的、以阶级为基础的意识形态分歧没有多大关联。正如有学者指出的，"既不是资本主义的，也不是社会主义的；既不是保守主义的，也不是自由主义的；既不是右翼的，也不是左翼的"①；而在很大程度上体现为物质生活上日渐富裕的新社会力量价值取向的转向，即改变了等级制度的价值观念，抛弃了传统的、阶级性的政治倾向，转而强调一些非阶级、非意识形态、非政治的话题，如环境问题、和平问题、女权问题以及全球性问题，等等。用托马斯·迈尔（Thomas Meyer）的话说就是，新社会力量"摆脱战后时期占支配地位的物质主义价值体系，转而信奉后物质主义的价值"②。这主要表现在，新社会力量坚决反对把经济增长当做社会进步的不二法门，不再单纯关注物质生产过程，而更加强调保护生态平衡、减少资源浪费、保障妇女以及少数族裔权益、维护世界和平等物质生活以外的文化议题和社会议题；反对集权性的、等级性的科层体制，反对政府对生产生活的管制和干预，更加推崇社会平等、人际团结；更多注重个人价值，强调个人自决，主张自我实现，而不是物质利

---

① 周穗明：《文明的震荡》，海天出版社1998年版，第221页。

② ［德］托马斯·迈尔：《社会民主主义的转型》，殷叙彝译，北京大学出版社2001年版，第101—102页。

益和政治权力。在民主政治领域，从后物质主义的价值观出发，新社会力量理所当然地向旧政治所主张的代议制民主发出挑战。它们大力主张通过发展大众基层参与的民主政治，实现权力分散化来改进代议制民主。

总之，参与民主与上述四种当代西方社会新变化密切相关：参与民主的倡导者和支持者主要是以新中间阶层为代表的新社会力量；参与民主很大意义上正是对新社会矛盾和冲突尤其是当代西方异化统治的回应和冲击；参与民主是在新抗议行动中出现和发展起来的；参与民主正是新社会吁求在政治上的重要主张。从其社会根源说，当代西方参与民主的兴起和发展，是60年代以来西方新社会力量对新社会矛盾与冲突发出的新抗议和新吁求所推动的结果。

二　理念根源

当代西方社会的新变化，不仅是参与民主产生和发展的推动力量，同时也为参与民主的形成提供了必要的思想和理念资源。正是在差异性、异质性、多元性的当代西方社会发展实践基础上，在新社会力量对其多元利益和多元吁求的抗争中，衍生和发展出一种与自由主义的多元主义观相对立，强调差异政治和社群认同的社会多元主义政治思想。这种社会多元主义，成为当代西方参与民主的重要思想理念来源。

尊重差异和强调多样性的多元主义是一个大概念。与不同的属性词连用，形成了多元主义的多层面含义，例如，政治多元主义、价值多元主义、文化多元主义、社会多元主义，等等。与强调个人和团体的政治自由、言论自由的政治多元主义（political pluralism），以及主张社会存在多元价值体系的价值多元主义（value pluralism）不同，社会多元主义（social pluralism）是建立在当代西方社会多样性、多元化发展基础上的一个概念。它是对战后西方社会深刻变迁的思考和回应，是对当代西方社会多元主义发展现实的一种认知和解读。诚如利普塞特指出的那样，社会多元主义源自于现代化过程中产生的多样性。① 同时，社会多元主义的形成与当代西方新抗议运动的发展实践也有密切联系。正如笔者在上文中指出的，当代西方新抗议运动是以差异性、分散性对抗理性一元论、中心性，以多样性、异质性反对同质性，以非阶级化的新的文化抗议主题取代和抵消阶级冲突及阶级政治为特点的新型社会运动。从理论主张看，社会多元主义显然是"新"运动的新特点在思想理论上的反映，例如，社会多元主义关注当代西方社会中介于政府与个人之间的社会群体，它突出强调社会结构和矛盾中以往被忽视的多元社会成分及其文化冲突，如性别、族裔、宗教、代际之间的矛盾和认同，主张边缘群体与主流群体之间的权力差异，并要求给予差异以权益保护等等，都与"新"运动本身的特点存在根本上的一致性。而反过来，这些社会多元主义主张也都能够在"新"运动中找到实践注脚。从这个意义上说，社会多元主义是当代西方新抗议运动的直接思想产物。

社会多元主义与当代西方流行的多元文化主义（multiculturalism）也紧密相关。从起源上看，多元文化主义萌芽于 20 世纪初的文化多元主义论（cultural pluralism）。作为对于解决美国民族问题的"熔炉论"或"同化论"的悖反，文化多元主义反对某一民族对其他民族的绝对统治，主张各民族文化间尤其是白人社会内部各种文化的平等。在这种具有相对局限性的理论基础上，通过对加拿大等国的多文化政策实践以及后现代主义的差异认同理论进行积极吸纳，多元文化主义应运而生。与文化多元主

---

① ［美］西摩尔·马丁·利普塞特：《政治人：政治的社会基础》，刘钢敏等译，商务印书馆 1993 年版，第 50 页。

义相比，多元文化主义是一个更为宽泛的概念。它的着眼点不仅是民族（nation）和种族（race），更是一种具有涵盖意义的族群（ethnicity）概念。多元文化主义关注的是族群尤其是处于边缘地位的各少数群体，强调多元少数群体的独立价值，主张群体个性和文化认同，倡导维护不同群体之间的文化差异以及实现文化差异的平等。因此，多元文化主义坚持的是一种社群本位，体现的是从传统政治经济批判向文化批判的转向，从阶级政治向文化政治的转向。这种群体本位和文化政治，对社会多元主义的价值形成具有重要影响。社会多元主义的差异政治和社群认同，很大意义上体现了多元文化主义的思想。在这一层面上，多元文化主义构筑了社会多元主义的政治哲学基础。

作为参与民主理念来源的社会多元主义，与作为自由主义民主认识论基础的自由主义的多元主义观既存在相似之处，也具有明显差异。二者之间的这种联系，不仅反映着社会多元主义本身的特点，也深刻体现着参与民主与自由主义民主之间关系的本质。因此，要正确认识社会多元主义，进而揭示参与民主的特点和实质，有必要对社会多元主义与自由主义的多元主义进行区分。

总的来说，社会多元主义与自由主义的多元主义，根本上都是多元主义认识论的体现。它们的基本精神和终极关怀大体一致，都不否认自由和平等，肯定个人尊严，承认个人的独特认同，尊重差异，推崇社会的多样性，不赞成剥夺任何劣势群体的生存价值和尊严。但是，在对差异和平等问题的认识上，二者存在显著区别。

首先，社会多元主义与自由主义的多元主义对差异政治的理解不同。社会多元主义和自由主义的多元主义虽然都承认和尊重差异，但对差异主体的认识相左。社会多元主义从多元社会中的不同群体及其文化冲突出发，强调不同社群的存在及其权力差异，主张重视社群尤其是处于边缘地位的人群或小群体的特点和差异，倡导在群体间的文化差异基础上建立一种新型的文化差异政治/认同政治。这种"新型的文化差异政治"的特点，用韦斯特（C. West）的话说就是，"宏扬多样性和异质性，拒斥同一性与同质性；用具体、个别和特殊取代抽象、一般和普遍；注重偶然性、暂时性和可变性，以及历史化、语境化和多元化"①。换言之，社会多元主义的差异政治，关注的是处于边缘地位的多元、异质、多样性的少数群体与主流群体的文化差异性，强调的是对各少数群体的差异的认同。在社会多元主义看来，如果忽略了这种差异，就会造成压抑、统治和边缘化。

自由主义的多元主义也承认社群的存在及其独特价值，但其差异政治的关注点不是社群而是个人。它重视的是个人之间的差异，强调对个人差异的认同，而在很大程度上忽略了社群之间的差异，尤其是忽略了社会弱势团体与主流优势团体的差异以及后者的权力压迫。这种以个人为核心的差异政治观，显然与自由主义对个人自主性和优先性的关注密切相关。但却存在一个问题，即忽视了个人与社群的关系，忽视了社群差异对个人差异认同塑造的重要性。社会多元主义认为，个体是社会的产物，多元个人的差异认同都是由其所属的社群所塑造的。个人完全在其社群之内生活，社群的价值和文化内涵构成了个人的差异认同，不是个人的选择决定着社群文化的内容，而是个人所处的社群文化决定着个人的价值和理想。因此，只有在社群差异中，才能界定个人的差异认同。而自由主义的多元主义的内在矛盾在于，它的骨子里尽是个人主义，并不包含任何共同体的概念；它仅仅关心个人，关注如何促进个人自由，而不是保障社会公共正义；是为了

---

① C. West, *The New Cultural Politics of Difference*, in Simon During (ed.), *The Cultural Studies Reader*, Routledge, 1993, pp. 203—217.

增进利益，而不是发现善；是为了将人们安全地隔开，而不是将他们富有成效地聚合在一起。其结果必然是，它可以强有力地抵制对个人的任何侵犯——如对个人隐私、财产、利益、权利的侵犯，却无法有效地抵制对社群、正义、公民权以及参与的侵犯。显然，自由主义的多元主义观在摧毁维系个人与社会的传统纽带的同时，却没有提供新的维系纽带，从而导致其陷入不可自拔的内在矛盾之中。①

其次，社会多元主义与自由主义的多元主义在平等观上也存在显著差异。从经验性的描述看，无论社会多元主义还是自由主义的多元主义都不反对平等，都强调维护多元社会状态，主张多元社会利益的平等。因此，二者在平等观上的区别并不在于要不要平等，而在于如何理解平等以及建立在什么基础上的平等。

从近现代以来的自由主义的观点主张看，它倡导的是一种普遍主义政治，即虽然认为在"私人领域"中可以保持和容忍个别以及社群的差异性，但强调在"公共领域"必须去除各种差异身份，一视同仁地公平对待每一个公民，而不对某一个体和群体的独特性和目标给予特殊照顾。它认为如果在"公共领域"认同差异，就会产生歧视，限制个人自由，而只有坚持一种普遍、无差异的态度才能为社会提供公共交往的基础。

在社会多元主义者看来，自由主义的这种平等对待所有文化和族群的做法，并非一种真正的平等。因为"公共领域"的平等与共同标准，往往是主流群体经验和价值观的体现。在公共领域中无视各不同群体之间的差异，强调价值中立，实际上就是在压抑非主流。这种价值中立的表象背后是一种文化霸权，所谓的价值中立掩盖了主流文化和群体对非主流文化和少数群体的压

---

① B. Barber, *Strong Democracy. Participatory Politics for a New Age*, University of California Press, 1984, p. 4.

迫，从而完全是一种虚伪的假中立和假平等。其实践结果必然是排斥弱势群体的统治，必然是对非主流团体特质的贬抑。正如社会多元主义者反复指出的那样，自由主义的"理性、自由和平等"精神是资产阶级族群的公共领域霸权。因为一方面，"理性"的标准是由主流群体来界定的，它在根本上排除了其他社群参与的机会；而另一方面，对弱势、边缘群体而言，则缺少得以"自由"参与的"平等"资源。因此，自由主义将个人差异推挤到私人领域，虽然从表面上看使个人在公共领域的平等权得到尊重，但却在很大程度上排除了非主流，实际上是使差异沦为贬抑。①

正是在这种认识基础上，社会多元主义强调差异尤其是社群差异也应是公共政治领域必须面对的课题。它主张要使公共领域成为真正公开、理性、平等表达意见的空间，就必须承认社群差异的存在。公共领域不应是主流文化的霸权领域，而应是权威受到挑战的领域，是文化意识形态认同与抗争的领域。公共领域必须能够向弱势群体开放，容纳多样的意见表达，从而丰富公共话语的多元性。对弱势群体而言，强调"公共领域"中差异政治的意义，是为了维护弱势群体的利益，实现更广泛的利益分享，反对官僚与封闭，争取弱势认同的空间。

显然，社会多元主义与自由主义的多元主义观相对立、相冲突。社会多元主义在本质上体现为一种社群认同和差异政治，它主张多元社会是由多样性、差异性的利益群体和组织构成的社会，突出强调的是这些群体之间的文化矛盾和冲突，要求实现文化差异之间的平等，并给予少数边缘性群体以权益保护；而自由主义的多元社会认识是建立在个人自主性和自由权利优先性基础

---

① See Craig Calhoun, *Habermas and the Public Sphere*, Cambridge: MIT Press, 1992.

上的，它不是以社群而是以个人为价值本位，关注的是所有社会成员间的差异和冲突，强调的是保护社会成员的平等及其自由选择权。因此，它在根本上缺乏权力冲突论的观点，完全忽略了不同社会群体尤其是弱势群体的差异。

不能否认，社会多元主义的提出具有积极意义。它反对同质，倡导多元，坚持差别性、多样性以及异质性高于同质性，珍视多元社群的共生，尊重多元社群的存在权力，强调弱势社群的文化差异，试图通过重新界定不同文化群体的权力关系，来改变主流群体的统治霸权，维护弱势文化群体的利益。这是对自由主义传统仅从个人理性出发、忽略群体认同的一种强烈冲击，是对自由主义的普遍主义多元观的严峻挑战。但与此同时，我们也应看到，社会多元主义毕竟是多元文化主义思想的拓展和延伸。因此，它更多的是从文化视角来对社会问题进行解析和阐释。它的社群划分是一种文化划分，而不是阶级和阶层划分。它所强调的社群差异，也只是一种文化差异，而不是更具有根本性的阶级差异。换言之，它只看到了文化上的不平等，而没有认识到造成文化不平等的更为深刻的经济和阶级根源。缺乏社会经济分析的纯粹文化领域的话语分析，并不能对自由主义的多元观形成本质冲击。相反，由于社会多元主义本身在倡导文化批判的同时具有弱化西方大众阶级意识的消极趋向，反而易于被作为思想主流的自由主义民主所消解和吸纳。

总而言之，社会多元主义为当代西方参与民主提供了重要的理念来源。从社会多元主义出发，以差异、多元作为民主建设的依据，在政治上必然要求建立一种维护差异和多元共存的民主政治。作为一种倡导大众直接参与的民主形式，参与民主在根本上是建立在对差异性、多元化社会中普通大众权力和民主能力的倡扬基础上的。它的思想基点是实现多元社会角色的权力关系的平等。在参与民主那里，任何个人或群体并非"附加"到现存权力中心之上，而是共同历史的平等而又积极的参与者。参与民主正是试图通过发展大众的直接参与，来实现多元社会中差异群体的权力平等。显然，参与民主与社会多元主义存在根本上的一致性。从这个层面说，参与民主是社会多元主义理念在政治上的体现。

三　参与民主的实质

对当代西方参与民主的社会根源和理念根源的揭示，为我们全面正确地揭示参与民主的实质提供了重要依据。

由参与民主产生的根源所体现的当代西方参与民主的实质，体现在相互联系的两个方面：一方面，由于参与民主是对当代西方新社会矛盾和冲突作出的回应，是当代西方新社会力量的新抗议和新吁求所推动的结果，是社会多元主义与自由主义的多元主义理念对立的体现，因此参与民主与作为当代西方民主政治基础的自由民主相对立、相冲突，它是对自由主义民主及其制度表现形式的代议制的冲击，是对当代西方民主的推动、发展和进步。而另一方面，基于当代西方社会层面新变化以及社会多元主义基础上产生的参与民主，对自由主义民主和代议制的冲击并非根本意义上的，二者之间并不存在根本性的对立和冲突，因此参与民主也极易被吸纳整合，从而体现为对自由主义民主或代议制民主的补充和改良。

从社会和理念两个层面解析，参与民主与自由主义民主或代议制民主的对立和冲突，及其对后者的冲击具体表现在：首先，参与民主通过自下而上的运动方式，对作为当代西方主流民主意识以及制度形态的自由主义民主和代议制形成了强烈冲击。正如上文中分析的那样，参与民主是对当代西方出现的新社会矛盾和冲突的实践回应，是面对新矛盾和新冲突提出的一种具体解决方案。与传统的社会矛盾和冲突不同，当代西方呈现的这种新矛盾和新冲突，主要是以大众对生活质量、公民自由和自我实现的民主需求，以及现存的民主制度不能满足大众民主需求的形式表现出来的。作为这种矛盾冲突的结果，必然体现为大众对现存民主状况的普遍不满。新左派运动、新社会运动以及全球正义运动等当代西方抗议运动，很大程度上正是这种不满情绪的宣泄和反映。新抗议运动以建基于参与民主诉求之上的更为多元、分散的方式，对资本主义的异化统治进行批判，反对国家制度中的暴力和压迫，倡导社会正义，要求发展更为广泛的大众的基层参与。这样，参与民主实际上是以纷繁多样、高潮迭起的新抗议运动为载体，以一种激进的、自下而上的运动方式，形成了与当代西方主流民主意识形态的对垒，构成了对作为当代西方民主政治基础的代议制政治的挑战和冲击。

其次，参与民主以一种更加强调自治和平等的民主理念，对自由主义民主的意识形态霸权造成冲击和挑战。在根本上，自由主义民主建立在个人自主和个人自由优先的自由主义基础之上，因此它很大程度上体现为一种以个人"自由"为核心的民主理念，强调个人自由的优先性，关注个人自由的实现。与之不同，参与民主更加强调民主中的"人民"概念，而非个人概念。它致力于发展的，是一种能够表达绝大多数人或者作为整体的普通民众意志的政治，而不是一种以保护个人自由为目的的政治。因此，参与民主的关注点不是个人，而是更加扩大化了的社会微观领域。按巴伯的说法，就是多元的民主社群或公民社群。在参与民主看来，自由主义民主虽然也承认社群，但其社群是指"追逐利益的个体所形成的一个总体"，因此使得社群总体的性质完全化约为个体的特质，从而不仅忽视了社群的公共性，而且漠视社群的情感、历史传承以及共同见解。而在参与民主中，社群绝非各个个体合成的一个总体，而是自由的、积极的、自治的公民通过共同的讨论、决策以及行动等参与过程，相互影响、相互作用，并在参与的过程中产生一种真正自主的、自给自足的民主政治。① 显然，参与民主的这种以社群自治为核心的民主理念，形成了对自由主义民主以个人自由为核心的民主理念的冲击，是与自由主义民主的对立和冲突。

同时，参与民主也通过发展大众参与，强调在社会各个层面实现大众平等参与的民主理念，对自由主义民主建立在无差异原则基础上的民主平等观形成了强烈冲击。正如上文所分析的，自由主义民主是以参与公共领域的个体或群体的无差异平等为认识论基础，在政治实践中，这种无差异的平等必然导致各权力主体实际上的不平等。以作为当代自由主义民主理论典型的多元主义民主论为例：在多元主义民主看来，各种各样相对独立的团体的存在，并能有效地参与决策过程，是维持民主政治的至关重要的条件。民主并不意味着大多数人能够通过政治体系形成一致的决定，而是各种利益集团、社会组织能够参与决策过程，分享决策机会，通过讨价还价而作出决策的稳步的妥协过程。在这里，多元民主论看到了当代西方多元利益、多元权力、多元冲突存在的事实，提出了民主政治必然是多元化的组织集团之间相互竞争的结论，并将这种多元竞争状态视为自由主义民主实际上的存在状态。相对于将民主政治作为少数精英政治家进行政治统治的极端精英民主论而言，多元民主论有其积极意义，但却存在一个根本性问题，即没有重视多元利益集团之间实质上存在的不平等。在多元集团的竞争过程中，由于弱势团体缺乏政治资源，不能实现完全平等的充分参与，因而政策决策结果往往是具有优势地位的利益集团的政治意志的体现。赫尔德这样指出："利益集团不能被看作是必然平等的，国家不能被看作所有利益之间的中立的仲

---

① B. Barber, *Strong Democracy. Participatory Politics for a New Age*, University of California Press, 1984, p. 217.

裁者：商业社团对国家具有不均衡的影响，因此对民主的结果也具有不均衡的影响。"① 换言之，由于忽视了多元集团间的权力差异，多元民主论实际上并没有为平等的公共交往建立合理的基础。与之相反，参与民主试图打破集团参与的这种不平等状况。它主张发展平等的大众参与，在自治的、自由的公众参与基础上重建公共领域。在公共领域中，人与人之间能够广泛接触，进行公开的讨论，每个人都能充分地发表意见，掌握必要的信息，以便影响政府的政策决策。这种建立在平等协商基础上的参与民主，显然是对当代自由主义民主或代议制由少数集团或个人统治的实际状况的冲击。

但从另一层面看，参与民主对自由主义民主或代议制民主的冲击并非根本意义上的。就其具体理论主张来说，参与民主的参与和公民自治，实际上仅限于特定层次和议题，而并非是扩展到所有政治领域的设计。同时，参与民主也并不完全否定代议制，而是主张对代议制民主进行改造，在代议制基础上发展大众参与。从根本上看，参与民主是一种代议制 + 大众直接参与的民主形式。用巴伯的话说，就是强势民主的实践，"只能是'自由主义民主'的一个修正"；"明智的民主改革，乃是添加'参与成分'，而不是去除'代议成分'"②。这显然是对自由主义民主或代议制民主的妥协和让步。正如巴伯在接受"美国之音"采访时承认的那样，用"民主的美酒倒入自由主义的酒杯"这一说法来描述强势民主，甚至用"自由主义式的民主"来表述强势民主的基本立场，都是可行的。③

① ［英］戴维·赫尔德：《民主的模式》，燕继荣等译，中央编译出版社 1998 年版，第 275 页。

② B. Barber, *Strong Democracy. Participatory Politics for a New Age*, University of California Press, 1984, p. 151, 262.

③ 转引自郭秋永《当代三大民主理论》，联经出版社 2001 年版，第 117 页。

此外，无论从社会根源还是理念根源看，参与民主也都不能对自由主义民主或代议制构成本质威胁。参与民主在社会层面上是作为文化抗议的新运动推动的结果，在理念上源于作为文化批判的社会多元主义，因此参与民主很大程度上体现为一种多元的非阶级、非意识形态的力量。它倡导的不是多元大众的经济地位的真正平等，而是一种政治权力的平等关系；它反对的不是当代西方资本主义制度，而是异化的资本主义政治体制；它不是要改变具有根本意义的私有制，而是要对当代资本主义的政治体制进行改造。这种民主权力的抗争本身虽然具有积极意义，但是由于缺乏经济、阶级基础，纯粹的民主吁求无异于无源之水、无本之木，并不能从根本上解决由制度缺陷所带来的体制性问题，从而不能造成对体制和主流意识形态的本质冲击。相反，这种以权力抗争取代阶级斗争，以激进的多中心的民主建构否定劳动对资本反抗的参与民主，由于将人们的注意力从经济、阶级议题转移到官僚统治、社会平等等非本质性问题的关注上，实际上也具有弱化大众阶级意识的消极作用。从这个意义上说，参与民主与作为当代西方资本主义民主意识形态和制度基础的自由主义民主或代议制度，并不是一种根本对立和冲突，而表现为一种补充和改良关系。而也正因为如此，在当代西方民主政治面临合法性危机的情况下，作为一种体制外的参与民主理念极易被体制本身吸纳整合，用以维护资本主义政治统治的合法性。

综上所述，参与民主与自由主义民主或代议制民主之间既存在着对立冲突，也体现为一种补充和改良关系。不充分认识这一点，就不能全面准确把握当代西方参与民主的实质。而也正是从这种辩证关系出发，使我们能够进一步探讨参与民主与当代西方民主发展的关系，进而深入认识和破解当代西方民主的新变化与新发展，正确解析当代西方民主发展的特点和本质。

第二节　参与民主对西方民主的作用与影响

当代西方在民主政治层面呈现出多方面的发展变化。直接参与的扩大与强化，显然是其中相当重要的内容。参与民主与当代西方大众直接参与的发展存在密切联系，它从体制内外两个层面推动了直接参与的发展。同时，参与民主的实践，也对当代西方民主产生了积极影响，推动了西方民主的发展和进步。但由于参与民主本身的局限性以及体制本身的局限，参与民主的这种积极作用相对有限，并不能使当代西方民主发生具有实质意义的改变。

一　作用方式

正如笔者在上面章节中指出的，战后尤其是 60 年代以来，当代西方大众的直接政治、经济和社会生活参与得到了快速发展。这种情况的出现，是多种因素综合作用的结果，如经济的发展、民众权利意识的提高、新信息技术的传播、地方自治的强化以及全球化的蔓延等等，都对大众直接参与的发展起到了推动作用。但在很大意义上，当代西方大众直接参与的大发展，与参与民主在体制内外的双方面促动分不开：一方面，当代西方的直接参与实践，是作为参与民主实践根源的"新"运动自下而上客观推动的必然结果；另一方面，各种形式直接参与的发展，也是当代西方的政治统治者出于统治合法性的考虑，从代议制本身生存和发展的需要出发，对参与民主理念进行吸纳整合，进行制度完善和政策创新的产物。

"新"运动对当代西方大众直接参与发展的积极作用，是在客观上推动了参与民主理念的形成与流行。在战后资本主义经济发展的黄金时期，针对当时的民主政治统治趋于异化，例如官僚化、集中化的政治等级制，工具化的教育制度和管理制度，压抑人性的工业文明以及堕落的消费主义等状况，新左派提出了以作为理想民主发展模式的参与民主来改造西方民主政治的设想。在新左派看来，在当代西方社会，代议制民主的异化统治窒息了自由和个人的发展。普通大众只有直接参与社会和国家事务，拥有对自身生活的决定权，才能准确地反映自己的要求和利益，从而真正实现机会均等。因此，他们大力呼吁发展参与民主，主张通过扩展公民在各个领域的参与权，来实现自由和平等权。形式多样的新社会运动，以其具有鲜明参与民主特色的斗争目标、价值诉求、行动方式以及组织结构，进一步拓展了参与民主理念的社会存在及其影响。而在 90 年代勃兴的全球正义运动，则由于深刻展现了新自由主义全球化发展与西方传统民主治理模式的内在矛盾和冲突，直接推动了当代西方国家运用参与民主的方法来解决实践中出现的问题。显然，从新左派运动到新社会运动再到全球正义运动等当代"新"运动的蓬勃发展，促进了参与民主的传播，使得作为一种民主理念的参与民主逐渐深入人心。

作为一种体制外的反抗力量，"新"运动也以其实际行动极大推动着当代西方大众直接参与的实践进程。六七十年代以来，以新左派运动为发端，当代西方"新"运动风起云涌，各种抗议主题的运动形式迭出。成千上万的欧美民众走上街头，示威抗议浪潮席卷西方社会。"新"运动的参加者围绕种族、移民、民权、性别、环境等引起公众高度关注的重大政治问题形成政治认同，组成各种社会运动和团体，表达诸多不满和抗争。在实践中，这些运动本身以参与民主的形式直接冲击以代议制民主为主要形式的西方民主制度，积极要求直接参与公共事务的决策，并通过组织各种非政府团体或公民社会团体，来影响政府决策，推动公共事务决策的透明化。各种"新"运动捍卫自由平等权利的抗争行动，尤其是在其促动下大规模发展起来的公民社会组织，对当代西方大众直接参与的发展产生了直接影响。

与此同时，在面临深刻民主政治危机的情况下，西方保守自由主义为了维护其民主政治的合法性，也在积极吸收参与民主理念，推动体制本身的民主改造。这主要体现在：

一是增强体制本身的多元性、包容性，拓展公共领域的存在空间，将多元社会抗议力量和议题吸纳到体制之内。从实践上看，一方面表现为体制外的社会运动进入体制，例如一些新社会运动同体制内机构建立起常规联系；有的抗议运动的成员被吸纳进入各国议会、地区性议会，参与国家、地区大政方针的制定与实施；尤其突出的是一些社会运动如生态运动的绿党进入议会角逐，从一种反体制的运动而被制度化于体制内；另一方面，例如教育、环保、能源、交通等等方面的多元抗议议题，也被重新整合纳入体制决策，进而形成相关领域的具体公共政策颁布推行。

二是积极吸收参与民主的基本理念，通过扩大公众直接参与的方式自上而下对政治体制进行变革。这在作为体制内重要政治力量的社会民主党的执政方略和政策导向中表现得尤为突出。例如，德国社会民主党的理论家托马斯·迈尔就把参与民主作为社会民主主义未来发展方向的六个维度之一，主张"社会民主党必须使自己的党组织向这种新的非等级制参与形式开放并且在社会上促进这种形式"①。吉登斯为英国工党"进一步完善民主制度"所设计的一个主要内容，也是进行以发展参与民主为方向的民主改革，包括分权、扩大公共领域、增强雇员参与，以及为重建政府与公民之间的直接联系而进行地方直接民主、电子投

①　［德］托马斯·迈尔：《社会民主主义的转型》，殷叙彝译，北京大学出版社2001年版，第162页。

票、公民陪审团等"民主实验"①。而作为社民党"第三条道路"政治体制变革的重要政策主张之一，建立积极公民社会的政治理念，例如强调个人公正地参与社会政治生活，并围绕公益目的最大限度地发挥个人能力；倡导提高公民合作、信任、互惠和参与的意识；主张向地区、城市和社区分权，鼓励各种公民组织、社区组织的发展，以现代科技手段建立方便快捷的直接民主机制等等，更是深刻体现着参与民主的思想精髓。显然，当代西方国家参与民主实践的广泛展开，与主流意识形态的认知及其关于民主改革的政治理念有着重要联系。

二　对当代西方民主发展的影响

如果对其发展历程进行简单总结，可以认为，参与民主是产生于当代西方政治体制外的"新"运动并伴随运动的发展而不断扩大影响的一种民主形式；随着一些新社会运动进入体制，以及体制内统治精英为应对代议制民主的内在矛盾和实践危机而对其理念积极吸纳整合，参与民主也成为体制本身的一种改造力量。从这个意义上说，参与民主是西方社会新变化的逻辑结果，是统治阶级为维护其民主政治的合法性、有效性而作出的选择。但反过来，作为一种体制内外的双向力量，参与民主也在实践中推动着西方民主的发展进程。参与民主虽然不可能根本改变资产阶级民主的阶级实质，但对当代西方民主在制度范围内的发展进步具有积极影响。

首先，参与民主推动当代西方民主朝着更具参与性、多样性、包容性的方向发展。丰富多样的参与民主实践，一定程度上打破了传统代议制政治的简单图景：从形式上看，它把代议制政

---

① ［英］安东尼·吉登斯：《第三条道路——社会民主主义的复兴》，郑戈译，北京大学出版社 2000 年版，第 75—76 页。

治下大众消极的、被动的参与转变为一种积极的、主动的参与；从内容上看，它把以选举为核心的政治参与扩展至其他政治参与以及经济和社会参与领域的各个方面；从参与群体看，它把越来越多的普通公众吸纳到重要的政治、经济决策中来。不能否认，在参与民主的促动下，西方民主政治的参与体制和机制得以发展完善，从而使得当代西方民主的参与性、包容性大大增强。

其次，各种参与民主形式的发展，扩大了普通公民的民主权利及其在社会生活中的作用。随着参与民主的发展，普通大众在政治、经济领域的基本民主权利，尤其是平等决策权和参与权得到进一步加强。同时，代议制民主基础上的直接参与因素的增长，也使得普通公民在社会政治经济生活中的作用愈益突出。他们越来越能够直接参与到政治、经济体系中，就与其生产生活息息相关的重要决策发表意见、见解和主张，从而使得重要政治经济决策不再只是被选举代表以及少数特权阶层的决策行为，而发展成为一种大众决策和公共决策行为。在这种条件下，在许多重大问题上，如国家重要决策的出台、政府政策的制定、政府官员行为的评定等，公民都可以通过一定形式的参与来发挥影响。这样，单个公民在政治经济生活中的重要性方才得以极大彰显。

此外，参与民主的发展，尤其是各种自愿性公民社会组织在数量上和实践作用上的日益增强，直接推动了西方公民社会的发展壮大。正如有学者指出的那样，"新社会运动、自治体、各种非企业和非政府的组织以及在政体概念基础上建立的以保护公民行动自由的利他主义团体的兴起也许正预示着一个比过去更为强大的公民社会的出现"[①]。公民社会是西方民主的生长空间，是西方民主的最可靠的社会基础和功能保障。从西方社会的实践进

---

① ［西班牙］萨尔瓦多·吉内尔：《公民社会及其未来》，载《公民社会与第三部门》，社会科学文献出版社 2000 年版，第 174 页。

程看，公民社会的发展与民主的发展紧密相连。著名的公民社会研究者戈登·怀特（Gordon White）就这样指出："公民社会——至少是现代形式公民社会——的形成，不仅在削弱权威主义政府及帮助建立和维持民主政体方面发挥关键的政治作用，而且在改善民主政体的治理质量方面发挥着关键的政治作用。"①从这个意义上说，由参与民主发展所带来的公民社会的发展，也必将对当代西方民主的发展产生积极影响。

但与此同时人们必须看到，参与民主对当代西方民主的积极作用是有限的，它并不可能使西方民主政治本身发生任何具有实质意义的改变。

参与民主的这种有限性作用，主要源于其本身的局限性。正如笔者在上文中分析的那样，参与民主是在文化批判基础上发展起来的一种民主形式。参与民主论者虽然看到了当代西方民主实践中存在的问题，提出了通过发展大众参与来改造民主政治现状的方案，但却并没有触及造成民主实践问题的更为深刻的阶级和经济根源。民主毕竟是从属于上层建筑的一个范畴，是建立在一定阶级基础和经济基础之上的，同时也是为维护统治阶级利益和经济基础服务的。也就是说，无论民主形式上发生了任何具有积极意义的变化，在阶级和经济基础没有根本改变的情况下，民主政治的本质是不会发生变化的。就参与民主而言，它从纯粹政治解构的视角来对民主的具体实现形式、方式和途径进行改造，对推进当代西方国家的民主政治建设固然具有重要意义，但由于没有触及根本性的阶级、经济问题，实际上并不能使体现统治阶级利益的民主政治发生本质改变。而且，这种民主改造本身也不可能解决当代资本主义条件下的官僚压迫以及社会的严重不公等现

---

① ［英］戈登·怀特：《公民社会、民主化和发展：廓清分析的范围》，载《公民社会与第三部门》，社会科学文献出版社2000年版，第69页。

象，不能根本改变当代西方社会所建立起来的主流文化。

同时，参与民主的有限性作用，也是由当代西方统治精英的阶级局限性决定的。与"新"运动以及左派参与民主论者从大众权力出发自下而上地寻求积极的民主政治改造不同，当代西方的资产阶级统治精英之所以在体制内吸收参与民主理念，主要是出于维护民主统治合法性的考虑。参与民主更多地不是被作为民主政治发展的目标，而是维护当代资本主义统治合法性的一种手段和工具。有学者精辟地指出，对待参与民主的现实主义的态度，就是"最好不要把民主参与当作一种必实现不可的理想，而是应该把它很实际地当作一种政府合法性的依据"。

从参与民主的具体实践看，当代西方统治精英之所以倡导发展大众直接参与，正是试图通过吸纳民众参与来弥补由代议制效能不足而造成的民主合法性危机。在当代西方，代议制民主普遍呈现一种"虚化"的发展趋向。这种虚化趋向具体表现在：一方面，随着政党在当代政治中作用的强化，代议制政治逐渐被政党所把持。政党成了凌驾于议会之上的力量，而作为代议制政治核心的议会日益沦为政党统治的工具。英国学者赫尔德这样分析道，"竞争性政党的发展不可逆转地改变了议会政治的本质。政党机器扫除了传统的关系，把自己确立为政治忠诚的中心，由此取代了其它的结构而成为国家政治的关键性基础。支持政党路线的压力甚至施加于当选的代表；'在规范意义上'，代表变成了仅仅不得不说'是'的人"[1]。另一方面，由政府经济职能强化而带来的行政权力膨胀，对议会权力形成了极大冲击。行政机关大有重新集三权于一身之势，而议会的权力却不断萎缩。议会传统的立法权不断受到侵蚀，议会立法的内容、时间越来越被政府

---

① ［英］戴维·赫尔德：《民主的模式》，燕继荣等译，中央编译出版社1998年版，第215页。

所左右，议员提出法案并最终成为法律的比例也不断下降。① 在代议制民主面临深刻变异和危机的情况下，在公众对代议制政治日益表示不满和怀疑的情况下，在民主政治中加入更多的参与因素，有利于维护作为资产阶级统治基础的议会民主的合法性。

此外，在民主实践中扩大民众参与，也是缓和社会矛盾和冲突、巩固资产阶级统治的需要。在战后西方，虽然社会发展相对稳定，但由资本主义基本矛盾所导致的以及随着现代化发展尤其是经济全球化发展而带来的各种社会矛盾和冲突仍然相当突出。例如，劳资矛盾、福利制度的危机、地方与中央的权力冲突、失业现象、生态环境的恶化、男女平等要求的加强以及一些严重社会问题如犯罪、吸毒、艾滋病等等，都对当代西方民主政治发展提出了严峻挑战。为应对面临的问题和危机，对相关政治经济制度进行调整和改革，成为当代西方政治精英维持其统治的主要杠杆。当代西方资本主义国家的调整和改革涉及许多方面，扩大民众的直接政治经济参与是其中的重要一环。例如，为缓和劳资关系提出了推动工人直接参与企业组织管理和决策的"管理民主化"和"管理社会化"等举措；扩大全民公决的范围，将一些重要的社会问题诉诸全体公民集体讨论决定；推动吸纳更多公民参与地方政治的多中心地方治理的发展；进行政府管理体制改革，完善公众直接参政的电子民主建设，等等。这些以发展参与民主为特点的调整和改革，虽然不能使相关问题和矛盾得到根本性解决，但却使解决问题的过程在形式上表现地更加民主、合法，从而在客观上有利于维护资本主义统治的合法性。

显然，当代西方统治精英自上而下推动的参与民主实践，是为了维护和巩固少数人统治的资本主义民主政治的存在和发展，

---

① 杨柏华、明轩：《资本主义政治制度》，世界知识出版社 1984 年版，第 146 页。

是为了维护占人口少数的资产阶级的利益服务的。因此，从这一逻辑前提出发迅速发展起来的大众直接参与，往往倾向于维护统治阶级利益，它既不可能实现真正的平等参与，也不可能真正体现民众的要求。

的确，在当代西方的参与民主实践中，并没有明确加诸任何歧视性的限制条款，例如对于性别、财产、职业等的限制。从表面上看，这似乎是实现了一种真正平等的普遍参与。但实际上，在这种貌似平等的背后，大众参与的实践经常会受到一些具体规定的潜在限制和约束；而这些规定往往又倾向于维护在经济上占统治地位的阶级的利益，因此，这种参与过程的公正性、平等性令人质疑。学者沃特斯（M. Dane Waters）在分析美国的公民创议和公决的发展前景时，就因为对参与的平等性的怀疑而提出了一种相对悲观的论调。在他看来，"这一过程的未来是不确定的"，因为"虽然公众展现出较高的参与热情，而且一次次的民意测验显示出对于这个过程超过 70% 的支持率，但州立法会试图通过强加一些规则和限制条件——例如禁止通过邮局收集签名——来进行控制。因此公民发现很难利用这一重要工具"[①]。德国的企业工人共同决定制是关于这种不平等性的更具说服力的例证。在共决制中，具有种种限制工人代表权力的法律规定。例如，在监督委员会主席选举中选票不足三分之二时，便由资方股东决定主席人选；在监督委员会表决时，最后的决定权掌握在由资方股东代表担任的主席手中；工厂委员会对企业的投资方向、重大经营方针不能直接干预，等等。在这些规定之下，工人虽然拥有参与企业的管理和决策权，但往往徒具其名，在管理决策中

---

① M. Dane Waters, "People Power: Initiative and Referendum in the United States", in Elliott Abrams (ed.), *Democracy: How Direct? Views from the Founding Era and the Polling Era*, Rowman & Littlefield Publihers, 2002, pp. 103—104.

并不能发挥决定作用，企业大权仍然掌握在资本家手中。这种参与民主过程，实际上并非一种真正平等的参与过程。

不仅参与过程表现出不平等，参与结果也常常体现为对于建立在金钱基础上的统治权力的偏向。未来学家奈斯比特（John Naisbitt）具体考察了这种偏向性结果。他在《大趋势》一书中指出，"创制的最初目的之一，是要使有钱的集团不能轻易地影响法律；和复决一样，创制也被认为是能发现人民的意愿的。但是，随着创制被更加经常的使用，就明显地看出金钱在决定创制投票的结果中起了作用，就象它影响其它的政治竞争一样"。为了证明这一论点，他随后引用了70年代末的一份研究报告。在报告所涉及的16次创议案的竞争中，有12次是大公司所支持的一方花费了更多的费用，而在这12次中有8次取得了胜利。①

正是由于当代西方统治精英的阶级局限性，由其自上而下推动的参与民主改革始终是一种体制内的解决方案。无论大众直接参与的范围如何扩大、形式如何丰富，实际上也不可能突破资产阶级民主的界限，不可能使资本主义民主发生根本性改变。

总的来看，要正确分析参与民主对当代西方民主发展的影响，需要坚持一种辩证的认识态度。既要看到参与民主对当代西方民主发展的积极意义，同时也不能忽视参与民主本身的局限性以及当代西方统治精英的阶级局限性。在参与民主发展的动态运动中，只有正确认识当代资本主义民主的"变"与"不变"的关系——由参与民主所促动的资本主义民主的"变"是相对的，而资本主义民主本质的"不变"却是绝对的——才能深刻把握参与民主对当代西方民主发展的影响，以及当代西方民主新变化的实质。

---

① ［美］约翰·奈斯比特：《大趋势——改变我们生活的十个新方向》，梅艳译，中国社会科学出版社1984年版，第175—176页。

第三节　当代西方参与民主的总体评价

从 20 世纪 60 年代作为一个固定概念产生以来，理论和实践形式的参与民主在当代西方迅速发展起来。参与民主的出现，对自由主义民主形成了直接挑战，打破了自由主义民主在当代西方一统天下的局面，对当代西方整个民主模式的演进产生了深刻影响。但同时，参与民主本身仍然存在问题和缺陷，这些问题和缺陷制约着参与民主的未来及其发展走向。

一　积极意义

自由主义民主是西方社会占统治地位的民主意识形态。从当代西方民主政治的演进看，这种民主意识形态主要体现为代议制民主、竞争民主以及精英民主等特征。与之相比，参与民主的积极意义显而易见。因为相对于代议的、竞争的和精英的民主来说，直接的、参与的、大众的民主毕竟反映着民主的内在要求，体现着民主的价值实质，与人类的民主理想也更为接近。在当代西方自由主义民主的强势中，参与民主为大众的直接民主参与探寻出一条新的路径，开辟了新的空间。

首先，参与民主在代议制民主的基础上扩大了直接民主的有效范围，丰富了民主政治的实现形式。

直接民主是古代民主的一种主要实践形式。但随着大规模、复杂化的现代社会的兴起和发展，这种民主形式日渐表现出明显的不适应，从而被代议制政治所取代。代议制成为西方民主的一种基本制度实践形式。作为一种宏观制度安排的代议制，使民主摆脱了大众社会，但却付出了相应代价。其重要表现就是在那些通过代议制执掌权力的人，与作为权力授予者的普通大众之间造成了隔阂与差距，从而危害了民主的价值及其实现。例如，韦伯就把代议制民主描述为"凯撒主义",认为代议制并不是全体公民进一步发展的基础,而至多只是确保政治和国家领袖富有效率的机制。此外,代议制政治也极易产生利用权力、金钱和财富操纵代议权来为少数人利益服务等问题。正是看到了代议制存在的弊端,参与民主在不排斥代议制民主作为基本制度安排的前提下,强调应尊重大众的参与权,最大限度地扩大公民参与公共事务的范围,并保障其表达自我意愿的权利。这实际上是提出了直接民主与代议制的间接民主相结合的民主治理新形式,从而为当代民主政治的实践提供了一种可供替代的选择方案。

在强调发展大众参与的同时,参与民主也反对将参与权和自我决定权仅仅局限于政治范围之内,认为若是如此,则民主的含义将只能沦落为如熊彼特所理解的偶尔的定期投票。为了使普通公民的广泛参与和自我决定权得到实现,参与民主主张直接参与权应从政治领域扩大到经济组织如工厂,以及其他重要社会组织如各种协会、团体等的内部管理中去。民主权利向社会各领域的扩展,不仅能使个人的作用得到最大限度的发挥,而且能够有效改变或阻止国家权力的膨胀和集中。这样,参与民主通过在制度范围内实现更多民主的方式,一定程度上解决了当代西方代议制政治效能不足的问题。

其次,参与民主在当代西方竞争性的民主政治体系中,拓展了大众参与的领域和范围,强化了大众权力及其社会存在。

在长期的民主政治实践中,西方国家逐渐形成了一套相对稳定的以竞争性为特点的民主政治运作模式。当代西方民主政治的竞争性,体现在相互联系的三个方面,即竞争性选举政治、竞争性政党政治和竞争性的利益集团政治。这种竞争性的民主政治运作模式,一定程度上摆脱了极权统治的可能性,保证了民主政治的有效运作,但却使得政治成为排除了大众参与的少数主流团体竞逐权力和利益的舞台。这种竞争性制度的显而易见的弊端在于，政治竞争的出发点不是社会的公共利益，而是政党、利益集团自身的利益及其成员的个人私利。在这种情况下，民主的"人民统治"的本意完全变调，成为了不同政党和利益集团之间进行政治交易的屏蔽。诚如哈耶克一针见血指出的那样，竞争性民主就是一种"竞卖议席制度"，"每隔几年我们就得把立法权委托给那些向其支持者允诺了最丰厚的特殊利益的人"，"这些人反映民众真实意见的代表性显然要逊色多了"①。

从当代西方的民主政治实践出发，参与民主反对把民主政治作为社会主流团体之间的竞争，反对主流政党和利益集团对权力的垄断；强调向普通大众开放政治领域，以及大众作为平等权利主体直接参与政治的意义；主张民主政治不是主流团体间的竞争过程，而应体现为直接参与的大众之间的平等协商和讨论，以及在协商讨论基础上进行公共选择，形成最终政策决策的过程。显然，用大众话语政治替代竞争性政治的参与民主，强化了普通大众的社会存在及其平等权利，对民主的发展具有积极意义。

再次，参与民主在当代西方精英统治的政治格局中，为大众民主的发展开辟了新的空间。

当代西方民主政治发展的一个重要特征，是精英主义的发展趋向。精英主义民主政治，主要表现在国家的统治权和治理权掌握在少数政治精英而非民众手中；政治决策不是由民众决定，而是由少数精英决定。在当代西方国家，民主政治的精英统治是一种相当普遍的现象。在考察美国民主发展现状的《民主的嘲讽》一书中，政治学家托马斯·戴伊（Thomas Dye）等在论著开篇就明确指出："治理美国的是精英，不是民众。在工业发达科学昌盛的核时代，民主国家的生活和极权社会一样，也是由一小撮

---

① ［英］弗里德里希·冯·哈耶克：《法律、立法与自由》第 2 卷，邓正来等译，中国大百科全书出版社 2000 年版，第 316 页。

人决定的。"① 作为当代西方主流民主理论的精英民主论和多元民主论，实际上正是这种民主发展的现实反映。虽然两种民主论在具体观点上存在差异，但在对西方民主政治发展状况的认识上却是一致的，即认为驾驭当代西方民主的，不是大众，而是精英。它们大量引用行为主义的研究成果来对大众的政治消极和冷漠情绪进行论证，从精英统治的现实必然性出发肯定其现实合理性，为西方民主的少数人统治现状辩护。

与精英论、多元论等否认公民的直接参与、主张公民只能在竞争性体系中通过代议制选举统治者代行统治职能的当代自由主义民主论不同，参与民主是建立在大众参与和自治基础上的民主形式。参与民主论者虽然也承认精英民主和多元民主关于现代社会中公民缺乏政治热情与兴趣，以及官僚组织的扩大化和复杂化限制了公民政治参与等经验研究的"消极描述"，但更加强调"积极建设民主理论"的重要性。他们不是把民主政治作为一种政治统治方法，一种程序机制，而是将其视为一个参与性社会，一个"人类进步"的发展前景。② 他们期望通过参与社会的建立，改变当代西方社会少数人统治的现状，最大限度地推动个人参与社会生活，从而实现多数人的自由、平等和道德的发展。参与民主的提出，标志着当代西方少数人统治的民主理念，朝着大众自治和参与的民主理念迈出了一大步，从而极大地推动了作为整体的西方民主的发展与进步。

二　缺陷与问题

应当承认，参与民主对民主政治的构想有其自身的独特性和

---

① ［美］托马斯·戴伊等：《民主的嘲讽》，孙占平等译，世界知识出版社1991年版，第1页。

② Seymour Martin Lipset（ed.），*The Encyclopedia of Democracy*，London：Routledge，1995，p. 1250.

优势，对当代西方民主发展的推动作用也具有积极意义。但不能否认的是，参与民主在理论和实践上仍然存在许多缺陷和问题。

参与民主的缺陷之一，是过分关注微观领域的民主政治建设，而忽视了宏观政治对微观政治发展的重要影响。任何社会都是一个相互联系的统一整体。微观领域尽管与人们的日常生活紧密相连，在构筑人们的思想文化方面起着重要作用，但却并非民主政治的唯一抑或是具有根本意义的领域。尤其是随着现代化的发展以及全球化的影响，微观领域不再是一个独立的封闭领域，而是一个开放的、不断受到政治和全局环境影响的领域。在这种条件下，微观领域的民主建设实际上离不开大环境的改造，离不开全局性的政治变革。如果按照参与民主的构想，将微观领域的政治建设作为重点，将人们的视线引向微观的、局部的、琐碎的事务，从而不仅会转移人们的关注视角，忽视了当代西方民主政治中那些带有根本性的矛盾和问题，而且也会使人们把小组织认同作为目标，从而导致不同组织之间的联合困难，进而不利于民主政治建设本身。

与对微观政治建设的关注密切相关，参与民主展现出民主政治上的无政府主义倾向。正如上文指出的，差异、非中心、多元化是参与民主的基本理念依据。因此在很大意义上，参与民主是一种以差异排除共识、以分散取代中心、扬多元而贬一元的民主形式。也就是说，在参与民主的深层理念中，民主政治的特点就像日常生活领域那样，是处于自发、多元状态中的。不能否认，这种对于日常生活民主的关注，及其通过日常生活的民主建设来改造整个国家民主政治体系的设想有其积极意义。但我们必须看到，民主政治在根本上体现为一种民主制度，一种民主政体。正如列宁所说的那样："民主是国家形式，是国家形态的一种。"①

---

① 《列宁选集》第 3 卷，人民出版社 1995 年版，第 201 页。

而任何一种国家制度和政体都必须保持自身的同一性，都具有自己的中心和意志。如果离开了这些而过分强调自发、多元，民主政治就会走向反面，演变为无政府主义。

参与民主的又一缺陷，是没有对如何塑造"积极公民"作出论证。参与民主很大程度上是对古典民主的积极公民理论的重申，主张全体公民都有权参与公共事务。它试图表明的是，人们在政治生活中有权利也有机会行使自己的参与权。但是，有权参与是一回事，而在实际生活中公民是否能够积极地参与公共事务却是另一回事。从近代以来西方民主政治的发展进程看，其重要特点是普通公民与政治的脱离，"脱离政治的自由"被视为公民的一项重要自由。在许多情况下，大众具有疏离政治、漠视参与权的倾向。关于公民政治行为的大量描述性和解释性研究，证明了这种政治疏离感和无能力的广泛存在。参与民主就是为改变当代西方政治的这种状况提供的一个改良处方。但是，这一处方并没有涉及如何塑造"积极公民"的问题。例如，普通公民既有的疏离感如何才能转化为强烈的参与欲望？强烈的参与欲望如何使公民转化为不同领域的"专家"，从而具有直接参与决策的知识与能力？显然，参与民主的参与权并不是法律意义上的义务，而是指基于公民权利的公民义务。但是，在没有对如何形成"积极公民"作出解释的情况下，参与很难成为公民的自觉义务。

此外，参与民主的许多主张、论断是以价值判断为基础的，而缺乏对于具体实践可行性的分析和阐释。参与民主落实到具体实践中，必然要面临这样几个不可回避的问题：

第一，效率问题。参与民主显然是一种更能体现公正和平等的民主形式，但在实现公平正义的同时，却很难保证效率。因为要使参与者充分表达意见，倾听不同的想法、事实、假设和经验的差异，再找出大家都能同意的解决方案，是费时费力的浩大工程。从社会资本的角度看，虽然通过参与民主所实现的"信任、规范、人际网络可以使社会的运作更加协调、更有效率；通过公民的参与合作，可以累积社会资本，更有效率地承担人们之间的计划"①，但却也相应地付出了高昂的时间成本、经济成本、社会成本和政治成本，因此必然导致决策效率低下等问题。因此，有学者认为，参与民主这种民主形式无法适应飞速变化的当代社会，也无法应付随时可能出现的危机。

第二，公民素质问题。参与民主要求公民直接进入公共领域，进行公共议题的讨论、协商，这在实际上对公民的素质提出了相当高的要求：不仅要求公民具有积极参与的热情、清晰的表达能力和较强的辩论能力，还要求人们拥有相当多的闲暇时间。而这在现实生活中是很难达到的。同时，这种要求实际上也把那些不具有积极参与热情的人、不善言辞者以及无暇参与的人排除在外，因而并不能真正实现民主权利的平等。

第三，面临着古典直接民主所面对的一些问题。参与民主与古典直接民主一脉相承，因而在具体的公众参与实践中必然存在作为一种直接民主形式所具有的内在缺陷。赫尔德这样指出，公民参与的结果在很大程度上受到参与者的演讲才能、非正式沟通和秘密渠道、参与者情绪波动以及由此造成的政治不稳定的制约，甚而具有产生"公民专制"的可能性等等。② 尤其是当面临公众情绪过于激动时，参与民主与相对理性、成熟的代议制相比，并不可能使其得到有效抑制和缓和，甚至往往导致灾难性的实践结果。③

---

① Frank Cunningham, *Theories of Democracy: A Critical Introduction*, London: Routledge, 2002, p. 127.

② ［英］戴维·赫尔德：《民主的模式》，燕继荣等译，中央编译出版社1998年版，第34页。

③ ［美］阿尔文·托夫勒：《第三次浪潮》，朱志焱等译，新华出版社1996年版，第476—477页。

最后，参与民主的根本缺陷，在于过分夸大了参与的价值和意义。参与民主的大众参与观及其关于参与对培养积极公民具有重要作用的观点，是具有进步性与合理性的。但是，必须认识到，参与的发展本身并不足以引起人的发展的新的复兴，它也不是实现人的自由和平等的充分必要条件。限制个人自由和平等实现的根本原因，深植于资本主义生产关系和阶级关系的矛盾之中。只有真正变革生产关系，进而改变阶级压迫和阶级统治的状况，才有个人自由和平等可言。诚如马克思主义创始人指出的那样，"生产者只有占有生产资料之后才能获得自由"①，"不是各阶级的平等——这是谬论，实际上是做不到的——相反地是消灭阶级"②。参与民主虽然也承认阶级、性别以及种族等方面的不平等对个人自由和平等造成的阻碍，但却没有试图从根本上解决这些问题，而是着眼于参与，尝试通过最大限度地发展大众参与来重申自由和平等。这样就在很大程度上只看到了问题的表面，而忽视了深层矛盾，从而没有真正揭示自由和平等的实质，不能构成对自由主义民主的本质批判。

三　走向与未来

作为 20 世纪后半叶产生和发展起来的一种民主形式，参与民主对西方传统的代议制政治产生了极大冲击，推动了西方民主朝着更为多元、包容以及大众参与的方向发展。尽管国内外学界对参与民主的发展前景存在诸多相对悲观的看法，例如，有学者认为"除全民公决之外，其他形式的直接民主未必能扩展为一种人类政治生活中不可缺少的一部分"③；即使作为参与民主论

---

① 《马克思恩格斯全集》第 19 卷，人民出版社 1963 年版，第 264 页。

② 《马克思恩格斯全集》第 16 卷，人民出版社 1964 年版，第 394 页。

③ 何包钢：《直接民主理论、直接民主诸形式和全民公决》，载《直接民主与间接民主》，三联书店 1998 年版，第 22—23 页。

者的巴伯也感叹："作为一个企盼美好世界的公民和人类，我是一个乐观者；而作为一个社会学家、历史学家，作为一个旁观者，我必须承认，实现'强势民主'的机会小于百分之五十。"①但从现实实践发展看，参与民主似乎仍有广阔的发展空间，展现出很大的发展潜力。正如联合国大会第 58 届会议报告中指出的那样，在 21 世纪的民主政治中，"参与性民主制度的重要性正在增加，同代议制民主平分秋色。政策制定方面的合法性并不仅仅来自于投票箱"②。

参与民主的生命力，与其思想理论的自身特点密切相关。参与民主是适应现代社会发展的一种民主形式，它建基于现代社会中对人的自我存在的一种实践与肯定，建基于公民角色的觉醒与认知，而不是纯粹回归原始民主的乌托邦幻想；它关注的是多元社会中普通大众的自由平等权，反对主流政治的统治霸权，倡导多元社会角色或群体的权利平等；它不直接挑战国家制度层面的代议制，而是强调发展基层领域的参与政治，用大众的直接参与来对代议制政治进行补充和改造。这些思想主张，使得参与民主兼具着理想与现实、激进与改良等双重特点，既与经济发展条件下大众的民主需求相适应，又没有从根本上威胁统治权威的利益，因此有可能为主流政治所接纳而得以继续存在和发展。

参与民主的生命力，还在于其实践推动力量，即当代西方新中间阶层以及边缘阶层对现代西方工业社会官僚体制的不满、拒绝和抵制。正是在这些新社会力量的直接推动下，参与民主在过去的 30 多年中才得以迅速发展和流行。当前，当代西方社会结构仍然处于嬗变之中。尤其是随着新信息产业革命和全球化的发

---

① 转引自郭秋永《当代三大民主理论》，联经出版社 2001 年版，第 119 页。

② 参见联合国网页 http：//www.un.org/chinese/ga/58/documents/a58_817/part1.htm，联合国与民间社会关系知名人士小组的报告《我们人民：民间社会、联合国和全球施政》。

展演进，有可能继续发生分化，从而使得参与民主的社会基础进一步扩大，出现更多的参与民主支持者和推动者，进而对参与民主的发展产生积极影响。

参与民主继续发展的可能性，也是由资产阶级统治精英维护政治统治合法性的内在需要驱动的。由资产阶级统治的阶级局限性所决定，其民主政治必然始终处于矛盾和冲突之中。资本主义的发展进程实际上就是不断寻求制度内的手段与方式，缓和、化解内在矛盾和冲突，协调内部关系，不断寻求其政治统治合法性的过程。冷战结束后，资产阶级政治理论家不遗余力地大肆宣扬资本主义民主的合法性、有效性，渲染自由主义民主的普世性、终极性，但却并不能掩盖资本主义民主政治深刻的内在危机。资本主义民主政治的冲突和危机，根源于资本主义的内在矛盾。只要资本主义制度存在，冲突和危机就必然存在；而只要冲突和危机存在，资本主义就必然要寻求解决冲突的办法，以维护其统治的合法性。这是资本主义发展的基本逻辑。在这种条件下，作为能够维护资本主义代议制统治合法性的一种有效方式，大众直接参与有可能获得继续发展。

此外，科学技术的不断发展和进步，也必将使得各种参与手段更加完善，使得各种参与方式更加安全、可靠，为公民的积极参与提供更为便利的信息和通讯技术条件，从而必然会进一步推动参与民主在当代西方的发展。

但是，我们也必须看到，劳动和资本的矛盾，毕竟是当代西方社会的基本的和主要的矛盾。无论新社会矛盾和冲突如何尖锐，也不可能从根本上替代具有实质意义的阶级对立和阶级冲突。尤其是在全球化迅猛发展的当代社会，劳资对立和冲突不但没有因为新社会矛盾以及冲突的出现而弱化，反而得到进一步加强。在这种条件下，从当代西方社会的新矛盾和新冲突出发，基于彻底的社会多元主义进行的各种不同形式的民主抗争，诉诸新的资本主义批判动力完全转向后物质主义性质民主政治批判的参与民主，其本身虽然具有积极意义，但因为没有建基于强大的阶级基础之上而不可能产生任何本质影响。换言之，多元社会主体的参与民主，不可能具备挑战当代资本主义经济政治秩序的阶级能力和政治能力。无中心的、多元的民主抗争在没有阶级主体支撑的情况下，只能是无政府主义的一盘散沙，无法形成对于资本主义的制度威胁。从这个层面上说，作为一种大众直接参与形式，参与民主在当代西方的发展不是无限的而是有限的。大众直接参与的范围、程度有可能不断扩大、加深，但却不可能冲破资本主义的制度藩篱。当代西方参与民主始终是资本主义制度范围内的一种民主理论和民主实践。

结　　语

当代西方参与民主的启示与
中国民主政治建设

　　我国与西方国家的社会制度不同，且分处于世界现代化进程的不同历史阶段，因而在民主政治建设的目标以及社会背景、环境、面临的问题等方面，存在很大差异。但是，作为一种具有积极意义的民主实现形式，当代西方的参与民主理论和实践，对我国的民主政治建设具有启示和借鉴作用。

　　对我国当前的民主政治发展来说，当代西方参与民主最有价值的启示意义，在于强调需要加强民主政治的人民性、参与性建设。

　　社会主义民主制度的优越性，根本体现在它是一种人民当家做主的制度。在社会主义条件下，人民群众是国家和社会的主人，是各种民主权利的真正享有者。社会主义民主政治建设的最终目的，就是为了体现和保障最广大人民群众的根本利益，为了给人民群众创造一个行使民主权利的良好环境，从而更好地推动人民当家做主的实现。然而，人民当家做主并非空洞的口号，问题的关键在于如何将这一目标变为具体的实践。在马克思主义经典理论家那里，从社会主义的本质规定性出发，强调人民当家做主应当是由人民群众真正普遍地直接管理国家和社会事务。这是人民当家做主的一种至高理想。但在现实社会主义社会中，由于

306

客观条件的限制和约束，国家社会事务并不可能完全由人民群众来直接管理。在这种条件下，人民如何行使当家做主的权力呢？

在我国，广大人民的民主权力是由以人民代表大会制为核心的社会主义民主政治来体现和保障的。人民代表大会制度是我国人民当家做主的根本政治制度。与我国基本国情相适应，人民代表大会制体现了社会主义民主的优越性，为实现人民群众的当家做主权力提供了充分的制度保障。对于这一制度，我们必须长期坚持，继续发挥它在维护人民民主方面的重要作用。但在此同时，我们也要看到，人民代表大会制仍然是一种"代表制"的民主形式。"代表"虽然源自人民，但只能是人民愿望和要求的间接表达者。同时，在长期的发展进程中，以人民代表大会制为核心的民主政治的运作虽然已经相对成熟，但在具体制度和程序方面仍然存在一些不足。社会主义民主政治在实践中仍然面临着不断改革、创新和发展的历史任务。如何进一步发展完善社会主义民主政治？在这方面，当代西方参与民主为我们提供了具有启发意义的思路，即在代议制政治实践的基础上，不断完善基本制度在立法、协商和监督过程中的决策参与，并通过发展人民直接参与社区、企业、协会以及政府决策等参与民主形式，补充代议制在人民性、参与性方面的不足。

从当前社会主义建设的实践看，也有大力强化民主政治参与性建设的必要。自 20 世纪 70 年代末实行改革开放政策，尤其是 90 年代社会主义市场经济建设全面铺开以来，随着经济的快速发展，我国社会的利益关系面临着新中国成立以来前所未有的大变动，不可避免地出现了多元的利益矛盾和冲突。而这些利益矛盾和冲突至少从三个层面提出了进一步发展民主参与的必要性：首先，利益现象促进了公民利益意识的觉醒，利益原则逐渐得到社会的普遍认同，人们开始意识到追求合法利益的合理性。为了追求利益的最大化，人们普遍会通过直接的政治或公共政策参与

307

来表达自己的利益要求和愿望；其次，随着市场经济的发展，我国的阶层结构发生了重大变迁。传统的两个阶级（工人和农民）一个阶层（知识分子）的三分式结构被打破，出现了如民营科技企业的创业人员、技术人员、受聘于外资企业的管理技术人员、个体户、私营企业主等一大批新的独立的阶层或者说利益群体。这些新生的利益群体在争取、实现和维护自身利益的过程中，明确意识到政治和公共政策参与对社会利益分配及利益实现的巨大影响，因而迫切要求参与到政治和公共生活中来；再次，以竞争性为特征的市场经济，必然会造成人们之间的利益分化和资源占有的不平等，而这在实践中则会导致低收入的弱势群体出现。这些社会群体为了改变自己的生存状况和社会地位，也力图通过直接的参与活动，来使自己的利益要求得到重视。

不能否认，在发展社会主义市场经济的条件下，我国存在着各种形式的利益矛盾以及表达利益矛盾的需求。对此，我们不能漠视更不能回避。如何化解利益矛盾或者为这些矛盾的表达开辟畅通的渠道，以达到在一定程度上缓解矛盾，进而维护社会稳定的目的，是我们在现阶段必须深入思考的问题。当代西方的经验表明，发展参与民主是社会转型期平抑多元利益冲突，治理社会危机，防止社会动乱的有效方法。多元社会群体自下而上地表达民主参与的呼求和民主政治体制自上而下地扩大民主的参与性，二者是一个良性的政治互动过程，可以导致一个快速发展中的社会保持政治上的平衡和稳定。当代西方国家积极发展参与民主的实践形式，争取公众的广泛支持，这一经验值得我们吸取借鉴。实际上，也正是因为看到新时期新阶段出现的这些新矛盾、新问题，我国在21世纪伊始提出了"建设社会主义政治文明"这一具有战略意义的社会主义民主政治发展目标，强调要"扩大公民有序的政治参与"，"引导群众以理性合法的形式表达利益要求"，这里明确提出了进一步加强民主政治参与性建设的任务和要求。

在社会主义现代化建设的新的历史条件下，强化民主政治的人民性、参与性建设，对全面推进社会主义政治文明尤其具有重要意义，它至少从三个层面推动了社会主义政治文明的发展进步：

第一，发展公民民主参与，有利于促进社会主义政治意识文明的进步。政治意识文明的进步，主要体现在政治意识形态、政治心理、政治思想和政治道德的进步等方面。而在直接参与的实践活动中，公民的自主性能够得以增强，政治认知水平、政治效能感也能得以提高，从而有助于推进社会主义政治意识文明的进步。通过直接的参与活动，公民一方面能够了解国家公共政策，表达自己的利益要求和见解主张，进而在参与中学到民主规范和政治游戏规则；同时也可以根据自己的利益和兴趣，依法选择适当的方式方法对公共政策产生影响，从而逐渐增强自己的政治义务感和政治功效感，逐渐树立责权意识、信法守法意识、社会合作和信用意识，以理性的方式对待各种政治和社会问题等。公民民主意识和民主能力的提高，有利于社会主义政治意识文明的发育。

第二，发展公民民主参与，有利于促进社会主义政治制度文明的巩固和完善。政治制度是关于政治组织机构及其运行机制的总称，而政治制度文明实际上就是政治组织进步、运行机制完善的一种状态。社会主义政治制度文明必然要建立在人民群众积极的直接参与基础之上。因为社会主义的本质是人民当家做主，只有通过人民群众的积极参与，政治制度的运作才具有合理性、合法性，通过政治制度运作制定的政策决策才能集中群众的智慧，反映群众的意愿，符合群众的利益。同时，也只有通过人民群众的参与活动，才能不断发现现有政治制度存在的问题和弊端，并通过参与的实践来找到更为合理的、科学的制度运作模式，进而使社会主义政治制度得以巩固、完善。

第三，发展公民民主参与，也有利于社会主义政治行为文明的形成。社会主义政治行为文明既体现为政治权威政治行为的合理性，也表现为人民群众履行义务自觉程度的提高以及享有权利的扩大。一方面，人民群众的直接参与过程，实际上就是政治决策执行的公开化、民主化过程，是人民群众对政治权威行使权力的监督和制约过程。这样的参与过程，能够促进政治权威自觉规范自己的执政行为，从而有利于克服官僚主义，遏制腐败的滋长；另一方面，合法、有序的人民直接参与也可以规范其政治行为，为其表达利益愿望提供畅通的渠道和途径，使其在实践中学会怎样更好地依法维护、运用和行使权利，从而有利于人民群众个人行为文明的培育和发展。

当然，人民直接参与的发展与扩大并非随心所欲，而必须遵循一定的参与原则。其中，有序参与显然是一个重要原则。正如中国共产党十七大报告指出的那样，"坚持国家一切权力属于人民，从各个层次、各个领域扩大公民有序政治参与"。这里的"有序"，一方面，应当是一种民主参与的秩序，即人民的参与要以一定的社会规范、法律法规为行为准绳。虽然参与是一种个人行为，但这种行为却是在一个现实社会中发生的，而任何现实社会都是为一定规则和法律所约束。社会规则和法律决定了个人参与的程度、范围以及形式。个人参与只有服从社会和法律的要求，才能形成一种和谐、有序的参与，从而保证整个社会处于一种良性运行的轨道。另一方面，"有序"也是一种民主参与的程序。因为人们在履行参与管理国家事务时，虽然大都有一个良好的出发点，但由于参与者各自身份的不同，以及阅历、认识层次和角度的差异，各人对如何管理国家和公共事务会有不同的要求。而要把这些要求集中起来，就必须依照一定的行为规则。这些规则的具体化和规范化就是一定的民主程序。只有依照程序发

310

展的参与，才能使多数人的意志得到体现和承认，也才能在多数人的决策和选择出现错误时，通过一定的程序加以修正。显然，在不断强化和发展社会主义民主政治参与性的过程中，"扩大"和"有序"是相互联系的两个重要方面："扩大"指明了我国民主政治的参与性在形式和内容上拓展及提升的趋势；而"有序"则规定了人民直接参与发展进程和速度的内在尺度。"扩大"和"有序"必须保持适当的张力，不能因为扩大进度太快而失序，也不能用有序和稳定来阻碍或放慢直接参与扩大的趋势与步伐。

改革开放以来，我国的民主参与建设取得了很大成就，创造出许多具有中国特色的人民直接参与的民主制度和实践形式。例如，在农村中，建立了村民直接决定自己事务的村民会议或村民代表会议制度；以村民自治为核心，建立自我管理、自我服务的民主理财、财务审计以及村务管理等制度；通过村务公开、民主评议、村委会定期报告工作以及对村干部进行离任审计等制度和形式，由村民直接监督村委会的工作和村干部行为。在发展城市社区自治过程中，社区居民通过社区居民会议、协商议事会、听证会等有效形式和渠道，对社区内公共事务进行直接的民主决策、管理和监督。在企事业单位中，建立起具有广泛群众基础的职工代表大会制度。在地方政府工作中，从政府科学、民主、依法行政的要求出发，大力推进政务公开、拓展群众参政议政的渠道，探索出如社会听证会等行之有效的群众直接参与公共事务的新形式。在社团组织建设方面，各种新兴的行业性组织、专业性组织、群众性结社以及松散的活动团队等社会性团体大量涌现，在吸纳、动员公民的全方位、多层次的直接参与方面发挥着重要作用。

必须承认，当前我国的民主参与建设正处于一种良性、稳步发展的轨道之中，显现出逐步成熟、不可逆转的发展态势。但我们也必须看到，民主参与本身仍然存在许多问题。总的来说可以用"参与不足"来概括，即虽然人民参与的社会基础不断扩大，参与热情普遍提高，但整体上的参与水平和比例仍然较低，甚至仍然存在一定程度的政治化冷漠；人民群众的参与意识、参与能力相对提高，但在实践中向具体的参与行为转化仍然较少；群众参与的宏观制度虽然确立，但参与过程仍然存在"虚化"、"形式化"等现象，甚至在某些条件下出现了无理性、无秩序的参与状况；各种参与形式大都能够发挥积极作用，但有的参与形式如社团参与仍然处于较低的水平之上，未能充分体现其在推动民主参与方面的应有作用，等等。

这些问题的出现，原因是多方面的：既有传统政治文化的消极层面如民主意识的缺失、公民主体意识的薄弱，以及封建主义的政治文化经过长期积淀所形成的道德观念、伦理结构、思维模式和文化心理结构等因素的制约；也受到参与制度、体制甚至是参与形式建设方面存在问题的影响。从民主政治建设的角度看，人的意识、观念等主观因素不是一朝一夕就能转变的，积极的参与观和民主精神的塑造，需要整个社会民主环境的改善以及个人自身民主素质的增强，这需要经过长期的积累、培养过程才能实现。与之相比，制度、体制以及形式等客观因素具有更大的可塑性和可变通性，可以通过积极的改革、发展来健全完善；而且民主参与制度、体制和形式的完善，实际上也有助于推动人们参与意识的提高、参与能力的加强。从这个角度看，我国当前民主参与建设的重点，应当放在参与制度、体制的健全以及形式的完善上。在这方面，当代西方参与民主的一些积极思路，具有启发意义，带给我们许多重要的启示。

1. 完善民主参与的制度建设，为公民民主参与创造良好的外部条件。

公民民主参与的重要前提，是民主参与的制度化。规范完善的参与制度，不仅能够有效维护和保障公民的参与权利，提高公民的参与质量；而且能够激发公民的参与热情，消解社会冷漠情绪，吸引更多的人参与到政治和社会公共生活之中。正是从这一认识出发，当代西方参与民主大力主张拓展大众民主参与渠道，倡导发展各种形式的大众直接参与，来完善民主参与制度。这种积极的民主参与观及其各种直接参与模式，以及当代西方丰富多样的参与民主实践形式，对我国民主参与制度的完善具有启发意义。

从我国当前的民主实践看，规范、完善公民民主参与制度，是民主政治建设面临的重要问题。同时，从保证政治参与的有序性考虑，也只有建立起规范化的政治参与制度，才能从根本上把公众普遍的参与要求和活动纳入秩序的轨道。新中国成立以来特别是改革开放30多年来，我国创立了多样性的民主参与制度，为人民群众的民主参与构建了广阔舞台。但也必须看到，民主参与制度本身仍然存在许多问题。在新阶段发展公民的直接民主参与，必须强化民主参与的制度建设，真正把选举、监督等参与形式落到实处。结合当代西方参与民主的积极经验，当前我国的民主参与应从以下方面进一步推进：

首先，需要把公民民主参与全面纳入法治轨道，实现公民民主参与的法治化。这是公民参与制度化的基本保证。要在充分尊重宪法和法律赋予公民的政治权利和自由的前提下，对公民的权利和义务、公民在社会政治生活中的地位和角色、参与的程序和准则、参与方式和渠道等进行法律确认，并以此为依据对公民的参与加以必要的规范。改革开放以来，我国的民主法制不断健全和完善，这应当给予充分肯定。但在我国的立法中，同公民民主参与直接相关的法律法规相对较少，除了选举法、代表法以及有关公民政治权利保障的少数几部法律外，一些对发展公民民主参与十分必要的法律，如公民参政法、监督法、社团法以及新闻法、出版法、舆论监督法等等，都尚未制定出来。这种状况无论对扩大公民民主参与还是规范公民民主参与都是不利的。我们要根据社会发展的需要，建立和不断完善公民民主参与的法律体系，为扩大公民有序的民主参与提供越来越充分的法治保障。

其次，需要根据社会发展的情况，积极完善现有的民主参与制度。当前尤其要关注的，是选举制度尤其是基层选举制度的发展完善。从我国民主参与政治的实际过程看，选举是极其重要的环节。建立完善的基层选举制度，是民主参与不断扩大的基础和保障。目前我国的基层选举问题很多，制度化的、健全的、能够适用于基层民主发展状况的选举制度远远没有建立起来。选举制度本身的不健全，一方面表现为缺乏具体的相对统一的制度原则。由于许多重要的具体程序环节没有作出明确规定，造成了基层选举过程如村委会选举以及社区居委会选举中形式主义的蔓延；另一方面也体现为选举制度本身存在缺陷。例如长期以来，我国人大代表的选举建立在不鼓励竞争、强调协商和酝酿基础之上，即所谓"确认型选举"或"安排型选举"。在这种模式下，代表候选人往往是由执政党提名推荐，选民对候选人的选择余地不大，他们的投票行为实际上是对这些必须当选的候选人的一种确认，以使其获得合法性。这种选举形式在相当长的历史时期是与我国基本国情相适应的，但从当前的实践看，也暴露出不能与民主发展相协调的许多问题，尤其突出表现在由于选举的公开性和透明度低下而难以调动人民群众参与选举的积极性方面。

从制度建设的层面看，加强民主参与建设，首先必须进一步完善选举制度。应当制定相对详细、统一的选举规则，对选举程序中的关键环节，如选举人提名的自由自愿原则、严格的秘密划票制度、公开点票以及即时宣布结果等作出明文规定，以使基层选举更加制度化、规范化，为公民民主参与创造良性的制度空间。同时，也应从时代发展和人民的民主需求出发，从扩大选举的公开性和真实性入手，积极探寻基层选举制度改革发展的新思

314

路。在这方面，当代西方参与民主的地方直选实践值得我们关注。当前，在我国的基层选举实践中，也出现了一些新现象，例如深圳和北京等地的区县人大代表竞选，以及某些地方乡镇进行的直选实验，等等。这些变革举措虽然数量不多，但却相当典型，对推动我国基层选举制度的改革创新具有积极意义。

此外，也不应忽视大众传媒在推动民主参与方面的重要作用。在当今媒体发达的时代，公民的政治参与和言论自由等宪法权利很大程度上是通过大众传媒实现的。在政治参与领域，大众传媒一方面充分反映不同利益群体的愿望和要求，使决策层全面了解各方信息，使之输出的政策、规则更能体现公正和公平的要求，有利于促进人民团结和社会稳定；另一方面监督权力的运行，防止公共权力出现违背公民意志的暗箱操作。因此，建立和健全大众传播媒介的组织机制，构建多层次、多渠道的网络体系，在整个社会中形成广泛的、大量的信息流，也是完善公民民主参与制度，推动民主参与发展的一条重要途径。

2. 关注协商讨论式参与的发展，积极推进我国的协商式民主建设。

在发展民主参与的过程中，参与制度的完善是一方面，更重要的在于寻求有序合理的民主参与程序，也就是说需要探索公民积极参与公共生活的具体方式。在当代西方参与民主的发展进程中，协商讨论在公民民主参与中扮演着重要角色。但在当代中国，当谈到民主参与时，一般集中关注的是选举参与。民主参与建设所取得的一些标志性成果，也主要表现在选举方面。实际上，民主参与不仅是指对选举的参与，更应该包括公民对相关决策的建议、讨论和协商等等。我国的民主参与建设，应从公民对选举的定期参与进一步扩大到对与之密切相关的生活各领域的决策参与方面。从这个意义上说，推进协商式参与正是完善我国民主参与实现方式的关键环节。

改革开放以来，我国在不断拓展群众参政议政渠道的实践中，探索出许多行之有效的公民直接参与公共事务协商讨论的协商式民主新形式，例如村民或居民代表大会、普通群众直接参与对地方官员业绩评价的市民评议以及市民陪审团等。其中，较为新颖且具有特色的是社会听证会。它也经常被称为民主商谈会、居民恳谈会和居民论坛会等，是用来听取群众意见、解决相关公共问题以及就某些问题和政策达成共识、阐明立场和原则的一种民主参与形式。社会听证会的主题包括公共政策、社区发展计划、地方发展的优先顺序、卫生保健、邻里安全、基础设施投资等许多方面。近年来各地举行的各类听证会、恳谈会达数千次，极大地提高了公众参与政府决策的积极性。2002 年 1 月，我国政府有关部门还首次举行了全国性的行政决策听证会，就"铁路部分旅客列车票价实行政府指导方案"进行听证，引起社会广泛关注。目前，社会听证会已成为各级地方政府进行政策决策时经常采用的方法。

显然，通过发展公众参与公共事务的讨论和协商制度，国家提高了实现合法性以及公众管理和维护地方秩序的能力。发展协商民主，不仅能够增强公众对公共事务的监督、强化公共决策的公正性、加强治理者和被治理者之间的联系，而且大大有助于地方政府政策的实施。从目前实践看，我国的协商民主建设刚刚起步，仍然存在许多问题。其中尤其突出表现在协商的具体实现程序尚未完善。一方面，各种协商活动往往是随机行为，对协商的议题、议程等缺乏规范性的程序设计。这在实践中不仅会造成对协商议程和参与者的操纵，而且经常带来协商过程的形式主义，例如许多地方的协商讨论，只是对一些小问题进行商讨，而对一些重要问题如地方预算问题予以回避；协商过程往往只是走过场，听取意见只是获取合法性的一种手段。另一方面，协商过程本身也缺乏一个有效的监督系统。除村民委员会具有决策功能外，城市中的各种协商机制并非市民进行自我决策的机制，它们的主要功能是就某些政策或者关于集体问题的解决方案征求市民的意见，最终决策仍由政府独立作出。在这种情况下，最终决策是否能够真正反映协商讨论的结果，并没有得到切实有效的监督。

从完善我国的协商式民主参与出发，当代西方建立和完善协商制度的一些具体理论和实践，如集体决策过程中参与者的平等和有效权；推动决策结构化，以使协商的影响最大化，进而使权力或财富对决策的影响最小化甚至消除；确保沟通、争论、挑战、阐述等的真实性和规范性以及参与式预算的实践等等，值得重视。为了保障充分参与和有意义的讨论，我国的协商参与应从完善协商程序和制度入手，进一步推进协商参与的发展。当前，我国一些地方在协商民主的实践中，已开始积极探索完善协商制度、程序的新途径，例如，一些地方鼓励普通市民的自愿参与，并对地位较低和收入水平较低的市民提供激励以鼓励他们进行参与；有些协商会议已经开始涉及地方预算等敏感而重要的问题；协商讨论的程序也在逐步改进，如允许参与者选举主席，允许地方人民代表大会来安排协商议程并召集会议等等，这些举措对我国协商参与的发展具有积极意义。

3. 深入推进基层自治建设，夯实社会主义民主政治发展的基础。

基层自治，是我国基层民主建设的核心。我国基层民主建设的目标，就是实现"广大人民在城乡基层群众性自治组织中，依法直接行使民主选举、民主决策、民主管理和民主监督的权利，对所在基层组织的公共事务和公益事业实行民主自治"。基层自治建设，不仅有利于培养公民的民主意识、民主精神和民主能力，进而推动公民对更大范围政治以及社会公共事务的民主参与，而且能够激发广大群众当家做主的积极性、创造性和责任感，从而为社会主义民主政治的发展奠定基础。

从 80 年代初实行村民自治以来，我国的基层自治建设走过了 20 多年的发展历程，已经取得了很大成绩，而且正在向着更深层次不断推进。但是，我国在基层自治实践中也遇到了一些具体问题。从制度因素的层面看，主要表现在基层自治建设所需的制度不配套。正是由于制度不配套，造成了基层自治制度与传统制度之间的冲突，造成了发展的困境。例如，村民自治虽然在村一级得到推广，但由于乡镇一级没有进行相应的行政体制改革，事实上仍然大量存在乡镇政府越位侵权，干涉属于村民自治事务的现象，如通过村账乡管来操纵村委会的财政，以实现乡镇利益等。村委会并未真正从乡镇政府的附属地位中摆脱出来，仍然是乡镇政府的一个下属办事机构或"准政权组织"。城市社区的自治实践也面临类似情况，而且由于政府对社会控制的程度从传统上就比农村地区要强，因此城市居民自治的程度比起农村的自治要低得多。从城市基层自治发展的现状看，截至目前居委会基本上没有摆脱作为地方政府一条腿的实质，它们所做的事情大部分仍然是政府的工作，社区居委会真正能够实现自治的屈指可数。

基层自治的继续发展，依赖于基层政治制度改革的深入推进。在这方面，当代西方国家地方民主尤其是社区自治的经验值得我们借鉴。当代西方国家的社区自治相当发达。其自治实践的基本外部保障，就是将社区等自治单位从政府机关附属机构的地位中解放出来，使其成为真正的群众性自治组织。地方政府将公共事务的治理权和控制权授予社区，自己不再直接提供公共服务，转而主要执行掌舵、监督和筹集资金等责任。同时，充分发挥社区委员会以及社区组织的自我服务、自我管理、自我教育、自我监督功能，建立行之有效的社区自治体制，从而不仅减轻了政府的负担，而且促进了公众参与基层公共事务管理的自觉性。

我国基层自治的产生与发展，与西方有着不同的背景与逻辑

318

起点，但这种发展思路值得我们深入思考。一方面，随着社会主义市场经济的建立和完善，以及市民社会力量在此基础上的发育，政府应该尽可能地从具体而琐碎的管理活动中退出，将社会管理的权力赋予社会，实现根本性的职能转变。在实践中，这需要继续大力推进政治体制改革，尤其是地方政府体制内部的各种政治改革，以理顺政府与基层自治组织的权能关系，为基层自治的发展开辟更为广阔的空间。另一方面，也要适应实践发展的需要，从我国基层自治发展的实际情况出发，相应地进行基层自治体制改革。例如，在城市社区自治的发展进程中，虽然居民委员会是社区自治的基本运作载体，但由于它实际上是作为地方政府行政架构的基层部分，因此在推进居民自我服务、自我管理、自我教育、自我监督时面临许多困难。由居民选举产生的居委会，仍须执行街道和职能部门乃至各方单位的指令，这意味着居委会虽然扩大了行政体系与基层社会的接触面，但就其性质而论，尚未成为基层社会自身的组织形态。当前，要促进社区自治的实现，还需要继续进行制度创新，寻找与之相适应的组织形式。从实践发展看，这样的组织形式不只是一种，甚至可以有多种。例如，目前在一些试点改革的地区，把原先的居委会改为"社区工作站"，执行区政府和街道办事处的功能，即行使政府职能；而在居民中另外选举"社区居委会"，作为居民自治的载体，对当选的居委会负责人实行薪酬补贴。再如，有的学者提出建立以领导层、决策层、议事层、执行层有效联动的社区自治运行机制：社区党组织作为领导层，起到思想领导和政治保障作用；社区成员代表大会作为决策层，是社区最高权力机构；社区协商议事会作为议事层，是社区的议事监督机构；社区居民委员会作为执行层，是社区成员代表大会的工作机构。其中，社区党组织发挥领导核心作用，提供政治保障；社区居民委员会提交草案、自觉执行；社区协商议事会成员初步审核；社区成员代表大会最终决策。① 有的学者则从业主委员会的实践中得到启发，倡导通过业委会的规范化、法治化建设，来推动实现业主民主自治，进而作为推进城市基层自治的重要力量。② 这些创新性的实践和发展思路，对进一步推进我国的基层自治建设具有积极意义。

4. 借鉴西方"工人参与"的理论和实践，进一步完善企业民主建设。

"工人参与"，是生产社会化和管理现代化的需要。世界各国经济发展的历史表明，社会生产力发展到一定阶段后，客观上要求企业职工参与决策和管理。对正在不断深化国有企业改革、致力于建立现代企业制度的我国而言，科学、民主管理的实行，主要体现为"工人参与"企业决策和管理的层次与程度。同时，作为我国基层民主政治建设重要内容之一，"工人参与"的不断健全，对进一步推进基层企业的民主发展也具有积极影响。当代西方发达国家强调、重视工人参与企业管理，建立协商谈判等有效机制以稳定劳动关系，并在此基础上形成的有关工人参与企业管理的法律规定，以及多种多样的工人参与企业管理形式等等，对我国建立现代企业制度，妥善处理劳动关系方面出现的新问题，对进一步完善企业民主建设显然具有参考意义。当然，由于国情的不同，西方国家的"工人参与"不可能与我国完全相同，这就需要我们在借鉴国外经验的基础上，确立我国现阶段"工人参与"的形式和内容。

从近些年的实践看，我国企业改革取得突破性进展，工人参与的制度与形式也随之深化和多样化，但仍然存在一些问题，亟需我们进行新的思考。当前，进一步完善工人参与建设，推动企

---

① 徐勇、陈伟东：《中国城市社区自治》，武汉出版社 2002 年版，第 64 页。

② 徐珂：《业主民主自治：政治文明建设的重要领域》，载中国人民政治协商会议上海市委员会网页 http：//law. eastday. com/node2/node22/jlyl/userobject1ai3663. html。

业基层民主发展，首先要重视并完善关于工人参与形式的立法。鉴于目前我国企业自觉实行工人参与制度的氛围尚未普遍形成，各企业实行工人参与制度的具体条件千差万别，因此，关于工人参与形式的立法应当包括以下内容：（1）法定必要形式。即以强行法规范的形式，将经实践证明行之有效的某些职工参与形式予以固定，要求各种企业或者一定范围内的企业必须实行。（2）法定示范形式。即以任意法规范的形式，规定某些职工参与形式的规则，作为示范，供企业选择时参考和遵循。（3）依法自创形式。即在立法中允许、提倡企业和职工依照法定原则，从本企业实际情况出发，通过总结经验教训，不断创设符合本企业需要的职工参与形式。同时，也要广开工人参与和协商的渠道。工人参与民主管理的实现形式有多种多样，从目前的条件来说，我国企业在长期的管理实践中创造的职工代表大会制仍然应当是基本形式。当前，我们应继续坚持并完善职代会制度。此外，我们还要根据发展变化了的形势，不断开拓民主管理的新领域和新途径，比如董事会和监事会中的职工代表制度，工会与企业之间的集体协商制度，由工会代表职工实施民主管理的制度等等，都是可供选择的形式，都需要在企业基层民主建设中积极地探索和创新。

5. 正视我国社会多元化发展的现实，适应多元利益要求，充分发挥基层社会团体和中介组织的政治参与功能。

公民社会组织（在我国一般称为社会团体或中介组织），是沟通公民与政府间的桥梁和纽带。它的重要任务和目标，就是综合所代表的成员的利益向政府反映，进行利益表达和传输，并通过直接参与政治和社会生活的各种具体活动来影响政府决策以维护本组织成员的利益，或实现本组织所追求的社会理想。这种组织化参与的好处，正如亨廷顿（Samuel Huntington）所言，在于每种社会力量的"力量来源和行动方式——不论是数量、财富、知识、还是采用暴力的潜在能力——转变成为这一政治体系中合法的和制度化的力量来源和行动方式"①，为公民向政府直接进行利益输入提供了一种缓冲机制，从而有利于维护社会政治稳定，推进社会和谐健康发展。在公民社会组织的发展方面，当代西方多元利益的公民以及社会群体通过各种形式的公民社会组织，以团体的名义经由制度化方式参与国家政治和公共社会生活的实践值得我们学习。尤其是对面临多元利益矛盾和冲突的当代中国社会而言，借鉴西方公民社会组织政治参与的实践经验，大力培育各类社会团体和中介组织，拓展各种形式社会团体的利益表达、传输功能，对维护社会主义民主政治的稳定健康发展无疑具有重要意义。

从我国社会团体的演变看，经历了一个由少到多、由单一到多样的发展过程。改革开放之前，由于国家与社会关系的高度统合，社会团体并不发达：各种社团和群众组织不仅数量稀少，而且发展空间和组织资源有限，大多是已经纳入国家政治体制结构之中的各种准政治团体，如工会、共青团、妇联、科协、工商联等。80年代后，随着政治经济体制改革以及对外开放的迅速展开，中国社会发生了根本性变迁，从而为社会团体的生长提供了必要的社会环境和条件。一方面，市场经济的导入，形成了利益主体的多元化，推动了人们利益意识的觉醒。人们为了维护、实现自己的利益必然要设法突破个体行动的能力、智力和体力的局限，去和那些与自己具有共同利益的人或组织结成利益的纽带，从而导致了利益的组织化发展；另一方面，政治体制改革的深化以及政府职能朝着"小政府、大社会"方向的深刻转变，也终结了传统的国家与社会高度统合的格局，使国家逐渐地从民间社

---

① ［美］塞缪尔·亨廷顿：《变革社会中的政治秩序》，李盛平译，三联书店1996年版，第96—97页。

会领域部分退出，从而为各种自发性社会团体和组织的广泛发展提供了体制空间。正是在这一背景下，各种新兴的行业性组织、专业性组织、群众性结社以及松散的活动团队等社会性团体大量催生。据国家民政部的统计资料显示，截至 2004 年底，全国共登记社会团体 15.3 万个，其中，全国性社团 1673 个，省级社团 20563 个，地级及县级社团 13.1 万个。① 各种社会团体的兴起和发展，为广大群众开辟了自我意愿表达和自我权利维护的参与渠道，在吸纳、动员公民的全方位、多层次的直接参与，增强民主制度下公民的民主技术和效能，提高公民的民主权利与责任意识、合作精神等方面，开始展现出独特作用。

与拥有漫长发展历史以及相对成熟的当代西方公民社会组织相比，我国社会团体经历的时间短、尚不具备稳定成熟的形态。同时，各种社会团体的政治参与功能虽然得到某种程度的实现，但目前尚未能真正发挥作用。其原因在于：（1）社会团体在组织上、经费上缺乏自立性，对党和政府表现出很大程度的依附性。（2）社会团体的建立没有充分反映社会利益分化的格局：一方面，工会、共青团、妇联等团体规模庞大，且在概念上相互包容，导致其所代表的利益范围无法确切界定；而另一方面，一些确切的利益群体尤其是弱势利益群体如占人口最大多数的农民以及城市农民工等，往往没有明确的代表者。（3）正是因为社会团体的成员划分不明确，导致其缺乏政治参与的独立目标。正如有学者指出的，难以划定当代中国社会团体的政治目标：是为了增强国家控制？还是作为多元社会利益群体的自主拥护者？②

从当前实践看，我国已形成和存在不同的利益群体，各群体

---

① 中国民政部网站的统计资料：http：//www.chinanpo.gov.cn/

② ［美］史蒂芬·C.安格尔：《中国需要民主集中制而不是竞争性民主》，载《国外理论动态》2006 年第 4 期。

之间存在异质性的利益差别，其利益表达要求强烈。当代西方参与民主发展的经验表明，在这种社会多元分化的条件下，大力推动代表不同利益需求的各种形式公民社会组织的发展，有利于防止社会危机、协调社会冲突、维护社会稳定。在当前，我国应该也必须承认并支持代表多元社会群体利益的社会团体的发展。具体来说，我国政府应鼓励建立代表各种不同利益群体的社会团体，如农民协会、城市社区委员会和其他行业协会等，并创造条件便于这些社会团体进行利益表达。一方面，要通过制定法律和政策，对社会团体的利益表达进行法律保护，使之具有合法性；另一方面，应为社会团体提供更多的利益表达渠道，尤其是要形成多元的、顺畅的、非强制性的利益表达渠道。例如"代理表达"，即社会团体将自己的代表推进有关政治机构，代表本团体进行利益表达，等等。而为了真正实现其利益表达功能，首先必须改革完善我国社团和中介组织的成立制度，至少应取消"挂靠制"，改变社会团体经济上依附于企业或有关部门的状况，保证社会团体的民间性、自愿性和独立性。

6. 借鉴当代西方电子民主的理论及其实践经验，大力推进我国的电子参与建设。

随着信息技术的发展，尤其是互联网的普遍应用，通过网络技术来发展电子民主，已成为世界各国民主发展的一种潮流。就我国而言，推进电子民主建设也日益成为发展完善社会主义民主政治的一项重要任务。相对于已具备一定发展基础的西方发达国家来说，我国的电子民主建设尚刚刚起步，基本仍处于电子政务建设阶段。从具体实践看，自 1998 年政府上网工程的系统启动，揭开了我国电子政务建设的序幕以来，各省市政府以及中央各部门纷纷建立门户网站，开始搭建政府与群众直接交流、沟通的桥梁。经过 10 余年的不懈努力，我国的电子政务建设得到了长足进展。2006 年 1 月 1 日中国政府网 www. gov. cn 正式开通，成为政府发布政务信息和提供在线服务的综合性平台。我国电子政务的发展，不仅极大促进了政务公开，推动了政府管理方式的创新，同时也使公众获得了更为快捷方便的渠道，能够及时准确地了解政府机构所制定的相关政策法规以及一些重要信息。

但是，电子民主不应仅仅止于电子政务。当代西方的电子民主理论和实践表明，电子民主的更高目标是推进电子协商、对话和交流，实现电子参与和电子决策。虽然我国在实现高层次的电子民主方面仍然受到许多客观因素的制约，但从电子民主建设的长远发展看，这理应成为一个基本的努力方向。结合我国民主政治发展的实际，电子参与建设主要可以从以下两个方面着手：

一是将电子参与建设与基层民主建设结合起来，推进基层领域中的电子参与。当前，由于数字鸿沟的广泛存在，在基层的村民自治、社区自治中，还不可能实现如西方发达国家那样通过电子协商来讨论和决定村庄、社区事务的直接电子参与过程。但是，我们有可能在条件允许的地区如经济发达的省份和地区，大力发展基层电子建设，为基层事务公开、基层选举等服务。这不仅是为基层公民提供私人和公共服务的项目，而且也是我国在基层领域发展电子参与的一个起点。

二是要鼓励发展"电子参治"。从我国当前电子政务的发展看，主要强调的是政府管理，不太强调政府服务，更不强调公民参与公共事务的治理。而在当代社会，公共事务日益繁多，错综复杂，需要各种力量协作共进，才能达到善治的发展目标。这就要求各级地方政府进一步解放思想，不仅不阻止而且还要鼓励公民直接参与公共事务的治理。电子网络的发展为公民直接参与公共事务提供了前所未有的条件。政府应充分利用网络，通过与公民社会进行互动对话、交流等方式，鼓励、帮助公民利用网络参与公共事务。在此基础上，进一步发展电子协商、讨论，推动公民参政议政。甚至在条件成熟时，就具体公共事务进行电子投票和电子决策。电子参治不仅能够使政府决策建立在更公开、更透明、更民主的基础之上，而且有利于增加社会资本，培养公民的民主素质、民主能力。

最后，必须指出的是，我们强调借鉴当代西方参与民主的经验，强化我国民主政治的参与性建设，是建立在两个基本的认识前提之上的：一方面，借鉴西方参与民主并不等于照抄照搬，而是主张从我国的实际情况出发，结合参与民主的积极主张和实践，探索适合我国国情的民主参与发展道路；另一方面，社会主义民主政治建设是一个综合性的系统工程，涉及许多内容。加强民主政治的参与性建设只是其中的一个方面，而并不代表民主政治发展的全部。作为一项前所未有的崭新事业，中国的社会主义民主政治建设任重而道远。

参 考 文 献

一 中文译作

1. 《马克思恩格斯选集》第 1—4 卷，人民出版社 1995 年版。

2. 《马克思恩格斯全集》第 1 卷，人民出版社 1956 年版。

3. 《马克思恩格斯全集》第 19 卷，人民出版社 1963 年版。

4. 《列宁选集》第 3 卷，人民出版社 1995 年版。

5. 《列宁全集》第 28 卷，人民出版社 1990 年版。

6. 〔古希腊〕亚里士多德：《政治学》，吴寿彭译，商务出版社 1983 年版。

7. 〔法〕卢梭：《社会契约论》，何兆武译，商务印书馆 2003 年版。

8. 〔英〕约翰·密尔：《论自由》，程崇华译，商务印书馆 1959 年版。

9. 〔英〕约翰·密尔：《代议制政府》，汪瑄译，商务印书馆 1982 年版。

10. 〔法〕托克维尔：《论美国的民主》，董果良译，商务印书馆 1988 年版。

11. 〔美〕约翰·杜威：《新旧个人主义——杜威文选》，孙有中等译，上海社会科学院出版社 1997 年版。

12. 〔英〕G. D. H. 柯尔：《社会学说》，李平沤译，商务印书馆 1959 年版。

13. ［美］汉娜·阿伦特：《人的条件》，竺乾威等译，上海人民出版社 1999 年版。

14. ［德］马尔库塞等：《工业社会与新左派》，任立编译，商务印书馆 1982 年版。

15. ［德］马尔库塞：《单向度的人》，张峰译，重庆出版社 1988 年版。

16. ［英］戴维·赫尔德：《民主的模式》，燕继荣等译，中央编译出版社 1998 年版。

17. ［英］戴维·赫尔德：《民主与全球秩序——从现代国家到世界主义治理》，胡伟等译，上海人民出版社 2003 年版。

18. ［美］卡尔·科恩：《论民主》，聂崇信等译，商务印书馆 1988 年版。

19. ［英］恩斯特·拉克劳、查特尔·墨菲：《领导权与社会主义的策略——走向激进民主政治》，尹树广等译，黑龙江人民出版社 2003 年版。

20. ［德］尤尔根·哈贝马斯：《历史唯物主义的重建》，郭官义译，社会科学文献出版社 2000 年版。

21. ［德］尤尔根·哈贝马斯：《交往行动理论》第 1 卷，曹卫东译，重庆出版社 1994 年版。

22. ［德］尤尔根·哈贝马斯：《公共领域的结构转型》，曹卫东等译，学林出版社 1999 年版。

23. ［英］迈克尔·H. 莱斯诺夫：《20 世纪的政治哲学家》，冯克利译，商务印书馆 2002 年版。

24. ［美］西摩尔·马丁·利普塞特：《政治人：政治的社会基础》，刘钢敏等译，商务印书馆 1993 年版。

25. ［英］艾瑞克·霍布斯鲍姆：《极端的年代》，郑明萱译，江苏人民出版社 1999 年版。

26. 〔美〕丹尼尔·贝尔:《意识形态的终结》，张国清译，江苏人民出版社 2001 年版。

27. 〔美〕约翰·加尔布雷斯:《丰裕社会》，徐世平译，上海人民出版社 1965 年版。

28. 〔美〕威廉·曼彻斯特:《光荣与梦想》，朱协译，商务印书馆 1980 年版。

29. 〔英〕克里斯托弗·卢茨主编:《西方环境运动:地方、国家和全球向度》，徐凯译，山东大学出版社 2005 年版。

30. 〔美〕加布里埃尔·A.阿尔蒙德等:《公民文化:五国的政治态度和民主》，马殿君等译，浙江人民出版社 1989 年版。

31. 〔法〕米歇尔·克罗齐等:《民主的危机》，马殿军等译，求实出版社 1989 年版。

32. 〔德〕托马斯·迈尔:《社会民主主义的转型》，殷叙彝译，北京大学出版社 2001 年版。

33. 〔英〕约翰·基恩:《公共生活与晚期资本主义》，马音等译，社会科学文献出版社 1999 年版。

34. 〔美〕戴维·施韦卡特:《反对资本主义》，李智译，中国人民大学出版社 2002 年版。

35. 〔克罗地亚〕勃朗科·霍尔瓦特:《社会主义政治经济学——一种马克思主义的社会理论》，吴宇晖等译，吉林人民出版社 2001 年版。

36. 〔美〕乔·萨托利:《民主新论》，冯克利等译，东方出版社 1993 年版。

37. 〔美〕约翰·布洛克曼:《未来英雄——33 位网络时代精英预言未来文明的物质》，汪仲等译，海南出版社 1998 年版。

38. 〔美〕阿尔文·托夫勒等:《创造一个新的文明:第三次浪潮的政治》，陈峰译，上海三联书店 1996 年版。

39. 〔美〕阿尔文·托夫勒:《第三次浪潮》，朱志焱等译，新华出版社 1996 年版。

40. ［美］查尔斯·林德布洛姆：《政治与市场：世界的政治—经济制度》，王逸舟译，上海三联书店 1994 年版。

41. ［美］莱斯特·M. 萨拉蒙等：《全球公民社会》，贾西津等译，社会科学文献出版社 2002 年版。

42. ［苏］戈尔巴乔夫等：《未来社会主义》，殷叙彝等译，中央编译出版社 1994 年版。

43. ［美］罗伯特·吉尔平：《全球资本主义的挑战》，杨宇光译，上海人民出版社 2001 年版。

44. ［英］安东尼·吉登斯：《第三条道路——社会民主主义的复兴》，郑戈译，北京大学出版社 2000 年版。

45. ［美］约翰·奈斯比特：《大趋势——改变我们生活的十个新方向》，梅艳译，中国社会科学出版社 1984 年版。

46. ［英］弗里德里希·冯·哈耶克：《法律、立法与自由》第 2 卷，邓正来等译，中国大百科全书出版社 2000 年版。

47. ［美］托马斯·戴伊等：《民主的嘲讽》，孙占平等译，世界知识出版社 1991 年版。

48. ［美］托马斯·戴伊：《谁掌管美国》，张维等译，世界知识出版社 1985 年版。

49. ［美］塞缪尔·亨廷顿：《变革社会中的政治秩序》，李盛平译，三联书店 1996 年版。

50. ［美］塞谬尔·鲍尔斯等：《民主和资本主义》，韩水法译，商务印书馆 2003 年版。

51. ［美］凯斯·桑斯坦：《网络共和国——网络社会中的民主问题》，黄维明译，上海人民出版社 2003 年版。

52. ［美］约瑟夫·熊彼特：《资本主义、社会主义与民主》，吴良健译，商务印书馆 1999 年版。

53. ［美］罗伯特·达尔：《民主理论的前言》，顾昕译，三联书店出版社 1999 年版。

54. 〔美〕罗伯特·达尔：《论民主》，李柏光等译，商务印书馆 1999 年版。

55. 〔美〕罗伯特·达尔：《多头政体——参与和反对》，谭君久等译，商务印书馆 2003 年版。

56. 〔美〕罗伯特·达尔：《多元主义民主的困境》，尤正明译，求实出版社 1989 年版。

57. 〔美〕道格拉斯·拉米斯：《激进民主》，刘元琪译，中国人民大学出版社 2002 年版。

58. 〔美〕罗纳德·H. 奇尔科特：《比较政治经济学理论》，高铦等译，社会科学文献出版社 2001 年版。

59. 〔美〕杰弗里·庞顿等：《政治学导论》，张定淮等译，社会科学文献出版社 2003 年版。

60. 〔德〕马克斯·舍勒：《资本主义的未来》，罗梯伦译，三联书店出版社 1997 年版。

61. 〔美〕斯科特·拉什等：《组织化资本主义的终结》，征庚圣等译，江苏人民出版社 2001 年版。

62. 〔意〕萨尔沃·马斯泰罗内：《欧洲民主史——从孟德斯鸠到凯尔森》，黄华光译，社会科学文献出版社 2001 年版。

63. 〔美〕L. S. 斯塔夫里阿诺斯：《全球通史——1500 年以后的世界》，吴象婴等译，上海社会科学院出版社 1999 年版。

64. 〔意〕圭多·德·拉吉罗：《欧洲自由主义史》，杨军译，吉林人民出版社 2001 年版。

65. 〔美〕诺姆·乔姆斯基：《新自由主义和全球秩序》，徐海铭等译，江苏人民出版社 2001 年版。

66. 〔美〕汉密尔顿等：《联邦党人文集》，程逢如等译，商务印书馆 1997 年版。

67. 〔美〕潘恩：《潘恩选集》，马清槐等译，商务印书馆

1982 年版。

68. ［法］邦雅曼・贡斯当：《古代人的自由与现代人的自由》，阎克文等译，商务印书馆 1999 年版。

69. ［美］约翰・克莱顿・托马斯：《公共决策中的公民参与：公共管理者的新技能与新策略》，孙柏瑛等译，中国人民大学出版社 2005 年版。

70. ［美］西德尼・塔罗：《运动中的力量：社会运动与斗争政治》，吴庆宏译，译林出版社 2005 年版。

71. ［瑞士］汉斯彼得・克里西等：《西欧新社会运动——比较分析》，张峰译，重庆出版社 2006 年版。

72. ［美］戴维・波普诺：《社会学》，李强译，中国人民出版社 1999 年版。

73. ［澳］约瑟夫・A. 凯米莱里：《主权的终结？——日趋"缩小"和"碎片化"的世界政治》，李东燕译，浙江人民出版社 2001 年版。

74. ［美］查尔斯・德伯：《人高于利润》，钟和译，中信出版社 2004 年版。

75. ［美］D. 路易斯：《非政府组织的缘起与概念》，载《国外社会科学》2005 年第 1 期。

76. ［美］伊曼纽尔・沃勒斯坦：《新的反体系运动及其战略》，载《国外理论动态》2003 年第 4 期。

77. ［美］史蒂芬・C. 安格尔：《中国需要民主集中制而不是竞争性民主》，载《国外理论动态》2006 年第 4 期。

78. ［德］约翰・尼尔森：《反对全球资本主义：新社会运动》，载《国外理论动态》2006 年第 11 期。

二 中文著作

1. 应克复等：《西方民主史》，中国社会科学出版社 1997

年版。

2. 徐崇温主编：《西方马克思主义理论研究》，海南出版社 2000 年版。

3. 徐崇温：《世纪之交的社会主义与资本主义》，河南人民出版社 2002 年版。

4. 李青宜：《"西方马克思主义"的当代资本主义理论》，重庆出版社 1990 年版。

5. 陈振明等：《"西方马克思主义"的社会政治理论》，中国人民大学出版社 1997 年版。

6. 陈林、侯玉兰等：《激进、温和还是僭越？——当代欧洲左翼政治现象审视》，中央编译出版社 1998 年版。

7. 郭秋永：《当代三大民主理论》，联经出版社 2001 年版。

8. 刘东国：《绿色政治》，上海社会科学院出版社 2002 年版。

9. 庞中英：《全球化、反全球化与中国》，上海人民出版社 2002 年版。

10. 刘军宁等编：《直接民主与间接民主》（公共论丛），三联书店 1998 年版。

11. 丛日云：《当代世界的民主化浪潮》，天津人民出版社 1999 年版。

12. 何增科主编：《公民社会与第三部门》，社会科学文献出版社 2000 年版。

13. 陈先奎：《西方人看西方》，福建人民出版社 1992 年版。

14. 陈伟东：《社区自治——自组织网络与制度设置》，中国社会科学出版社 2004 年版。

15. 李凡主编：《中国基层民主发展报告——2000—2001》，东方出版社 2002 年版。

16. 吕亚力：《政治发展与民主》，台湾五南图书出版公司

1986 年版。

17. 复旦大学马克思主义研究中心：《资本主义发展的历史进程研究》，上海人民出版社 2001 年版。

18. 杨柏华、明轩：《资本主义政治制度》，世界知识出版社 1984 年版。

19. 徐鸿武主编：《民主政治大视野》，北京师范大学出版社 1998 年版。

20. 陶东明、陈明明：《当代中国政治参与》，浙江人民出版社 1998 年版。

21. 李凡主编：《中国基层民主发展报告 2000—2001》，东方出版社 2002 年版。

22. 王名等：《中国社团改革》，社会科学文献出版社 2001 年版。

23. 虞崇胜：《政治文明论》，武汉大学出版社 2003 年版。

24. 周穗明：《文明的震荡——当代西方后三十年现象》，海天出版社 1998 年版。

25. 周穗明主编：《今日西方批判理论》丛书，上海人民出版社 2009 年版。

26. 白钢：《现代西方民主刍议》，载《书屋》2004 年第 1 期。

27. 徐偾：《民主社群和公民教育：五十年后说杜威》，载《开放时代》2002 年第 4 期。

28. 赵林：《美国的新左派运动述评》，载《美国研究》1996 年第 2 期。

29. 侯才：《马克思的后政治民主模式及其实践》，载《学习时报》2004 年 3 月 25 日。

30. 陈家刚：《协商民主引论》，载《马克思主义与现实》2004 年第 3 期。

31. 彭兰红：《中国基层民主发展概述》，载《民主与科学》2005 年第 6 期。

32. 郇庆治：《80 年代末以来的欧洲新社会运动》，载《欧洲》2001 年第 6 期。

33. 周穗明：《当代新社会运动对西方政党执政方式的影响及其启示》，载《科学社会主义》2006 年第 2 期。

三 外文文献

1. Abrams, Elliott (ed.), *Democracy*: *How Direct? Views from the Founding Era and the Polling Era*, Rowman & Littlefield Publihers, 2002.

2. Archer, Robin, *Economic Democracy*: *The Politics of Feasible Socialism*, Oxford: Clarendon Press, 1995.

3. Bachrach, Peter, "Elite Consensus and Democracy", *The Journal of Politics*, Vol. 24, No. 3, (Agu., 1962).

4. Bachrach, Peter, *The Theory of Democratic Elitism*, Boston: Little Brown, 1967.

5. Bachrach, Peter and Morton S. Baratz, "Two Faces of Power", *The American Political Science Review*, Vol. 56, No. 4 (Dec., 1962).

6. Bachrach, Peter and Morton S. Baratz, "Power and Its Two Faces Revisited: A Reply to Geoffrey Debnam", *The American Political Science Review*, Vol. 69, No. 3 (Sep., 1975).

7. Barber, B., *Strong Democracy. Participatory Politics for a New Age*, University of California Press, 1984.

8. Barber, B., "Three Scenarios for the Future of Technology and Strong Democracy", *Political Science Quarterly*, Vol. 113, No. 4 (Winter, 1998 – 1999).

9. Barry, John, *Rethinking Green Politics*, Sage Publications, 1999.

10. Bryan, Frank M. , *Real Democracy: The New England Town Meeting and How it Works*, The University of Chicago Press, 2004.

11. Boggs, C. , *Social Movements and Political Power* , Philadelphia , PA: Temple University Press, 1986.

12. Carnoy, Martin and Shear Derek, *Economic Democracy*, New York: Random House, 1980.

13. Caspary, William R. , *Dewey on Democracy*, Ithaca and London: Cornell University Press, 2000.

14. Clarke, Michael and Rick Tilman, " C. B. Macpherson's Contributions to Democratic Theory ", *Journal of Economic Issues*, Mar. 1988.

15. Cohen, John, " Rethinking Social Movement", *Berkerley Journal of Sociology*, Vol. 28, 1983.

16. Cohen, Joshua and Joel Rogers (ed.), *Associations and Democracy*, London: Verso, 1995.

17. Cole, G. D. H. , *Guild Socialism Re-Stated*, London: Leonard Parsons, 1920.

18. Cunningham, Frank, *Theories of Democracy. A Critical Introduction*, London and New York: Routledge, 2002.

19. Dahl, Robert A. , *A Preface to Economic Democracy*, Berkeley: University of California Press, 1985.

20. Dahl, Robert A. , "On Deliberative Democracy: Citizen Panels and Medicare Reform", *Dissent*, Summer 1997.

21. Diggins, John P. , *The American Left in the Twentieth Century*, New York, 1973.

22. Elster, Jon (ed.), *Deliberative Democracy*, Cambridge:

Cambridge University Press, 1998.

23. Eschle, Catherine, *Global Democracy, Social Movements and Feminism*, Westview Press, 2001.

24. Frey, Bruno S. , "Direct Democracy: Politico-Economic Lessons from Swiss Experience", *The American Economic Review*, Vol. 84, Papers and Proceedings of the Hundred and Sixth Annual Meeting of the American Economic Association (May, 1994).

25. Gibson, Rachel K. etc. (ed.), *Electronic Democracy. Mobilisation, Organisation and Participation via New ICTs*, Routledge, 2004.

26. Gorz, Andre, *Reclaiming Work: Beyond the Wage-Based Society*, UK: Polity Press, 1999.

27. Grady, Robert C. , "Workplace Democracy and Possessive Individualism", *The Journal of Politics*, Vol. 52, No. 1 (Feb. , 1990).

28. Greenberg, Edward S. , *Workplace Democracy: the Political Effects of Participation*, Cornell University Press, 1986.

29. Greenberg, Edward S. , Industrial Self-Management and Political Attitude, *The American Political Science Review*, Vol. 75, No. 1 (Mar. , 1981).

30. Habermas, Jürgen, *Between Facts and Norms: Contributions to a Discourse Theory of Law and Democracy*, Cambridge, MA: The MIT Press, 1998.

31. Hambleton, Robin etc. (ed.), *Globalism and Local Democracy*, Palgrave Macmillan Ltd, 2003.

32. Held, David and Christopher Pollitt (eds), *New Forms of Democracy*, London : Sage Publications, 1986.

33. Hirst, Paul, *Associative Democracy: New Forms of Economic*

and Social Governance, Cambridge: Polity Press, 1994.

34. Holloway, Harry A. , "A. D. Lindsay and the Problems of Mass Democracy", *The Western Political Quarterly*, Vol. 16, No. 4 (Dec. , 1963) .

35. Kauffman, L. A. , "The Anti-Politics of Identity", *Socialist Review*, Vol. 20, 1990.

36. Kaufman-Osborn, Timothy V. , "John Dewey", in Sohnya Sayres et al. (eds), *The Sixties without Apology*, Minneapolis: University of Minnesota Press, 1984.

37. Kellner, Douglas, *The New Left and the 1960s. Herbert Marcuse*, Collected Papers, Volume Three, London and New York: Routledge, 2005.

38. Kitschelt, H. , "Social Movements, Political Parties, and Democratic Theory", *Annual of American Academy of Political Social Science*, Vol. 528, 1993.

39. Kriesi, Hanspeter etc. , *New Social Movement in Western Europe. A Comparative Analysis*, UCL Press, 1995.

40. Leighley, Jan, "Participation as a Stimulus of Political Conceptualization", *The Journal of Politics*, Vol. 53, No. 1 (Feb. , 1991) .

41. Levine, Peter, *The New Progressive Era. Toward a Fair and Deliberative Democracy*, Rowman & Littlefield Publishers, 2000.

42. Lindsay, A. D. , *The Modern Democratic State*, New York: Oxford University Press, 1962.

43. Lipset, Seymour Martin (ed.) , *The Encyclopedia of Democracy*, London: Routledge, 1995.

44. Lockyer, Andrew, Bernard Crick and John Annette (eds.) , *Education for Democratic Citizenship. Issues of Theory and Practice*,

Ashgate Publishing Limited, 2003.

45. Macpherson, C. B. , *The Theory of Possessive Individualism. Hobbs to Locke*, Oxford: Clarendon Press, 1962.

46. Macpherson, C. B. , "Scholars and Spectres: A Rejoinder to Viner", *Canadian Jounal of Economics and Political Science*, 29, November 1963.

47. Macpherson, C. B. , "Post-Liberal - Democracy?", *The Canadian Journal of Economics and Political Science*, Vol. 30, No. 4 (Nov. , 1964).

48. Macpherson, C. B. , *The Real World of Democracy*, New York: Oxford University Press, 1972.

49. Macpherson, C. B. , *Democratic Theory: Essays in Retrieval*, Oxford: Clarendon Press, 1973.

50. Macpherson, C. B. , *The Life and Times of Liberal Democracy*, New York: Oxford University Press, 1977.

51. McKenzie, Judith I. , *Environmental Politics in Canada: Managing the Commons into the Twenty-First Century*, Toronto: Oxford University Press, 2002.

52. Morin, Richard, "Who's in Control? Many Don't Know or Care", *Washington Post*, January 29, 1996.

53. Pateman, Carole, *The Problem of Political Obligation: A Critique of Liberal Theroy*, Berkeley: The University of California Press, 1985.

54. Pateman, Carole, *Participation and Democratic Theory*, Cambridge University Press, 1970.

55. Pateman, Carole, *The Sexual Contract*, Polity Press, 1994.

56. Pichardo, Nelson A. , "New Social Movements: A Critical Review", *Annual Review of Sociology*, Vol. 23, 1997.

57. Podobnik, Bruce and Thomas Reifer (ed.), *Transforming Globalization*: *Challenges and Opportunities in the Post 9/11 Era*, Brill Leiden, 2005.

58. Porta, Donatella Della and Mario Diani, *Social Movements*: *An Introduction*, Blackwell Publishing 2nd, 2006.

59. *Promise and Problems of E-Democracy. Challenges of Online Citizen Engagement*, OECD, 2003.

60. Roberson, David, *Political Dictionary of Routledge*, London: Routledge, 2002.

61. Rogowski, Ronald, "The Obligation of Liberalism: Pateman on Participation and Promising", *Ethnics*, Vol. 91, No. 2 (Jan. , 1981) .

62. Ruggiero, Vincenzo, " 'Attac': A Global Social Movement?", *Social Justice* 29 no. 1/2, 2002.

63. Sarah Waters, *Social Movements in France*: *Towards a New Citizenship*, Palgrave Macmillan, 2003.

64. Sargent, Lyman Tower, *New Left Thought*: *An Introduction*, Homewood, 1972.

65. Sassoon, Donald, *One Hundred Years of Socialism. The West European Left in the Twentieth Century*, London: Fontana Press, 1997.

66. Scaff, Lawrence A. , "Two Concepts of Political Participation", *The Western Political Quarterly*, Vol. 28, No. 3 (Sep. , 1975).

67. Smith, Jackie and Hank Johnston (ed.), *Globalization and Resistance*: *Transnational Dimensions of Social Movements*, Rowman & Littlefield Publishers, 2002.

68. Staggenborg, Suzanne, *Social Movements*, Oxford University

Press, 2008.

69. Tarrow, Sidney, *Power in Movement: Social Movements and Contentious Politics*, 2nd edn, Cambridge University Press, 1998.

70. Teodori, Massimo (ed.), *The New Left: A Documentary History*, London: Jonathan Cape Thirty Bedford Square, 1970.

71. Townshend, Jules, *C. B. Macpherson and the Problem of Liberal Democracy*, Edinburgh University Press, 2000.

72. Warren, Mark E., "What Should We Expect from More Democracy?: Radically Democratic Responses to Politics", *Political Theory*, Vol. 24, No. 2 (May, 1996).

73. Wilde, Lawrence, *Modern European Socialism*, Aldershot: Dartmouth Publishing Company, 1994.

74. William, G. Martin etc, *Making Waves: Worldwide Social Movements, 1750—2005*, Paradigm Publishers, 2008.

75. Wolfe, A., "Review of B. Barber, Strong Democracy", *Society*, Vol. 23, 1986.

76. Zimmerman, Joseph F., *Participatory Democracy. Populism Revived*, New York: Praeger Publishers, 1986.

77. Zwerdling, Daniel, *Workplace Democracy*, New York: Harper & Row, 1984.

四　网络资源

1. 绿党网站 http://www. gruene. de/index. htm

2. 经合组织官方网站 http://www. oecd. org

3. http://www. idea. int

4. 政党与选举网站 http://www. parties-and-elections. de

5. 美国州立法会官方网站 http://www. ncsl. org

6. http://docs. lib. duke. edu

7. 欧洲妇女院外活动集团网站：www. womenlobby. org

8. "全国女性组织"网站：http：//www. now. org

9. "替代贸易国际联盟"网站：www. ifat. org

10. 人民全球行动网站：http：//www. nadir. org

11. 中国互联网统计中心网页：http：//www. cnnic. net. cn

12. 中国民政部网站：http：//www. chinanpo. gov. cn

后　记

　　自 2000 年进入中国社会科学院马列所现代国外左翼研究室（现称马克思主义研究院国外左翼思想研究室）工作以来，我一直在从事西方左翼理论和实践的相关研究。其间，师从深圳市委党校余文烈教授攻读博士学位。本书就是在我的博士论文《论当代西方参与民主》基础上修改、扩充而成的。这既是我三年学习生活的最终成果，也可以说是我将近十年科研工作的小结。

　　民主从来都不是一个缺乏热议的话题。应该说，选择这样一个热门话题来作博士论文是有难度的。论文要作的有特色、有新意，需要找到合适的切入点。在集体合作的一个科研项目中，我承担了国外左翼的经济民主思想研究部分。为了作这个课题，我阅读了大量的中外文资料。此间我发现，当代西方参与民主是国内相关研究领域的一个空白。不但没有针对这一主题的综合研究，仅有的一些分散研究也存在界定模糊、指代不清以及缺乏系统性、全面性等问题。而随着我国民主政治进程的加速推进，在完善民主政治的参与性方面，却亟需借鉴国外参与民主理论与实践中的一些有价值的经验和做法。从这种研究现状出发，本着理论研究为实践服务的考虑，我选择了当代西方参与民主作为论文选题。

　　论文写作的甘苦，在此不一一赘述了。论文完成后，由于个人生活和工作上的一些原因，一直没有抽出时间进行修订。直到

2008 年底，搁置近三年的论文才被重新拿上桌案。后又经过几个月的反复修改，才有了呈现在读者面前的这本著作。

在论文付梓之际，首先要感谢我的导师余文烈教授。博士一入学，他就不断督促我思考论文写作的相关事宜，叮嘱我在文章的创新性上下功夫。在论文选题、开题以及写作过程中，余老师更是多次抵京，或者利用电话、邮件等方式，就一些重要问题对我进行指导。在论文初稿完成后，余老师进行了细致的修改，提出了许多宝贵意见和建议。论文能够顺利完成和出版，与余老师对我的严格要求、悉心帮助是分不开的。

在此，我必须要感谢的还有中国社会科学院哲学所的周穗明研究员。在余老师因为距离关系无法对我进行当面教诲的情况下，周老师给予了我多方面的具体指导。从论文选题、写作到修改，周老师都提出了许多有益建议，使我获益匪浅。尤其是在论文的改稿、定稿过程中，周老师耗费了大量时间，通读并修改全文，从而使论文无论在文字还是在思想内涵上都有了很大改观。同时，在担任原马列所现代国外左翼研究室室主任期间，周老师作为本学科的学术带头人，对我学术方向的确立和学术能力的提高影响很大。

论文的写作得到了几位老师和专家的指导，他们分别是：中国人民大学马克思主义学院许征帆教授、秦宣教授、梁树发教授；中国社会科学院马克思主义研究院程恩富教授、侯惠勤教授；中央编译局王学东研究员；中国社会科学院政治学所杨海蛟研究员；中央党校贾建芳教授；中国社会科学院马克思主义研究院罗云力研究员；中国社会科学院研究室姜辉研究员。姜辉研究员尤其为本书的联系出版做了诸多工作，这里一并深表谢忱。

衷心感谢国外左翼思想研究室的所有老师们。在论文写作期间，他们不仅分担了我的部分工作，而且在生活中给予了我无微不至的关怀，并帮助我解决了许多实际问题。也要感谢我的父母和家人。无论在物质上还是在精神上，他们都给予了我默默无闻的支持。

最后，要感谢在我整个求学生涯中曾经给予我无私帮助的所有老师，尤其是我的硕士导师山东大学政治学与公共管理系的王韶兴教授，没有他的指引，我不可能走上学术研究的道路。在今后的科研工作中我将加倍努力，以不断地进步和更大的成绩来回报所有那些关心我的人们。

于海青

2009 年 3 月 18 日于北京

Contents